U0610511

河北省食用菌产业体系创新团队产业经济岗位（项目编号：HBCT2023090301）

主体行为、利益联结对农业产业化联合体绩效的影响研究
——基于河北省建设实践

李含悦◎著

经济管理出版社
ECONOMY & MANAGEMENT PUBLISHING HOUSE

图书在版编目（CIP）数据

主体行为、利益联结对农业产业化联合体绩效的影响研究：基于河北省建设实践 / 李含悦著. -- 北京：经济管理出版社，2024. -- ISBN 978-7-5096-9865-5

Ⅰ．F320.1

中国国家版本馆 CIP 数据核字第 20249KN677 号

组稿编辑：郭　飞
责任编辑：郭　飞
责任印制：许　艳
责任校对：王淑卿

出版发行：经济管理出版社
　　　　　（北京市海淀区北蜂窝 8 号中雅大厦 A 座 11 层　100038）
网　　址：www. E-mp. com. cn
电　　话：（010）51915602
印　　刷：唐山玺诚印务有限公司
经　　销：新华书店
开　　本：720mm×1000mm/16
印　　张：17
字　　数：262 千字
版　　次：2024 年 10 月第 1 版　　2024 年 10 月第 1 次印刷
书　　号：ISBN 978-7-5096-9865-5
定　　价：88. 00 元

· 版权所有　翻印必究 ·

凡购本社图书，如有印装错误，由本社发行部负责调换。

联系地址：北京市海淀区北蜂窝 8 号中雅大厦 11 层

电话：（010）68022974　　邮编：100038

前　言

　　健全现代农业经营体系对促进我国现代农业高质量发展具有重要意义，新型农业经营组织是完善现代农业经营体系的核心主体。随着农业产业发展和市场变化，龙头企业、农民合作社和家庭农场因其各自的局限性，仅凭单打独斗很难做大做强，由此农业产业化联盟逐渐发展起来。2012年在安徽省和河北省初步形成的农业产业化联合体是能够形成一二三产业有机融合发展的新型经营组织，新型农业经营主体以扩大经营规模和降低交易成本为目的，深化产业链分工并建立紧密的利益联结机制，在降低交易成本、内化外部矛盾、经营主体紧密联结以及农产品价值链提升等方面已发挥了明显优势，实现了农业高质量发展及小农户与现代农业的有效衔接。从指导农业产业化联合体发展的政策来看，国家对农业产业化联合体给予了较高的关注。2018~2020年连续三年将联合体写入中央一号文件，并将其视为一种重要的经营组织模式进行培育推广。2023年中央一号文件提出促进农业产业高质量发展和农业经营增效，鼓励农业经营体系的创新和强化。农业产业化联合体正是契合农业强国建设迫切要求的可行途径。2024年中央一号文件再次提出培育农业产业化联合体，并将其作为促进农村一二三产业融合发展的一项重要内容。

　　作为农业产业化联合体建设的代表性省份，河北省从探索形成到分化规范的不同阶段，出台了一系列指导性的支持政策，引领了全国农业产业化联合体的实践，带动了现代农业生产要素优化组合与经营效率提升。河北省农业产业化联合体的发展已经走在了全国的前列，有相对较多的可以用来作为典型进行示范学习的成功案例。但随着农业产业化联合体规模的扩大与发展程度的分化，成员主体在集体行动中出现合作主动性不强与利益联结松散等问题，对农业产业化联合体组织优势发挥和效益稳定增长产生抑制作用。本书从主体行为、利益联结对绩效增长影响的逻辑关系出发，通过研究联合体的内生动力和绩效增长的合理机制，对从理论上破解农业产业化联合体增效困境以实现持续发展具有参考价值，为将其培育成为促进农业经营增效和农业产业高质量发展的重要载体提供现实指导。

本书共分为9章。第1章立足于河北省农业产业化联合体实践，主要分析了我国农业产业化组织演变历程、发展成效和自身存在的集体行动困境。第2章对本书的核心概念进行界定，在梳理理论的基础上，提出了农业产业化联合体增效的理论分析框架和研究假说。第3章提出农业产业化联合体自身发生了不同阶段的分化，成熟度由低到高的联合体分别形成了"定向合作型""多重网络型"和"聚点中心型"三种典型模式。第4章基于计划行为和感知价值理论，研究了计划行为因素和感知价值因素对主体行为积极性的影响。第5章基于公司治理理论分析了行为主体利益联结紧密程度的影响因素。第6章和第7章分别从收益水平和满意度两个视角探讨了利益联结紧密度对农业产业化联合体绩效的影响，检验了治理结构对利益联结影响收益水平的调节效应，检验了经济收益、组织支持和感知价值在利益联结影响满意度过程中发挥的中介效应。第8章提出农业产业化联合体增效的两种路径。第9章归纳总结了本书的主要研究结论，并提出促进农业产业化联合体发展的政策建议。

本书的创新之处体现在以下三个方面：第一，以动态化的视角总结出不同阶段的三种农业产业化联合体主导模式，即聚点中心模式、多重网络模式和定向合作模式，揭示了经营主体合作越积极，利益联结越紧密，绩效增长越显著的农业产业化联合体发展基本规律。第二，层级治理和关系治理的嵌入增加了农业产业化联合体利益联结的多元性。将治理结构因素引入联合体增效机制研究，提出层级治理的联合体通过规范主体行为增加利益联结的多元性，对利益联结与收益水平的关系起到强化作用，嵌入了关系治理结构而进行混合治理的联合体通过正式和非正式的手段增加联合互助的灵活性，从而增加经营主体利益联结的多元性。第三，创建了利益联结多元性和利益联结有效性两种情形下的联合体增效机制。经过理论分析探明了联合体经营主体行为及利益联结影响因素的作用机理，以及利益联结对绩效的影响作用，构建了"主体行为—利益联结—绩效"的理论研究框架并经过了实证检验，从而提出农业产业化联合体实现增效的内在机制。

目　录

第1章 引言

1.1 研究背景及研究意义

1.1.1 研究背景

1.1.1.1 新型农业经营主体同时产生联合共生的强烈需求

随着农业产业发展和市场变化，新型农业经营主体的局限性被放大。龙头企业难以获得稳定且高质量的原料来源；农民合作社和家庭农场缺乏现代要素支持且生产效率不高，经营主体仅凭单打独斗很难做大做强，只有联合起来才能共赢，由此农业产业联盟逐渐发展起来。安徽省与河北省的一些农业产业化龙头企业、农民合作社和家庭农场等新型农业经营主体捕捉到现代农业发展形势的变化，为满足市场需求和自身发展需要，以扩大经营规模和降低交易成本为目的，深化产业链分工并完善利益联结机制，率先探索农业产业联盟，通过建立紧密的利益联结方式，实现了农业高质量发展及小农户与现代农业的有效衔接。各经营主体签订契约并建立组织章程对有损集体利益的行为加以约束，专业化分工与多主体协作优化了要素资源的配置，实现纵向一体化的全产业链条经营，有效降低了交易成本并扩大了生产经营规模，使新型农业经营主体获得更加稳定和长效的收益。经过对成功经验的调研和总结，河北省出台文件培育农业产业化联合体。农业产业化联合体是龙头企业、农民合作社和家庭农场等新型农业经营主体以分工协作为前提，以规模经营为依托，以利益联结为纽带的一体化创新型农业经营组织联盟。在正式制度与非正式制度的共同作用下，农业产业化联合体的外在组织形式是松散的，但其内部却形成了聚合效力极强的利益联结机制，在保证各经营主体高效分工的同时也能实现产业链的充分融合。在核心龙头企业的支持下，合作社将小农户整合为集团形式与现代农业发展相衔接，提升了农户在联盟中的地位，极大地保障了农户的利益所得，能够和其他经营主体共同面对市场的考验。

1.1.1.2 农业强国建设对产业高质量发展与农业经营增效的迫切要求

从关于农业产业化联合体的政策来看，国家对农业产业化联合体给予了较高的关注。宿州市建设农业产业化联合体的先行实践取得初步成效后即在全省范围内进行推广。宿州市和安徽省分别于 2012 年和 2015 年出台了关于培育发展农业产业化联合体的正式文件。2016 年 10 月，河北省农业产业化工作领导小组印发了《关于发展农业产业化联合体的意见》及《河北省省级农业产业化联合体评选及管理暂行办法》来指导农业产业化联合体发展。2017 年初，河北省认定鸡泽辣椒产业化联合体、定农农业产业化联合体等 102 个首批省级示范农业产业化联合体[①]。河北省农业产业化联合体建设不仅起步早，且已初成规模，从数量和质量来看均位于全国前列，按加工产业链类型大致可分为粮油、果蔬、畜禽等 12 类。安徽省和河北省的成功经验得到国家的充分认可。2017 年 5 月，中共中央办公厅、国务院办公厅发布《关于加快构建政策体系培育新型农业经营主体的意见》，提出培育和发展农业产业化联合体，促进各类新型农业经营主体的融合发展。由此，农业产业化联合体在全国范围内开始推广。同年 10 月，农业部、国家发展改革委、财政部、国土资源部、人民银行、税务总局联合印发了《关于促进农业产业化联合体发展的指导意

---

① 资料来源：河北省农业农村厅，http：//nync.hebei.gov.cn/html/www/tzgg/20161200004039.html。

见》，提出坚持市场主导、农民自愿、民主合作、兴农富农的原则，以帮助农民、提高农民、富裕农民为目标，培育发展带农作用突出、综合竞争力强、稳定可持续发展的农业产业化联合体。2018 年 2 月，农业部将培育发展农业产业化联合体列入《2018 年农村经营管理工作要点》。同年 3 月，农业部等部门联合开展对农业产业化联合体给予政策支持的工作，将河北、安徽等 7 个省份作为创新试点，帮助农业产业化联合体解决建设方面的融资需求，支持内容包括品种研发和农产品加工等，并将典型联合体的实践经验进行广泛的宣传推介。2018~2020 年连续三年将联合体写入中央一号文件，将其视为一种重要的经营组织模式进行培育推广。2018 年中央一号文件将联合体作为一个培育新型农业经营主体的创新农业经营组织来提出，并指明现代农业发展要按照产业兴旺、生态宜居、乡风文明、治理有效、生活富裕的总要求，培育包括农业产业化联合体在内的新型农业经营主体。2019 年中央一号文件将联合体作为提升农业产业发展质量和农民增收水平的重要手段来提出，强调培育农业产业化联合体和龙头企业。2020 年中央一号文件将农业产业化联合体作为发展富民乡村产业的重要抓手，培育农业产业化联合体并健全农民分享产业链增值收益机制。农业产业化联合体已经成为实现乡村产业兴旺的共识，有助于我国现代农业产业高质量发展。时至今日，农业产业化联合体作为新型农业合作经营主体，其促进农业产业提质增效和农民增收的作用在发展的初期阶段已经显现。2023 年中央一号文件提出促进农业产业高质量发展和农业经营增效，鼓励农业经营体系的创新和强化。农业产业化联合体正是契合农业强国建设迫切要求的可行途径。

1.1.1.3　可期的绩效增长成为面对内部矛盾激化的一致诉求

本书在河北省农业产业化联合体发展的第五个年头后期开展了针对省内农业产业化联合体建设情况的调研。河北省农业产业化联合体已经走在了全国前列，有相对较多的可以用来作为典型进行示范学习的成功案例。但在早期发展过程当中，农业产业化联合体不可避免地出现了几个方面的差异，具体表现为思想认知的分化、运行模式的分化、内部矛盾的分化和发展程度的分化等，前三个方面的差异最终导致了发展程度的不同。经过与农业产业化联合体负责人以及各类经营主体的深入交流发现，在思想认知方面，有些成员对农业产业化联合体没有建立起足够的信任和重视，出于个人利益优先的思想会做出有损组织集体利益的行为，组织生产的农户的文化水平参差不齐对新技术的接受度不高导致中间成本的增加；在运行模式方面，一些经营主体在组建农业产业化联合体后还在摸索具体的实施方案，并未建立紧密的利益联结机制实现整体的绩效增长；在内部矛盾方面，经营主体组建农业产业化联合体后同样遇到了较多的困难，表现在资金、土地、技术水平、抵御风险、组织管理、利益分配、成员间有效沟通等方面；发展程度同样具有较大的差别，具体表现在同产业类别的农业产业化联合体之间的差异和农业产业化联合体内经营主体之间的差异等。农业产业化联合体反思自身的发展历程并对面临的主要问题尽快做出适当的调整，既为其发挥组织优势排除障碍，也符合经营主体对组织绩效增长的预期。

1.1.2 问题提出

农业产业化联合体已逐步成为新型农业经营主体化解自身与外部环境间矛盾的有效组织形式，但各类经营主体的联合有可能激发组织的内部矛盾。农业产业化联合体建设的理论与实践均处于起步阶段，虽然通过建立组织管理制度和利益联结机制，比传统农业合作经营组织更大程度地为农户带来高附加值收益分享，但农业产业化联合体内部存在许多对效益增长产生抑制作用的因素。首先是经营主体的个体因素，一些已经加入农业产业化联合体的主体经营能力不强或者合作态度并不积极，如龙头企业实力比较弱、农业生产者技术水平较低等；其次是主体与组织的互动因素，农业产业化联合体的利益联结缺乏理论指导且比较松散，主体间存在利益矛盾，不诚信行为时有发生，制约着农业产业化联合体组织优势的发挥与农民收入持续增长，这与经营主体联合的初衷以及政策示范推广的出发点在逻辑上是相悖的。以上现实矛盾聚焦于农业产业化联合体增效机制问题，即通过何种机制能够实现农业产业化联合体绩效增长？主体行为和利益联结是不是影响农业产业化联合体增效的主要因素？如果是，主体行为和利益联结分别起到了什么作用？为回答上述问题，本书以河北省为例，结合农业产业化联合体发展现状，对农业产业化联合体主体行为、利益联结、绩效之间的关系进行深入研究，探索农业产业化联合体增效机制和发展路径，为激发农业产业化合作组织活力和内生动力提出对策建议。

1.1.3　研究意义

农业产业化联合体是我国现代农业组织形式创新的最新表现，现阶段成功的实践对农业强国建设和促进现代农业高质量发展具有重要意义。为深入认识农业产业化联合体及其内在增效机制，尽快从学理层面对相关问题进行探讨具有重要的理论意义和现实意义。

1.1.3.1　理论意义

第一，对集体行动理论进行延伸。集体行动的研究对象经历了从社会群体到经济合作组织再到农业合作组织的过程，联合体是多个主体行动的集合，同样具有陷入集体行动困境的可能性。本书将非法人性质的农业产业化联合体作为载体，分析了农业产业化联合体特有的激励约束机制，并探究了激励约束因素对行为主体利益联结的影响作用，为破解集体行为困境做了理论上的延伸。

第二，拓展了公司治理理论的学术成果。学术界以公司治理理论研究农民合作社的相关研究已经相当广泛，但对农业产业化联合体这一新兴事物并没有从公司治理的角度开展研究。联合体的非法人性质使其委托代理问题的解决具有特殊性，本书尝试借鉴公司治理理论，为农业产业化联合体利益联结紧密程度影响因素提供理论支撑，拓展了该理论的应用领域。

第三，对组织增效机制问题提供理论参考。本书以农业产业化联合体为例，深入探讨了经营主体行为、经营主体间利益联结以及组织绩效之间的作用机理，构建的农业产业化联合体增效的两种不同路径，为农业合作经营组织绩效问题提供理论上的借鉴。

1.1.3.2　现实意义

第一，激发农业产业化联合体的内生发展动力。农业产业化联合体是经营主体行为与经营主体互动关系的集合，通过提高经营主体参与合作行为的积极性、规范主体行为并协调经营主体利益关系以完善绩效增长机制，有利于提升各类经营主体的专业素质、合约素质与管理素质，以此为基础强化组织的规范经营与紧密的利益联结关系，从个体层面和整体层面激发农业产业化联合体绩效增长的内生动力。

第二，促进农业经营增效与农业产业高质量发展。有助于提高农业产业化联合体经济效益和组织成员的满意度评价，能够为已组建农业产业化联合体但经验不足或绩效表现欠佳的经营主体提供经验借鉴，对有条件但未组建农业产业化联合体的经营主体具有一定的参考价值。农业产业化联合体增效机制有助于协调农业产业链经营主体的合作关系以稳定经营预期，通过组合运用正式契约与非正式契约健全内部运行机制，确保农产品质量并提高安全农产品供给能力。

第三，催熟小农户融入现代农业新模式。对农业产业化联合体增效机制的研究不仅提高农业经营者的素质和发展水平，同时也带动一大批小农户以多种形式分享农业产业化联合体的增值效益，一方面对未加入农业产业化联合体的农户起到示范作用，另一方面农业产业化联合体与核心龙头企业的持续发展必将对外部农户产生影响并与其建立交易关系。

1.2 国内外相关研究综述

1.2.1 农业产业化联合体发展溯源研究

1.2.1.1 西方经济联合体到农业联合体的发展转变

西方经济联合体的形成最早为其他形式联合体的出现提供了可能，如早期农业联合体。20 世纪 30 年代，科斯将交易成本引入经济分析建立了企业理论，认为企业取代市场的核心在于能够降低交易成本。此后，20 世纪的许多学者从经济联合体的需求角度开展广泛研究，大多都围绕交易成本。相同领域的上下游企业为了避免因多样性增加造成的低效率和高成本问题，趋向于结成生产和销售为一体的联合体（Kean，1967），类型包括经济联合体、农业联合体、工业联合体、卫生联合体等。Ronald（1968）认为建立农业联合体是适应全球贸易和要素重组，促进现代农业高产高效低成本发展的需要。Pierre（1975）以多国合资建立的铁矿开采联合体为例，认为组建联合体确实有助于缩减原料成本。21 世纪前后，研究视角逐渐转向经济联合体和农业联合体的发展因素。Cook（1995）指出明晰产权、优化资本结构与紧密的利益关系有助于合作组织的持续发展。究其根本，这些经济联盟的实质是在各个成员分工明确、利益分享和成本分担的基础上组建而成的联合体。

1.2.1.2　国内农业合作经营组织研究溯源

本书重点在于农业联合体而非企业联合体，故主要讨论农业联合体的相关成果。①农村新经济联合体。20 世纪 80 年代后，学者逐渐关注农村新经济联合体的发展。我国农业联合体是市场经济和专业分工的产物。在农业产业化经营之前，我国农业已具有了联合生产的基础，社队组织以经济契约为纽带，建立同类产业之间的横向联营，主要解决了要素资源分布不平衡和生产力水平差异性较大等问题，共同发展多种经营（马俊岑和曾蔼祥，1981）。产品的分配具有多样化，主要有按劳分配、按收益比例分配、按股分红等方式（伏耀祖等，1981）。这种经营形式以自愿互利、独立经营、规模较小为特点（欧阳俊斌等，1982），大体上是在资金、劳动、技术、生产资料方面的联合，根据联合体的具体产业有不同侧重，存在管理水平低、生产盲目性、松散不稳定等问题（顾政，1983）。农村新经济联合体可以吸纳农村剩余劳动力，以灵活的经营方式和民主的管理制度形成凝聚力（李鸿儒和张宁，1984）。农技推广、乳业、生猪养殖等农业领域的研究提到，它是一种随着农村的商品经济发展，为加强生产与销售之间的联系而建立在专业分工和市场机制上的经济体制，由社员或集体组成的联合（廖明扬，1983）。这类农村合作经济组织因产权关系难以作清晰的界定而趋于有名无实，需要对已有的利益结构进行调整（温铁军和朱守银，

1996)。当农户发现农业产业化经营的边际生产率高于单个农户边际生产率，将愿意加入农业产业化经营（康云海，1998）。②产销联合体。郭晓岩和王桂云（2000）研究"公司+农户"形式的蔬菜产销联合体发现，双方通过签订合同及订单以统一标准要求进行生产，可以达到利益共享和风险共担的效果。张小雷（2001）研究的肉鸡养殖联合体具有比较成体系的运行机制，包括利益分配机制、管理机制和服务机制。但如此的制度还并不能对双方构成有效约束，合作社依然面临资金和自身组织缺陷，结构具有不稳定性。罗必良（2016）认为"企业+农户"组织的有效运行关键在于企业的行为，且企业制度与契约关系能够相容。"公司+农户"及类似形态演变为"公司+合作社+农户"成为农业经营体系不断优化完善的必然趋势。③农业产业化联合体。这一阶段有多位学者将"企业+基地+农户""企业+基地""企业+农户"的形式均列为农业产业化联合体概念所涵盖的范围内。该阶段研究学者所采用的"农业产业化联合体"这一概念与本书所述不同，主要指以龙头企业为主导、农户为基础的产加销一条龙、农工贸一体化的农业组织形式，超前地提出了进行企业化管理，创新之处在于经营机构设置、权责制衡与管理体制，以股份分配形成利益纽带。但这里的农业产业化联合组织在形式上相对松散，要素之间的融合相对简单，且产业链增值能力相对较弱。传统的联合体虽具有专业化生产和产业化经营的特征，但主体间利益联结松散，只是外在形式上的联合。由于制度安排的"无效率"，在追求潜在收益和政策手段的双重刺激下，农业产业化经营组织逐渐从非均衡状态向均衡状态转变。④现代农业产业化联合体。现代农业产业化联合体的利益联结机制较传统形式发生变化，强调商品契约与要素契约的组合以及多种利益联结方式。从横向来看，经营规模的适度扩大要求经营主体之间相互联合获得规模收益；从纵向来看，专业分工细化和要素分割造成的交易费用能够通过现代农业产业化联合体降低。本书的核心研究对象正是这种现代农业产业化联合体。该组织形式具有较强约束性，能够保证合同履约率，信任关系的建立有利于形成紧密的利益联结关系。孙正东（2015a）认为现代农业产业化联合体是农业产业化组织形式的高级表现，内在联结更紧密。现有的农业组织形式利益分享与约束机制不完善，监督失效且效率较低，联合体的稳定发展也需要紧密的利益联结作为核心保障。现代农业产业化联合体逐渐进入学者的视野，而当前对这一创新形式的研究正如其本身一样，有待进一步对理论基础和增效机制作更加深入的剖析。

1.2.2 农业产业化联合体演化和增效的因素研究

1.2.2.1 农业产业化联合体演化的触发因素研究

缺乏现代要素与管理能力的小农户组织起来，能够通过合作享用资源，共同抵御市场风险，这是优势互补和要素互助的结果。受技术变革、市场变化、社会分工细化等外界因素影响，新制度需求与制度供给之间发生冲突导致非均衡下的制度演化会形成利益联合体。基于制度"需求—供给"分析框架，产业链分工细化、技术变革、市场格局转变、制度环境诱发农业产业化联合体产生（陈定洋，2016）。新型农业经营主体在现有制度安排下产生新的需求是农业产业化联合体产生的诱发因素（陈华彬，2019）。传统农业产业化组织模式未能实现预期收益，要素流通受阻、产业链功能虚化与高交易成本等问题需要农业产业化联合体得以破解（杨富云，2019）。生产技术提高、农村土地产权制度优化、资金约束降低等为农业产业化联合体形成创造了条件，提高规模效益与成员收益、降低交易成本、提高分工协作效率分别成为其横向演化与纵向演化的直接动力（汤吉军等，2019）。

1.2.2.2 合作组织增效的影响因素研究

科斯将交易成本引入经济分析后，国外学者认为降低交易成本是经济联合体形成的首要原因。从家庭经营与合作组织的层面探讨联合体内主体行为对绩效与福利影响的研究，如生产力和技术效率（Abate 等，2014）、技术采纳、生产者价格和市场准入条件（Vandeplas 等，2013）等，以短期指标为主（Grashuis，2019）。尽管少数学者指出合作的方式未能为成员创造利益（Mujawamariya 等，2013），多数研究认为合作成员对绩效具有积极作用，且成员异质性会影响绩效表现，比非合作组织具有更强的生命力

（Valette，2018）。由多个成员组成的合作组织所面临的一个主要问题是成员对其组织和组织活动不关心也不积极的冷漠行为。许多研究证实了成员参与对集体合作成效的重要作用，但对于政府的作用尚存在两种相反的观点。一部分学者认为，正是在政府积极政策的支持下，组织成员才能被激励着积极参与合作，联合体才能有效地运用科学技术和管理手段提升绩效从而在市场上获得更大的竞争力（Arayesh 和 Hosseini，2010）。另一部分学者指出，大多数由政府推动组建的农业合作组织未能正常运行进而发挥其组织优势，缺乏基本的合作特征。相比之下，组织内部的成员行为被广泛认为是合作能否有效实现的关键因素。成员年龄、受教育程度、土地拥有量、参与度（Scrimgeour 等，2006）、决策能力（Lyndon 等，2012）、治理结构、股份数量及由此产生的利润（Arayesh 和 Mammi，2010）、心理感受（Sholeh 等，2013）及信息传递效率（Arayesh，2011）等与合作组织增效之间存在显著的正相关关系。其中，成员的态度和认知在成员对其组织的行为中起着重要的作用，显著影响了组织绩效（Birchall 和 Simmons，2004）。签订协议的成员比没有签订协议的成员更有可能对合作结果感到不满（Bhuyan，2007），这可能与合同的灵活性和执行力有关。在组织行为学和心理学的相关文献中，学者特别强调参与合作社等组织的成员间的互动和信任感。这是因为人们之间的信任和积极的互动能够极大地降低交易成本并提高组织效率。农户作为合作社的重要组成部分，其信任感和积极参与行为是合作社增效发挥作用的主要因素。研究表明，成员之间的良好关系和有效管理与沟通对合作的成功至关重要（Wadsworth，2012）。另外，成员的忠诚度也影响着合作的最终结果（Bhuyan 和 Leistritz，2001）。为了得到成员的积极参与和承诺，合作组织通常也强化自身的管理和领导能力，根据成员在合作组织中的特性进行分工，以便有效地促进其集体合作的实现（Cook，1994）。

1.2.3 农业产业化联合体运行机制与发展模式研究

1.2.3.1 农业产业化联合体运行机制研究

针对龙头企业实力弱、组织不规范（孙正东，2016）、融资渠道不畅

（周艳丽，2019）、"俱乐部化"和"去家庭化"等异化现象（尚旭东和吴蓓蓓，2020；练晓月和常平平，2021），有学者指出运行机制是联合体增效的核心（钟真等，2017）。利益分配机制、风险分担与风险管控机制、互信机制（蔡海龙和炎天尧，2019）、治理决策机制、协同合作机制、收益协调机制等方面已有新的研究成果。农业产业化联合体的运行机制，尤其是利益联结机制，能够保证各经营主体之间形成紧密且稳定的长期关系。农业产业化联合体保障了粮食有效供给、提高了经济效益、提升了社会效益、改善了生态效益，但由于农业产业化联合体处于起步阶段，存在龙头企业带动能力不强和发展不平衡的问题（成灶平，2021）。农业产业化联合体既有制约关系，又有互利关系，能够通过集体理性和激励机制诱发卡尔多—希克斯改进或帕累托优化（芦千文，2017）。汤文华（2019）对联合体文献进行系统梳理，在分析农业产业化联合体发展现状成效与问题（汤文华，2020a）的基础上，深入剖析了要素联合、功能联合、治理联合、利益联合四大机制（汤文华，2020b）。农业产业化联合体帮助家庭农场解决了贷款难、融资贵、风险高等问题，通过信息在经营主体之间的高效传递优化了要素的配置，通过章程和契约的风险管控降低了金融资本进入的阻力，高度细致的分工解决了"搭便车"等问题，形成了更加稳定长效的利益联结机制。农业产业化联合体中的各成员保持经营地位的独立，进入和退出自由自愿，通过协作形成一体化联盟降低了道德风险的发生概率。一些地方政府部门尚未对农业产业化联合体的发展引起重视，没有政策支持的金融机构融资仍显乏力，部分地区的农业基础设施建设难以满足现代生产需求，要素融合机制的不成熟阻碍着农业产业化联合体的发展。农业产业化联合体经营主体间不仅是契约关系，还具有统一的发展目标和更高的身份认同感，通过要素一体化配置、专业高效的分工和品牌共享等软约束，建立更加稳定的利益联结机制。尚旭东和吴蓓蓓（2020）发现，农业产业化联合体成员"俱乐部化"和家庭农场"去家庭化"的异化现象与联结小农户发展的政策目标相背而行，"成员拐点"出现后可能难以保证小农户的既得利益。

1.2.3.2　农业产业化联合体发展模式研究

经过多年的实践探索，不同产业类型或不同主体关系的农业产业化联合体表现出多种不同的发展模式，学者多以案例研究方法为主探析模式特征及内在差别。最早按联合体发展态势及所处行业类别将其分为粮油业、畜牧业、果蔬业和水产业联合体（孙正东，2017）。蔡海龙和炎天尧（2019）曾指出，随着联合体的大量涌现，按组织结构可将其分为单链条型、闭合循环型和平台融合型等，按价值增值方式又可将其分为订单带动型、加工带动型和技术引领型等。明确的经营主体功能定位与分工（杨海滨等，2020）和紧密的利益联结机制（窦祥铭等，2018）是联合体各种模式中最为突出的共同特征。刘威和马恒运（2020）基于共生视角研究了小农户参与度与农业产业化联合体发展成效的关系，认为农户信任度与联合体影响力正向相关，组织给予的服务支持与牢固的利益纽带有助于增强共生系统稳定性，席悦和王承武（2022）进一步对联合体主体共生发展路径提出策略。为克服联合体融资困境，可采用龙头企业借款模式、共同借款人模式、外部增信模式、直接融资模式等可供改进的创新融资模式（李腾，2020）。加强成员间要素融合、协调契约关系、完善利益联结机制是促进联合体增效的有效方式（韦德贞和李冰，2021）。

1.2.4　农业产业化联合体发展成效研究

1.2.4.1　联合体应对市场竞争的效果研究

Khanna 和 Palepu（1997）认为通过企业集团或联合体形式的组织交易不仅可以填补制度缺失，而且能够解决市场不健全、信息不充分、法治基础薄弱等问题。企业集团或联合体形式除填补制度缺失外，对国家的经济增长具有重要作用（Ghani 等，2011）。涉农企业将缺乏设施、资金、技术与管理经验的单个农民组织起来，以联合体的形式共享资源、共担风险，共同应对市场竞争（Andrea 等，2012）。Sones 等（2015）研究发现，非洲土壤卫生联合会将小农户和农产品经销商组织起来，完善土壤肥力综合管理信息和农产品交易商网络平台，改善了小农收入水平。高昂的交易成本和资源约束促使农民签订合同进行合作，组建联合体成为小农户应对大市场的重要路径（Abebe，2016）。农户难以享受价值链增值福利而被挤出市场，避免这种结果的最优途径是产业集群与组建合作社，经营主体通过纵向一体化合作可以有效实现价值链增值。经济联合体通过高效利用产业链要素资源，降低生产成本与交易费用（Bergen 等，2019），并改善小农收入水平（Hassan 等，2020）。在生态方面，联合体有利于促进绿色生产的推广，加快推动国家农业绿色生产进程（Altman，2015）。

1.2.4.2　农业产业化联合体参与产业链效益提升的研究

农业价值链的概念衍生于价值链，农业价值链融资和农户参与农业价值链是学者研究的热点（张效榕和孔祥智，2020）。合作社通过加强各主体间协同管理提升整个链条运行效率和效益（苑鹏，2013）。对产业链条和风险管控等方面加以强化有助于农业价值链完善（王英姿，2016）。通过专业化分工提高生产经营效率，将产业链上各环节紧密结合（蔡海龙，2013），经营主体利益的共融性和关系稳定性双双增强，组织效率和生产效益均得以提升（张明权和徐志连，2013）。联合体建立基于产业链与价值链的专业化分工体系，摊薄生产成本（孙正东，2015b），对市场需求和生产端的变化快速做出响应调整策略，能够大幅度提高产业链协同协作能力，增强市场竞争力并获取规模效益（张照新，2018），在"契约分工—收益链接—要素融合"的机制作用下，联合体主体之间原本的外部矛盾转为内部化解，从而获得产业链价值提升（王志刚和于滨铜，2019）。联合体内各经营主体之间的新型农业供应链融资模式可有效地解决农户资金不足问题（潘荣根等，2021）。将资金、技术、品牌、信息等要素聚集优化配置，最终实现全产业链增值增效，农业产业化联合体成为促进新型农业经营主体与小农户协同发展的理想载体（熊磊，2020）。农业产业化联合体将现代生产要素引入小农户生产，是实现小农户融入现代农业价值链的经营组织模式创新（蔡海龙和李静媛，2021）。

1.2.5　文献述评

综合国内外学术研究成果，学者们对农业经济联合体的形成原因与运行机制进行了深入研究，对最终的效益实现及其影响因素做了大量研究并得到诸多具有参考价值的成果。具体可归纳为以下几方面：

第一，国外研究更加关注经济组织的利益联结与分配为合作组织带来的实际效果，以及组织效益形成过程中发挥作用的主要因素，基于调研数据运用实证方法进行究因的成果居多。国内研究大多围绕合作组织内在机制本身展开，包括合作组织前期的形成机制及后期的利益联结机制等，结合具体案例进行详细剖析或对比研究的分析较多，且以定性分析方法为主。

第二，国外关于经济联合体的研究一般聚焦于某一特定经营组织，如以公司或合作社为核心，具有较强的指向性。优化经济联合体的路径基于三个方面，即治理结构（如股权结构、持股比例和董事会规模等）、组织成员特征与行为，最终多以提高组织的综合绩效水平为合作目标，兼顾协调利益相关者之间的经济关系和社会关系。国内对农业联合体的研究具有较强的政策导向，研究热点追随政策热点，从研究成果来看，农业经济合作组织发展具有比较明显的阶段性。学者一致地认为农业产业化联合体的运行机制大致可分为主体分工机制、利益联结机制、风险防范机制和产业融合机制等。研究将社会关系嵌入理论与治理结构理论和农业合作经营组织相结合，以便从多种角度深入分析组织成员之间的利益联结关系，解析农业产业化联合体能够实现合理分配收益并分担风险，最终实现经营组织弱组合、强联结和低成本、高绩效的内在原因。

第三，在农业产业化联合体与其他农业合作经营组织的研究方面，国外专家更多地选取农业企业和农民合作社作为主要对象，认为降低交易成本、共同应对和防范市场风险是主要目的，联合体能够有效提升企业运行效率，主体利益博弈结果影响联合体运行效率。国内专家的研究涉及早期的农工联合体、经济联合体、农村新经济联合体、产销联合体、产业化联合体组织，逐步深入到现代农业产业化联合体，与其发展演变的过程相吻合，从制度视角研究农业产业化联合体形成条件、运行特征和利益关系，将农业产业化联合体作为有效的新型农业合作经营组织选择。

这些研究成果涉及面广且应用价值大，理论上阐述了农业产业化联合体形成及发展规律，运用案例分析和数量分析方法研究了农业产业化联合体外在形式特征和内在利益联结，基本上探明了农业产业化联合体的运行机制和组织有效性。这些学者的成果为本书考察农业产业化联合体增效机制提供了理论借鉴和路径参考。然而，通过回顾已有文献发现：

第一，学者对农业产业化联合体的研究焦点由形成机制逐渐深入到运行机制和效益提升因素，并将经济绩效作为优化组织成员合作的最终目的，分析过程更加注重对各核心主体的分工情况和利益联结形式，从农业产业化联合体组织本身出发，将主体和组织相结合进行深入研究的成果还不很丰富，较少学者构建新的理论逻辑框架描述农业产业化联合体成员行为和利益联结与绩效增长的关系，且对因素的分析比较笼统，定量研究的支撑还不足。

第二，农业产业化联合体发展速度比较快，实践上可供分析的案例形式很多。对农业产业化联合体运行机制的解读多聚焦于产生机理、本质特征、运营机制，理论研究集中于产业链理论和交易成本理论。虽然能为经营主体合作发展规律和农业产业化联合体运行有效提供支撑，但理论的依据还不够丰富，如对农业产业化联合体内部的组织治理结构、成员间利益联结稳定性和主体参与行为选择等问题的解释能力有限。

第三，现阶段各省份农业产业化联合体发展规模和发展水平相差较大，统计体系还未能建立完善，效益相关数据的可用性和客观性有待考证。对农业产业化联合体的理论研究多于实证研究，学者一般选取单个或多个案例进行剖析，而没有大样本数据的分析，对从整体上把握农业产业化联合体发展的一般规律或提出普遍性问题与普适性建议造成困难。

上述研究成果的局限和不足为本书考察农业产业化联合体主体行为、利益联结和绩效增长的关系给予了启发：

第一，需要深入挖掘农业产业化联合体增效机制，交叉运用多学科的相关理论，从构建符合农业产业化联合体组织结构和发展规律的理论分析框架入手，对其主体行为和利益联结的影响因素进行模型构建并进行深入探讨，增强研究的理论性。

第二，利用好能够获取到的微观调研数据，掌握一手数据资料，制定科学合理的调研方法，采用恰当的定量方法通过计量模型对组织中的经营主体行为和利益联结的相关内容进行量化分析，提高研究结论的可靠性。

鉴于此，本书以河北省农业产业化联合体为例，基于相关理论研究和实地调研，对农业产业化联合体绩效的增长机制进行深入探究，建立以"主体行为—利益联结—绩效"为主线的理论逻辑框架，并据此进行实证检验。

1.3 研究目的与研究内容

1.3.1 研究目的

揭示新型农业经营主体通过利益联结影响农业产业化联合体绩效的内在规律和作用机理，探索上述作用机理在实践中的实现路径，为促进农业产业组织高质量发展提供理论、政策和实践方式的支持。

1.3.2 研究内容

本书按照"问题提出→构建框架→分析问题→解决问题"的逻辑顺序布局全篇，具体的研究内容设计如下：

第一，农业产业化联合体演化过程与发展现状研究。通过文献梳理和河北省农业产业化联合体数据资料的统计分析，追溯农业产业化联合体演化历程，比较各阶段农业产业化组织在主体关系、要素利用、利益联结和合作成效等方面的特征差异；从整体上阐述全国及河北省农业产业化联合体发展现状以及现实存在的困境；按农业产业化联合体自身发展阶段提炼三种主要模式，从主体行为、利益联结和治理结构三个方面比较模式特征，选取鸡泽县辣椒产业化联合体、定农农业产业化联合体、河北华威食品产业化联合体作为典型案例进行剖析。

第二，农业产业化联合体主体行为影响因素研究。基于计划行为理论和感知价值理论提出农业产业化联合体主体行为影响因素的理论逻辑架构；以河北省省级示范性农业产业化联合体实地调研数据，运用结构方程模型检验行为态度、社区效应和约束条件对主体行为的影响作用，同时检验经营能力感知和利益风险感知对主体行为的间接影响效应；将农业产业化联合体按治理结构和形成方式进行分组，运用多群组结构方程模型进行异质性检验。

第三，农业产业化联合体行为主体利益联结的影响因素研究。首先按主营产业类别，对农业产业化联合体采用的利益联结方式、利益分配方式和利益保障措施进行了分类梳理；其次将激励约束因素和治理结构因素纳入农业产业化联合体利益联结非稳态向稳态均衡的转变过程，探究惩罚措施、激励机制和关系治理因素对合作回归稳态实现紧密联结的影响作用；最后利用对河北省省级示范性农业产业化联合体的问卷调查数据，采用双变量 Probit 模型研究主体行为、激励约束和治理结构对农业产业化联合体利益联结紧密程度的影响作用。

第四，基于效益视角的联合体利益联结对绩效的影响研究。将农业产业化联合体利益联结方式分为有形利益联结和无形利益联结，运用河北省省级示范性农业产业化联合体的实地调研数据，采用多元回归模型分析农业产业化联合体利益联结多元性对效益增长的作用关系；引入治理结构作为调节变量，运用调节效应模型研究治理结构如何对农业产业化联合体内利益联结与效益增长的关系进行调节。

第五，基于满意度视角的联合体利益联结对绩效的影响研究。选择河北省省级示范性农业产业化联合体调查数据，构建利益联结紧密程度对农业产业化联合体满意度影响的逻辑框架，运用有序多值选择模型对两者之间的关系进行检验；将经济效益、组织支持和感知价值作为利益联结紧密程度和满意度之间的中介变量，运用中介效应模型和 Bootstrap 法分别对三个中介变量进行检验；按成立年限、收益水平、核心企业级别和形成方式对农业产业化联合体进行分组，运用 Bootstrap 方法进行异质性检验。

第六，农业产业化联合体增效机制和对策建议。简要阐述主体行为、利益联结、绩效之间影响作用的发生机制，归纳为两个不同路径的农业产业化联合体增效机制；以此为基础，提出促进农业产业化联合体创新发展和完善农业经营体系的对策建议，为推动我国农业产业化联合体成为促进农业经营增效和农业产业高质量发展的重要组织形式提供理论指导和政策依据。

1.4　研究方法与研究思路

1.4.1　研究方法

1.4.1.1　问卷调研法

前期对农业产业化联合体负责人及其经营主体进行访谈调查，分析农业产业化联合体内部存在的现实问题；后期根据研究内容以问卷形式对河北省省级示范农业产业化联合体进行走访调查或电话调查，重点掌握当前河北省农业产业化联合体主体行为特征、利益联结机制、组织治理方式以及整体绩效水平。

1.4.1.2　案例比较法

农业产业化联合体已经表现出发展程度方面的分化，处于不同发展阶段的联合体以利益联结为核心形成的模式各异且结构复杂，选取三种发展阶段的河北省农业产业化联合体典型模式，并结合案例深入剖析各主体行为特征、利益联结和治理结构。

1.4.1.3　结构方程模型

基于感知价值理论和计划行为理论，建立了包括"感知价值""行为态度""社区效应""约束条件"的河北省农业产业化联合体主体行为影响因素的逻辑框架，运用结构方程模型检验主体行为影响因素的作用，并运用多群组结构方程模型对治理结构和形成方式不同的农业产业化联合体主体行为进行异质性检验。

1.4.1.4　双变量 Probit 模型

基于对经营主体间利益联结方式的分析，利用利益联结多元性和利益联结有效性两个具体指标衡量利益联结的紧密程度，运用双变量 Probit 模型对影响农业产业化联合体利益联结多元性和利益联结有效性的因素进行回归检验。

1.4.1.5　多元线性回归模型和调节效应模型

采用多元线性回归模型检验经营主体有形利益联结方式和无形利益联结方式对合作组织整体收益水平的作用，并结合调节效应模型检验不同的治理结构在经营主体利益联结对效益水平产生影响的过程中发挥的作用。

1.4.1.6　多元有序选择模型和中介效应模型

选择多元有序选择模型研究利益联结紧密程度对农业产业化联合体满意程度的影响；运用中介效应模型检验经济效益、组织支持和感知价值在利益联结紧密程度和满意度之间起到的中介效应，并进行了异质性检验。

1.4.2　研究思路

本书以现实问题为导向，以探究农业产业化联合体增效机制为目标，按照如下思路展开研究：首先，基于现实背景和现有文献回顾提出本书的科学问题，准确界定农业产业化联合体、主体行为、利益联结等基本概念，对相关的支持理论基础进行阐述，构建农业产业化联合体主体行为、利益联结与绩效关系的理论逻辑框架；其次，基于实地调研了解的基本情况，梳理我国农业产业化组织的演变过程及特征，分析农业产业化联合体发展现状和现实困境，提出农业产业化联合体自我分化的利益联结模式，并结合典型案例进行进一步剖析；再次，利用河北省省级示范性农业产业化联合体调研数据，对经营主体行为的影响因素进行实证研究，结合主体之间的利益联结方式和合作稳态均衡条件，对农业产业化联合体利益联结紧密程度的影响因素进行实证研究；复次，将效益水平和满意度作为代表绩效的两个方面，分别探究利益联结对农业产业化联合体绩效增长的影响；最后，综合实证分析结果，提出农业产业化联合体增效机制，为农业产业化联合体持续稳定发展提出政策建议。

基于上述研究内容、研究方法与研究思路，本书的技术路线如图 1-1 所示。

| 研究思路 | ← | 研究内容 | → | 研究方法 |

研究背景 → 文献梳理

问题提出

主体行为、利益联结如何促进联合体绩效

构建框架

理论基础 → 影响机理 → 研究框架

农业产业化联合体演变过程与现状研究

| 农业产业化联合体演变历史溯源 | 农业产业化联合体主要模式分析 | 农业产业化联合体现实问题分析 |

案例比较法

农业产业化联合体主体行为影响因素研究

| 计划行为理论感知价值理论 | 参与合作行为积极性影响因素 | 治理结构和形成方式的异质性分析 |

结构方程模型

农业产业化联合体行为主体利益联结的影响因素研究

| 利益联结方式利益分配方式利益保障措施 | 农业产业化联合体利益联结的稳态均衡构建 | 联合体利益联结紧密程度影响因素的实证检验 |

分析问题

双变量Probit模型

农业产业化联合体利益联结与绩效：效益视角

| 农业产业化联合体利益联结对效益水平的影响 | 治理结构对利益联结与绩效关系的调节效应 |

多元线性回归模型

调节效应模型

农业产业化联合体利益联结与绩效：满意度视角

| 利益联结对满意度的影响及存在的中介效应 | 农业产业化联合体利益联结与满意度关系的异质性检验 |

多元有序选择模型

中介效应模型

解决问题

农业产业化联合体增效机制与政策建议

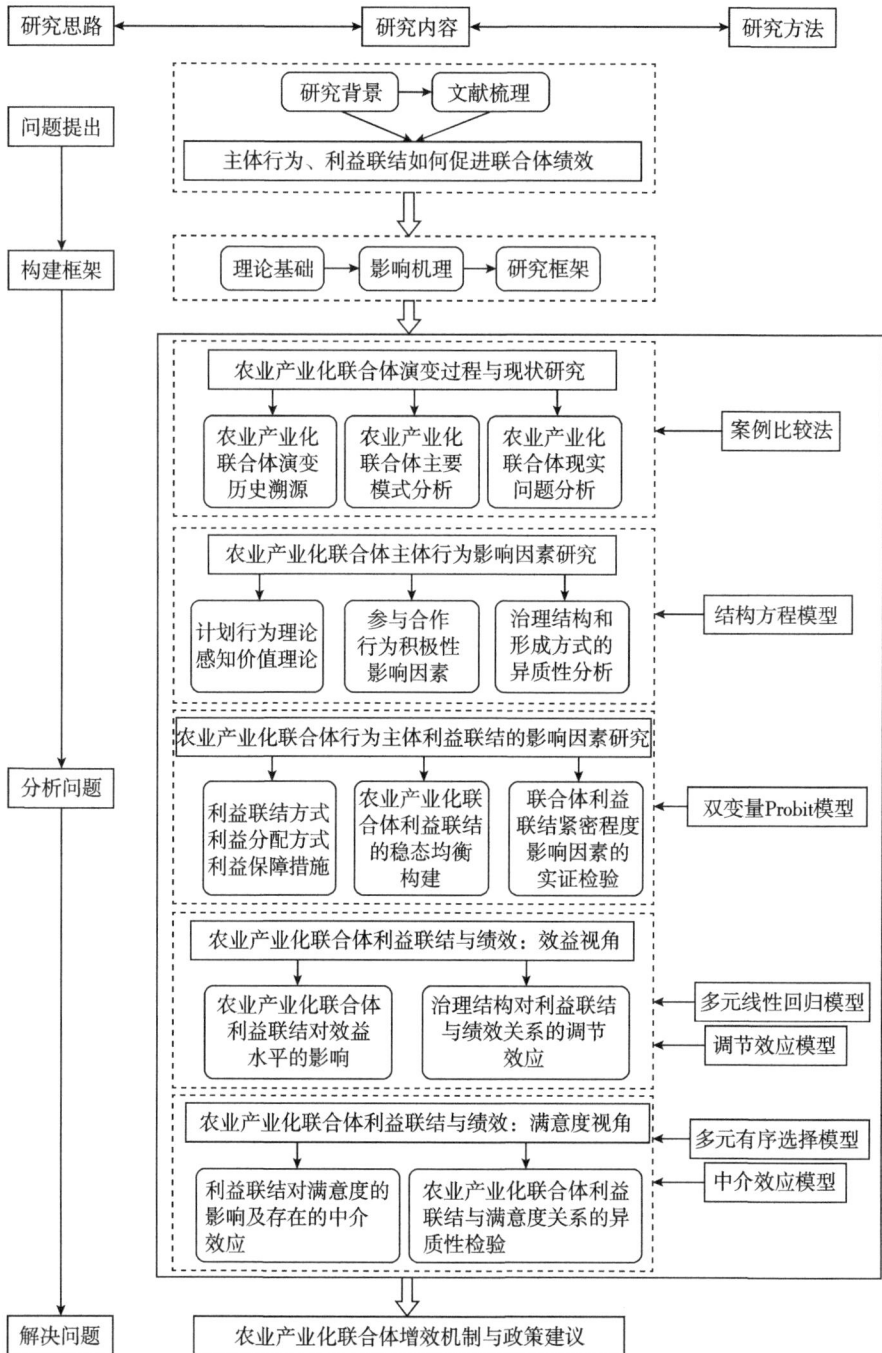

图1-1 本书的技术路线

1.5 创新点

本书的创新点体现在以下方面:

第一,以动态化的视角总结出不同阶段的三种农业产业化联合体主导模式,即聚点中心模式、多重网络模式和定向合作模式。结合特征比较和案例分析,指出随着农业产业化联合体发展的逐渐成熟,主体行为和利益联结更倾向于向组织汇聚的客观规律,且主体行为与利益联结的运行具有同向性,存在着内在关联。

第二,提出了层级治理和关系治理对利益联结紧密性的促进作用。将治理结构因素引入农业产业化联合体绩效增长机制中,其中关于关系治理的分析为联合体的研究引入了社会资本影响的视角。提出层级治理的联合体通过规范经营主体行为增加利益联结的多元性,及其对利益联结影响收益水平的强化作用;而嵌入关系治理进行混合治理的联合体通过正式和非正式的手段增加联合互助的灵活性,从而增加经营主体的利益联结的多元性。

第三,创建了利益联结多元性和利益联结有效性两种情形下的农业产业化联合体增效机制。经过理论分析探明了农业产业化联合体经营主体行为及利益联结影响因素的作用机理,以及利益联结对绩效增长的影响作用,构建了"主体行为—利益联结—组织绩效"的理论研究框架并经过实证检验,从而提出农业产业化联合体实现绩效增长的内在机制。

第 2 章　概念界定与理论分析

2.1　概念界定

2.1.1　农业产业化联合体

在国内文献中，"联合体"一词最早源自达洲（1978）对农工体制下南斯拉夫农工联合体的研究。"贝尔格莱德"农工联合体是由 136 个联合劳动基层组织组成的 30 个劳动组织的再联合形式，具有层级性质。以订立合同的方式，进行农业生产、农产品加工、商品物流的纵向一体化经营，提供旅游服务并设立研究中心。"多蒂多"联合体同样也是通过订立协议共同利用水利系统进行农业生产，其实质是由多个部门的劳动组织联合成的复合企业群体。学者关于国内联合体的研究始于以工业企业为代表的经济联合体，如总分厂、合营、联营等企业形式（胡野鹤，1981）。权力集中、统一核算的联合体牢固性更强，集权程度受所有制、行业特点、规模和管理水平的影响，联合体发展呈现出"低级松散型→集中型→高级松散型"的趋势（郑海航，1981a）。各主体"最佳联合点"的选择需要考虑：各有所需但单一主体无能为力，具有实力强大的总厂且联合才能获得更高的效益

（郑海航，1981b）。2012 年现代农业产业化联合体的萌芽吸引了国内学者对其组织优势的关注。

在现代农业产业化联合体兴起的最初阶段，概念的界定上并没有得到统一。针对农业产业化联合体与传统合作组织特征混淆的现象，学者对其概念内涵和组织边界进行辨析。①联合体前期萌芽时期。孙正东（2017）调研安徽省农业产业化联合体后，将其定义为通过签订契约实现各产业环节上紧密的利益关系，进行基础生产的家庭农场和专业大户以合作社为纽带，在龙头企业的带动下进行纵向一体化经营的新型农业产业联盟，认为联合的目的是为了保障国家粮食安全和优质安全农产品供给。陈定洋（2016）认为联合体是农业全链条的相关经营主体基于市场需求形成的具有紧密联结和产业融合特征的新型农业产业联盟。两者都是基于产业融合的角度进行定义，强调了要素、产业和利益的内在关联。芦千文（2017）从主体合作方式的角度提出农业产业化联合体的组建是基于平等自愿原则，成员主体具有经营的独立性，通过组织章程与合同协议等建立利益共同体，进行统一经营。②政府推动联合体发展时期。从政府层面来看，2012 年宿州市委发布的文件中首先指出，农业产业化联合体的核心主体是龙头企业、家庭农场与农民合作社，分别发挥着核心作用、基础作用和纽带作用。2016 年河北省农业厅提出农业产业化联合体的基本特征，即专业化分工、产业链条完整且利益关系紧密，与安徽省不同的是，加入了发挥服务作用的社会化服务组织。2017 年，农业部等部门联合发文，同样强调了农业产业化联合体经营主体紧密的利益联结纽带和一体化经营，认为核心主体仍然是龙头企业、农民合作社和家庭农场。这些文件均提到核心的成员主体和组织的性质。③各地联合体推广时期。现阶段各地区正是基于中央给出的基本定义培育发展农业产业化联合体的，但学术界的讨论并没有停止。王志刚等（2011）综合交易成本和范围经济等相关理论，将农业产业化联合体重新定义，但核心经营主体的地位和分工依然不变，强调了生产要素的共享和多种产业的交叉融合。其创新之处在于不仅强调了利益联结的紧密性，同时还提出了产业链和供应链具有更为复杂的交叉融合的网络化特征。

由于本书以在我国农业产业兴旺和农业产业链专业化分工水平及纵向整合能力不断提升的背景下发展起来的农业产业化联合体为研究对象，参考和借鉴的文献成果主要是对近十年来产生的农业产业化经营组织的相关研究。故本书研究的农业产业化联合体基于农业部提出的农业产业化联合体认定标准，是以龙头企业、家庭农场、合作社为核心主体，形成产业链条衔接、主体分工协作、进行组织治理等特征，具有非法人性质但能够建立紧密且稳定的利益联结机制的新型农业经营组织联盟。包含上述性质和特征的农业合作经营组织数量庞大且形式多样，为统一研究对象，根据各省份评定标准认定的农业产业化联合体才属于本书的研究范畴。基于河北省农业产业化联合体的建设实践进行研究，主要考虑到河北省属于第一批培育农业产业化联合体的省份之一，且省内许多农业产业联盟在更名为"联合体"前已经形成了农业产业化联合体的特征，即农业产业化联合体的雏形，具有丰富的实践经验，其建设成效得到了中央和地方政府的认可和大力支持，其他省份从河北省农业产业化联合体成功的典型案例中得到了丰富的经验借鉴用以指导本省新型农业经营主体的组织和培育。本书认为研究河北省省级示范性农业产业化联合体能够把握这一创新组织形式的演变轨迹和主要特征，从其发展过程中暴露的农业产业化联合体共性问题入手，深入挖掘内在的主体行为、利益联结和最终的绩效增长规律，所取得的研究结论对其他农业产业化联合体发展具有更强的普适性价值。

2.1.2　主体行为

"行为"是在一定条件下，个体或群体外在地表现出来的一系列活动。主体行为是人类主体在特定环境中对各种经济或社会活动等进行的选择。这种行为一般受到思想意识的支配，为了达到某种目的而产生。行为可以是行为主体和外在环境共同作用和相互作用的结果。在心理学家看来，当有机体受到某种刺激后，在其自身心理因素的作用下，会引起某些行为反应。管理心理学进一步将人们受欲望和动机支配下的动机性行为分为目标导向行为和目标行为。前者指为了目标的实现而采取的行为，后者指目标实现时表现的行为。目标导向行为是目标行为发生的前提，目标行为是目标导向行为的最终结果。行为主体是以利益最大化为目标的经济人，通过比较成本和收益选择适合的行为决策（Schultz，1964），包括行为的最终目标、实现目标的方法和路径等。农业产业化经营组织中的主体类型较多，核心经营主体包括龙头企业、合作社、家庭农场、社会化服务组织和农户，相关性较强的主体包括金融机构、科研院校、技术机构、行业协会、党支部等。不同主体组成的农业产业化经营组织，其设定的利益目标指向存在差异，所以在目标指导下采取的行为和行为导致的利益机制与最终绩效表现也不同。组织内主体的行为具有协作性和互利性，合作是主体之间有意识地进行互动的协调行为（Hinder 和 Groebel，1991），能够建立合作关系的主体行为的发生需要满足以下几个条件（Axelrod，1984）：一是行为主体的多样性，单一主体无法解决的问题有可能通过多主体采取合作行为共同处理；二是行为主体具有互补性，即在技术、信息、资金、管理等方面存在需求和供给的不对称，双方能够同时为对方的需要提供满足；三是主体行为存在目标的一致性，这是基于利益的博弈做出的选择，经过比较个人成本和收益，对比个人收益和集体收益，合作主体在通力配合的努力下实现合作的目标，这不能与个人利益相互冲突，否则主体将会从合作中退出，甚至采取损害合作组织利益的行为；四是主体行为的结果对每个参与成员都是有利的，只对组织产生正向的积极作用不足以促使主体加入组织进行合作，参与合作的主体是理性的经济人，对个人利益最大化的目标追求必然产生对组织带给个人收益提高的需求。

农业产业化经营组织内主体的行为按行为涉及主体可划分为主体进行自身生产经营的行为和与其他主体进行交换或提供服务的行为；按产业链环节划分包括产前服务行为、生产行为、加工行为、消费行为和品牌打造行为等；按对主体作用方式划分可分为激励行为和约束行为；等等。本书研究对象所提及的农业产业化联合体主体行为，其中，行为主体是作为农业产业化联合体核心成员的龙头企业、合作社和家庭农场；主体行为是指核心成员在互动过程中形成的与农业产业化联合体经营活动有关的合作行为。具体来说，如龙头企业带动合作社与家庭农场参与合作经营采取的提供要素服务和质量管控等支持行为；合作社对家庭农场及其社员提供的服务支持以及在龙头企业与家庭农场之间的要素或产品的交易行为；家庭农场按照龙头企业或合作社标准要求利用生产要素进行农业生产经营的行为。对只与主体自身生产经营相关的经济行为和社会行为等不做过多研究。主体行为形成了内部各种不同的利益联结关系，合作的积极性对利益联结是否紧密具有不可忽视的显著作用，从而影响农业产业化联合体的整体绩效水平的实现。

2.1.3 利益联结

利益联结涵盖了三个层次的内容，首先涉及利益，其次关系两个及两个以上数量的主体，最后针对的是主体之间利益矛盾的讨论。谈及利益，马克思和恩格斯（1956）认为人们奋斗的一切都与其利益相关。政治、经济、文化等众多领域的发展都与利益密不可分。在商品经济背景下，从生产、交换到分配、消费的整个环节都受到利益的主导。利益伴随人类欲望而产生，能够满足欲望的物质或精神的实现就是获得了利益。更加通俗地认为，利益就是好处。当多个拥有个人利益的主体组成一个集体时，集体利益由组织目标的产生而派生出来，它客观地表达了全体成员的共同利益。利益具有矛盾性，个体之间、个体与集体之间、集团之间都有可能存在利益冲突。如果不同的利益之间能够找到均衡点，这往往是能够同时实现个人利益和集体利益的一种稳态，推动组织效益提高的可能性就更大一些。联结是指某种因素的作用使不同主体之间产生了某些联系而结合起来。"连接"更侧重一种具体的、容易感觉到的事物之间的衔接。与之对比，"联结"的概念则更为抽象，强调精神层面的结合，是内在关联和外在合作的综合表现。

利益联结可以认为是一个组织内不同主体通过物质交换或精神感知而形成的利益矛盾转化与相互协调的动态关系，一般依靠某种手段加以约束，如"契约"。首先，利益联结具有相互性，利益联结关系一旦建立起来必然至少涉及两个行为主体，它们是关系对立的双方，实现联结后所获得的利益表达形式却不一定相同。其次，利益联结具有阶段性，当一方或多方的某种属性发生变化时，甚至外部环境的变化，有可能造成主体重新审视自身的利益系统，重新确定需要实现的利益目标和联结对象，从而引起已建立的利益联结关系随之变化。所以，利益联结稳定和不稳定的性质具有相对性。再次，利益联结可以是多维度的，一方面，相关主体建立利益联结的方式是多样化的，而非单一的；另一方面，同一主体可以和不同的、相互独立的两个或多个主体形成利益联结关系，更容易形成复杂的利益联结网络。最后，利益联结具有两面性，它既包含了具有正面促进意义的联结方式，也包括对主体的某些行为具有约束性或抑制性的联结方式。本书研究的农业产业化联合体利益联结，主要指农业产业化联合体内部核心主体，如龙头企业、合作社、家庭农场之间建立的利益联结关系，包括交易方式以及延伸的运行机制，其中涉及以正式契约或非正式契约建立的利益联结方式和利益分配方式，以及与之相关的利益激励机制和利益约束机制等。对核心主体与农户的利益联结、核心主体与其他外部利益相关者的利益联结不作讨论。

2.1.4 农业产业化联合体绩效

"绩效"一词既体现了任务完成的数量和质量，也体现了效益和效率。绩效包括了收入水平和满意程度等指标。它对应的英文"Performance"具有表现和成绩等含义。对绩效内涵的理解主要分为三种不同的观点：一是认为绩效是行为活动取得的产出性结果；二是主张绩效是为实现目标采取的具体行为；三是认为绩效具有综合性，既包括过程也包括结果，需要比较产出和投入的关系，甚至从经济、社会、生态等多个方面对绩效进行评价。对农业产业化联合体绩效进行研究的成果还比较少，现阶段农业产业化联合体不仅关注组织整体的经济收益，也关注成员主体在组织内部获得的满意度等。本书将农业产业化联合体带动经营主体成本降低、风险规避、利益分享等指标作为代表"投入"的影响因素，未将上述指标作为反映农业产业化联合体绩效的结果指标。综合考虑数据的可获得性以及农业产业化联合体成员主体的聚焦点，分别从客观层面与主观层面着眼，一方面讨论农业产业化联合体收益水平，另一方面研究农业产业化联合体成员满意度评价，将其作为农业产业化联合体绩效的不同维度。

2.2　理论基础

2.2.1　集体行动理论

农业产业化联合体是由多个新型农业经营主体共同组成的进行经济行动的利益集体。正是因为各个主体仅依靠自身能力很难应对市场考验和满足现代农业发展的要求，他们结合起来为集体服务并从中获益。集体行动在人类社会一直普遍存在。人类的集体行动可以追溯到远古狩猎时期，但那是以生存为前提的合作。对集体行动理论的早期探索是政治学领域，亚里士多德（1965）在2000多年前提出，人们通常只关心自身所有的物品，对于多数人所有的公共物品则不关心，最多也只对公共物品涉及自己的部分表现出关心。其研究的最终目的是为政治集团的统治延续所服务。马克思（1972）在早期阶级斗争中注意到，工人为了维护自己合法的工资权利这一共同利益而联合起来同资本家斗争，并逐渐从对权利和物质的要求演变为最终为了实现政治诉求而进行的无产阶级反抗压迫的斗争，这种集体行动具有较强的阶级性和斗争性。对更具有普遍意义集体行动的更为系统性的理论研究当属奥尔森提出的集体行动理论。20世纪60年代以前，研究学者一般认为，追求共同利益的个人组成的集团具有共同扩大集团利益的倾向，从而自发地促进集体行动。个人为了实现利益最大化而采取利己行动能够自然而然地增加整个社会的总体利益（杨龙，2003）。

奥尔森在坚持经济人的假定条件下对这种论断进行了批判，他指出因为个体在进行成本收益分析的基础上难以避免"搭便车"行为（刘洪，2002），追求自身利益最大化的理性经济人不会为共同的集体利益而采取行动，除非集团规模足够小，或存在强制或某些特殊手段使他们按照集体利益行事（曼瑟·奥尔森，2018）。但即使是小集团，也可能存在"少数人剥削多数人"的现象。因此，在个人利益侵蚀集体利益的情况下，必然会陷入集体行动的困境。奥尔森认为采取"选择性的激励"能够让那些为集团利益作出贡献的个体感受到与其他个体的不同，从而有效驱使理性个体采取有利于集体的行动。除经济人的基本假定外，奥尔森的分析还有另外三个假定条件，即个体同质性、成本由单一个体承担而受益由全体成员共享、集团收益大于个体收益总和（张明林和吉宏，2005）。后来的集体行动理论在质疑奥尔森理论建构的基础上进行了发展和创新。如奥尔森只是将大集团和小集团进行了分类讨论，但对两者的界定比较模糊，换言之，大集团和小集团只是相对概念，其性质不具有稳定性（罗必良，1999）。经过个体之间动态的重复博弈，背叛未必就是采取的主要策略（诺思，2014）。再如，无论是强制还是选择性激励，这两种方案在实施过程中存在管理成本过高和寻租风险等问题，而增强沟通交流和建立互信关系等方式，同样能够使人们组织起来采取互惠的集体行动（吴光芸和杨龙，2006）。以埃莉诺·奥斯特罗姆为代表的印第安学派将制度分析纳入到集体行动的研究，发展了理性选择制度主义和集体行动理论（张振华，2013）。借鉴已有学者研究，本书将由奥斯特罗姆发展起来的集体行动理论称为新集体行动理论（秦愚，2018），该理论认为集体内的每个个体都处在社会网络当中，集体行动困境能够依靠人与人之间建立的社会关系来解决，并将这种能力定义为"社会资本"，它包括社会网络、社会组织、个体行为等（Ostrom 和 Ahn，2009）。社会网络能够对个体行为产生声誉机制，其他的潜在参与者会观察参与者的行为，并对其合作成效和信用程度进行评判，最终采取合作或不合作的行为，通过多次的重复博弈强化互惠合作的形成（Ostrom，1998），从而走出集体行动困境。从集体行动的困境走向集体行动是帕累托改进的过程。概括来看，奥斯特罗姆所认为的成功的集体行动具有这样的特点：成员进入组织具有一定门槛，需要依照社会网络和声誉机制进行甄别和选择；组织监督有效且具有监督机制，由成员共同建立规章制度并保证实施；收益和成本进行公平的分配或分担；内部纠纷解决的成本较低（Ostrom，2000）。

农业产业化联合体的核心就是包含了多种新型农业经营主体的集体行动组织，其成员有着在同质性基础上的异质性。同质性指加入联合体的各个主体均有惠顾集体并从组织获取更多收益的共同诉求。异质性指组成联合体的成员所具备的要素禀赋、行业类型、风险偏好和防范能力及贡献程度是必然不同的。联合体按照经营主体贡献程度进行利益分配保证组织公平，并通过章程制度与契约对合作行为进行监督，保障联合体的有效运行。联合体产生的环境存在合作的条件，农业合作经营组织已经有了长期的发展并积累了丰富经验。与之前产业化经营组织不同之处在于，联合体的出现是建立在社会资本积累之上的，彼此熟悉的成员之间通过重复博弈已经建立起信任关系，甚至具有多个成员共存的社会网络；不具有信任基础的成员也经过组织对其声誉等信息的考察，才决定是否将其纳入集体，从而促进集体行动的发生。但农业产业化联合体规模和模式各异，实践证明有些联合体能够依靠内部机制保持有效运行，有些联合体则陷入集体行动的困境，表现出组织的低效率并最终导致解体。本书在集体行动理论的基础上，解读农业产业化联合体的主体行为和利益联结关系，进而探讨其能够影响绩效的内在逻辑是言之有据的。

2.2.2 计划行为理论

理性行为理论（TRA）和计划行为理论（TPB）已被广泛地应用于许多研究个体行为的领域，来解释个体在决策过程中产生的行为意图和行为（Gao等，2017）。理性行为理论认为，主观规范和对行为的态度是影响行为意愿的因素（Xu等，2019）。随后，Ajzen（2020）将知觉行为控制因素纳入理性行为模型，得到了扩展后的计划行为理论模型，大大提高了该模型的预测能力。正面的积极态度、支持性的主观规范和足够强的知觉行为控制是对某种行为具有积极意愿的决定因素。行为意愿能够导致行为选择，而知觉行为控制影响这种行为。行为意愿反映了采取某一特定行为的程度，也可以被理解为个人在未来以特定方式实施行为的主观可能性或意图。已有的实证研究证明了行为意愿是实际行为的重要因素，认为行为意愿取代真实行为作为因变量是可行的（Kiatkawsin 和 Han，2017）。

行为态度（Behavioral Attitude）作为计划行为理论中的一种可获得的行为信念，是基于对个体的行为意愿或行为的理性评价。在执行某个特定的行为时，一个良好的态度可以增加个人对技术的渴望和对发展的信心，从而产生对行为意愿或行为的期望（Wang 等，2020）。主观规范（Subjective Norms）指的是个人在决定是否实施某个行动时，感知到的来自周围重要的人（如家庭、朋友或邻居等）的态度或观点的影响。当一个人相信他周围的人支持或肯定他的行为，并对该行为有积极的态度时，就形成了积极的感知期望，从而导致行为意图或行为的发生。研究发现，主观规范在所有先行变量中影响最显著或无影响（Wan 等，2021）。造成这种差异的主要原因是国家之间的文化差异。以往的研究观察到主观规范、行为态度和知觉行为控制之间偶尔会存在正相关关系（Wang 等，2021）。知觉行为控制（Perceived Behavior Control）被认为是根据一个人的能力或经验来实施行为所感受到的困难程度。它反映了个体对克服行为障碍的感知能力。此外，知觉行为控制包括来自内部和外部的约束因素（Kraft 等，2005）。内部约束因素主要指掌握的知识水平和要素禀赋等，外部约束因素包括时间、精力、成本等。

本书关注参与农业产业化联合体的经营主体行为，研究影响其行为积极性的主观因素及作用路径。一方面，经营主体采取自身行为前会自然地参考他人的态度和意见，可能是已加入周边农业产业化联合体的成员，或者是与发展水平较高的农业产业化联合体进行交流从而获得基础性的参考信息；另一方面，经营主体会考察自身拥有的生产要素资源来判断可能受到的约束情况，同时，经营主体对已加入的农业产业化联合体是否具有明显的好处或优势拥有自身的判断，上述因素会通过不同的渠道或方式影响经营主体在农业产业化联合体中合作行为的积极性。一般以计划行为理论为依据的研究通常会研究因素对行为意愿的影响，再考察行为意愿对实际行动发生的作用。本书更加关注农业产业化联合体经营主体实际行为的影响因素，认为行为的意愿发生即会产生行为，不再将行为意愿作为中间变量进行研究。

2.2.3　公司治理理论

2.2.3.1　"委托—代理"理论

随着现代公司制企业中所有者与经营者分离的普遍化，对股东利益最大化的争论引出了"委托—代理"问题。在"委托—代理"理论视角下，经济组织是由多个参与者以契约为基础成立的集合体（Fama，1980），这些参与者为组织提供劳动、管理才能和资金等要素，同时获得产出。该理论指出每一个组织内部的参与者（或代理人）都在寻求自身利益的最大化，特别强调了"剩余索取"的本质和决策权力的分配。"委托—代理"问题一直是合作社研究的热点之一，公司治理中的"委托—代理"理论逐渐被应用于探讨合作社的"委托—代理"关系（梁巧和黄祖辉，2011）。在合作社中，管理所有权和控制权的基本产权已经建立，决策控制和剩余所有物的权利完全掌握在那些作为成员资助公司的人手里。合作社控制基于"一人一票"的原则而并非投资份额，因成员资格和控制权受到限制，只有当公司或个人积极赞助时，其权利才具有价值（Staatz，1989）。农业产业化联合体中同样存在"委托—代理"问题，且具有双重性，这与合作社的"委托—代理"关系具有相似性。一方面，农业产业化联合体由多个独立经营的主体共同组建，涉及其经营管理等所有问题由全体成员进行决策是不现实且低效的，委托成员代表进行决策是最佳选择；另一方面，农业产业化联合体经有效的合作获得收益，与其内部不同成员的期望函数设置的目标并不完全一致，可能造成核心成员与其他成员的利益矛盾（马彦丽和孟彩英，2008）。在农业产业化联合体中，委托人和代理人的身份在不同的契约关系和交易过程中是可以相互转化的。当龙头企业与生产经营主体签订收购合同时，生产主体成为龙头企业的代理人，龙头企业是委托方；反过来，当上游主体与龙头企业签订生产资料的购买合同时，龙头企业成为提供生产资料的代理人，而生产主体成为委托方。冯根福（2004）设计了一套优化的治理结构和治理机制来促使经营者行为符合股东利益，同时防止大股东对小股东利益的损害，利用有效的激励—约束机制兼顾成员之间的利益平衡且约束其行为。

2.2.3.2　利益相关者理论

"利益相关者"一词最早于 1963 年由斯坦福研究院提出。Ansoff（1965）利用这一概念指出平衡企业的利益相关者之间的利益冲突是非常必要的。更为系统的利益相关者理论在《战略管理：利益相关者方法》一书中得以阐释，弗里曼（2006）在兼顾战略管理程序和利益相关者影响的基础上，构建了完整的利益相关者战略管理框架模型，涵盖了利益相关者识别、行为分析、策略形成和管理计划制订等多个方面，该书被认为是利益相关者理论的开山之作。根据利益相关者理论，企业发展除关注企业股东利益外，还离不开众多参与投入且与企业生存有关的其他利益群体，企业的治理也逐渐由"股东至上"的单边治理转变为"利益相关者"的共同治理（仵希亮，2013）。诸多国内学者认为农业合作经营组织通过各种关系利用社会网络中的独立经营主体，再作为整体与外界环境进行信息等资源的交换。其生产经营过程涉及多个具有利害关系的个体或群体，根据关联的紧密程度和投资专用性，学者对利益相关者进行的界定，指出农民合作社的利益相关者需要满足三个条件，即进行专用性投资、承担一定风险、影响目标的实现，包含了农业企业、农业生产者、农资供应商、农产品经销商、技术推广机构、农业投资者、政府和其他主体等（黄胜忠，2014）。也可以进一步将利益相关者划分为合作型、指导型和关联型（李旭和戴蓬军，2012）；或一级利益相关者和二级利益相关者，前者如成员、管理者和雇员，后者如消费者、供应者、政府、竞争者等。将联系紧密且优质的利益相关者筛选出来，采取激励措施使其积极地向组织提供资源以保证资源配置效率与绩效增长（郭铖，2017）。企业通过合约的形式将利益相关者为企业付出的成本或承担的风险再补偿回去，将制度作为平衡多方利益的工具也可以实现经济效益和效率的提升（苏冬蔚和贺星星，2011）。企业积极承担社会责任可作为利益相关者对企业生产行为进行非正式约束的制度选择，通过权衡社会资本边际效益和边际成本提高资源的投入产出效率，降低企业在生产过程中的负外部性，保障利益相关者的福利（朱红根，2018）。

2.2.4 社员满意理论

满意度及其评价的研究最初产生于产品营销领域，被认为是对产品或服务形成的整体感知。面对市场上激烈的竞争环境，关注客户需求并提供优质服务来保持并提高客户满意度变得至关重要（Tahanisaz，2020）。市场营销经理和研究人员发现客户满意度直接导致重复购买量的增加和口碑声誉的提高（Lin 和 Gursoy，2020），是顾客忠诚度的来源（Fuchs 等，2013），人们比以往任何时候都更关注客户满意度（Haistead 等，1994）。学者对满意度给予了不同的内涵。Churchill 和 Surprenant（1982）认为满意度是一种产生于消费期间或消费后的情绪反应。El-Adly（2019）认为满意度是产品销售的结果之一，与后期的顾客态度转变、再次购买行为和品牌忠诚度有关。成员满意度对组织的整体绩效具有非常重要的影响。Nerkar 等（1996）认为两种满意度的因素对组织绩效产生正向作用，一是成效满意度；二是社会满意度。前者关注成员对组织整体发展成效的满意程度，后者更关注成员对组织内部成员之间交互作用的满意程度，如交流与合作的频率（Campion 等，1996）、工作分担和社会支持等。有些学者基于组织竞争力的视角，发现有效的行为监督或领导者与成员对目标达成共识等行为有助于促进成员的满意度（Miles 和 Mangold，2002）。

在消费者满意理论的基础上，国内学者通过对农民合作社社员满意度影响因素和作用机理的探讨，进一步提出了扩展的社员满意理论。社员的满意度作为一个衡量合作组织发展水平的指标被学者所关注。对社员满意度的评价或影响因素的研究大多借鉴了美国顾客满意度指数模型（American Customer Satisfaction Index Model），该模型将满意度作为目标变量，将感知质量、顾客期望和感知价值作为前因变量，将顾客忠诚和顾客抱怨作为结果变量。社员满意理论在此基础上研究社员在合作组织当中获得服务后感到是否满意的心理评价及其影响因素。将社员满意度替换原模型的顾客满意度，服务期望替换顾客期望，社员未来行为对应替代顾客抱怨和顾客忠诚变量（翁越飞等，2021）。满意度理论同样可以适用于对农业产业化联合体内经营主体满意度的影响因素研究，但需要根据农业产业化联合体的具体特征对模型中的某些变量进行替换处理，以便更好地解释引起经营主体满意程度差异的因素和影响路径。本书认为满意度是评价农业产业化联合体绩效的主观方面，组织发展的目的既追求经济目标，也应兼顾成员主体对组织的心理评价，这可能受到经济效益和组织支持等因素的共同影响。

2.3　影响机理与理论逻辑

2.3.1　合作组织绩效增长范式与因素研究

2.3.1.1　合作组织绩效增长的经济学分析视角

针对合作组织绩效问题，国内外研究学者主要围绕两条主线展开：一是基于哈佛学派"结构—行为—绩效"分析范式探索组织绩效的生成路径。在此基础上，一些学者提出外部交易环境反映组织的社会关系，或直接影响组织绩效，或间接地通过主体行为的适应提高组织绩效（侯佳君等，2020）。二是自 20 世纪 60 年代起，新制度经济学将制度作为经济学模型的重要内生变量，学者深入探讨了制度结构对组织绩效的影响（罗必良和王玉蓉，1999），认为两者存在紧密联系（刘洁等，2016）。我国农业合作组织稳定与否就在于利益分配和契约等制度安排，制度完备保证主体进行合意的利益分配，从而发挥产权作用实现激励（郑丹，2011），促进个体与集体目标的"双赢"（韩旭东等，2020）。在制度结构控制下形成的利益机制是否完善成为评价合作组织绩效水平的重要标准。

2.3.1.2 合作组织绩效增长因素研究

学者大多关注外界环境因素与组织内部因素的影响。研究认为外部环境与内部治理结构（Ariyarantne 等，2000）、主体行为（Staatz，1987）、信任程度（Pulfer 等，2008）等对合作组织运行绩效具有影响，外部经济水平、组织治理与主体素质是影响绩效的主要因素（黄祖辉等，2011），环境不确定性、组织结构、利益主体联合的意愿与能力对组织绩效产生影响（田露和张越杰，2010）。外部环境诸如政府重视程度、社会环境以及金融市场等极大程度地影响组织绩效。组织内部的契约治理与关系治理能够同时共同改善组织绩效（高阔和甘筱青，2012），治理结构和牵头人（黄胜忠和徐旭初，2008）、合作组织的行为方式与利益机制（王真，2016）等对总体增收具有显著效果。综合以上研究成果，外部环境对组织绩效增长具有辅助作用，内部组织架构及与之匹配的主体行为及利益联结的互动关系等对绩效表现非常关键。

2.3.2 主体行为影响因素的作用机理

影响经营主体采取某种行为的因素主要有三个来源，分别是对组织的评价、自身条件约束和外在因素的介入。对合作组织关心程度越高的经营主体，其参与合作的行为更加稳定。一方面更有可能与组织建立长期的合作关系，另一方面更易于组织自身形成良性发展机制（孙亚范，2011）。更加注重合作组织长远利益的龙头企业比只关注当期收益的"短视"龙头企业更愿意选择积极合作的策略（郭文君，2022）。根据计划行为理论，行为主体持有的行为意愿会受到行为态度、主观规范和知觉行为控制的影响，行为意愿进而影响行为选择，对行为持有的意愿越大，越容易采取该行为。主体的行为选择建立在持有的某种态度之上，赞成某种行为往往意味着对该行为持有乐观的态度。行为主体感受到的执行某种行为的难易程度会影响其对行为的选择，如实施行为需要的某些约束条件。从外界感受到的压力大小对行为的执行具有一定的影响，在合作关系建立的初期，生产环节的经营主体容易受从众心理的影响采取积极的合作行为，外界主体的积极态度或较高评价使经营主体对组织的信任感增强，更容易采取相同的行为（周新德，2017）。主体感受到的社区效应、持有的行为态度和感知的难易程度可能会受到另外某些因素的影响，如预期收益、风险抗击能力、盈利能力等，如经营主体拥有的要素禀赋可通过影响行为态度影响行为决策。

2.3.3　主体行为影响利益联结的作用机理

现有的一些对农业合作经济组织的研究认为，利益联结方式的选择影响着经营主体的行为特征，如参与积极性、生产动力和退出方式等（孙太清，2009）。从农业产业化联合体发展实践来看，利益联结是合作行为的结果，在进行专业化分工后，经营主体参与合作的积极性是影响最终利益联结机制和紧密程度的重要因素，而非反之。利益联结与成员行为关系密切（Fischer 和 Qaim，2012；Abebaw 和 Haile，2013），异质性主体高度分工后更加专业化，充分发挥主体作为独立个体具备的优势，调动主体能动性增进彼此关系的紧密性。通过增强龙头企业带动的主动性和带动能力、培育具有较强经营技能和诚信意识的农业生产者对完善利益联结机制具有积极作用（韩建民等，2007）。合作关系取决于双方成员对共同履约概率的判断，此时信任关系的建立有利于形成紧密的利益联结关系。基于关系的信任比基于制度的信任更能够强化成员合作行为，进而加深成员与组织之间的联系，前者对合作社整体绩效与非经济绩效的影响更大，在经济绩效的作用上则反之（邵慧敏和秦德智，2018）。治理结构建立在主体关系与能力之上（黄祖辉和徐旭初，2006），是外部治理机制与内部治理机制相结合的统一形式，后者是组织稳定的主要条件（张笑寒等，2020）。治理结构如参与决策方式、合作组织中成员的异质性（Verhofstadt 和 Maertens，2014）、合作关系与合作能力（Mohr 和 Spekman，1994）、信息共享与沟通交流程度（余文权等，2012）对利益联结有效性有显著影响。联合体通过章程和契约的风险管控减小金融资本进入的阻力，要素配置得以优化，形成更加稳定长效的利益机制。我国农业合作经营组织治理以契约治理与关系治理最为广泛，虽手段不同，但可互为补充。农业产业化联合体的契约治理通过成员大会和理事会保证实施，经营主体签订契约进行安全生产，有利于提高农产品供给质量，对主体行为起到规范管理的作用。关系治理以社会关系网络为基础，利用长期沟通交流形成的熟络与信任进行主观判断，有效的关系治理能够以低成本提高信息获取能力和经济效益。"普通成员—核心成员—理事会"的治理结构具有较强的成员异质性和更高的交流频率与参与度，"成员大会—理事会"的结构具有更高的决策能力和更加明确的目标导向（冯娟娟和霍学喜，2017）。

2.3.4　利益联结影响绩效的作用机理

根据新制度经济学理论，旧制度向新制度变迁的重要因素是能够节约交易费用，获得更高的潜在收益。新型农业经营主体最初组建农业产业联盟同样是因为在独立经营阶段需要支付较高的交易费用，且难以形成规模化经营，获利空间有限。农业产业化联合体不仅优化了资源的利用率，也将一部分外部交易费用由合作组织吸纳，大幅降低了经营主体之间进行交易所产生的成本。农业产业化联合体通过章程、管理制度、治理机制和利益联结等途径建立了经营主体之间的制衡关系，在对成员进行激励的同时为组织内部的其他成员附加了一份"保险"，通过激励约束机制巩固成员间的利益联结紧密程度并影响组织的整体绩效。

农业产业化联合体的利益机制是利益联结方式、利益分配方式和利益保障措施的综合体现，包含了农业产业化联合体发展的动力来源和基本的激励约束手段。它既需要使经营主体享受到利益分享，对组织产生足够的信任感和参与感，同时也体现农业产业化联合体成员之间相互制衡的关系，以及组织对成员行为进行的干预和规范（芦千文和张益，2017）。利益联结是农业合作经营组织的核心环节，紧密的利益联结表明成员主体参与合作的积极性较高，对组织的认可度也比较高，组织成员之间也具有比较良好的沟通机制，对农业产业化联合体制度安排的有效性和主体参与合作的效益提升具有较大的作用。紧密的利益联结有助于协调利益相关主体之间的交易关系，是农业合作组织绩效持续稳定增长的关键所在（季晨等，2017）。完善的利益联结机制是获得良好综合绩效的保证（赵彩云等，2013）。利益分配机制与绩效高度相关（田艳丽和修长柏，2014），按交易量（额）返还、较高返还比例、赋予贡献者要素合理的剩余索取权（周振和孔祥智，2015），以及进行交易返利、盈余公积金提取、股份分红（李翠霞和孙新瑶，2018）均能够显著地提高合作组织的绩效水平。利益机制通过激励相容机制影响组织经营绩效主要有三种方式：一是"交易额与盈余量扩大→二次返利→成员惠顾积极性"和"按贡献度获取利益→参与度与凝聚力提高→对成员吸引力增强"两条路径，实现成员个人利益与组织集体利益趋向一致性，促进规模扩大并提升经营绩效。二是"风险捆绑"，利益分配对要素契约的反向治理能够有效地对机会主义行为进行约束，分担经营风险，从而强化组织监督并稳定合作关系。三是"倒逼创新"，为实现利益的分配和紧密的联结关系，合作组织必须不断推动创新，提高农产品质量与整体竞争能力（国鲁来，2001），进一步提升组织的经营绩效（吴欢等，2018）。

西方学者研究认为，合理的治理制度安排对合作组织绩效有积极影响（Chibanda 等，2009）。国内研究者赋予"治理"更广泛的范畴，将治理结构作为核心因素引入对组织绩效的研究（徐旭初和吴彬，2010）。首先，规范的组织章程、健全的管理机构以及合理的决策方式使成员心声得以表达，有效保障弱势成员利益（孙亚范，2008）。通过成员广泛管理，如召开成员大会与理监事会频率增加，能够提高成员的参与感与满意度（邵科等，2014）。其次，规章制度和合同协议等非市场制度安排给予成员低于市场价格的优惠，利益相关者对发展目标和身份一致认同，进而促进组织整体绩效的提高。由以上可初步判断，治理结构通过影响利益机制间接对组织绩效产生作用，治理结构既能够以提升成员主动性与黏合力的方式增强合作组织利益联结关系的紧密性，又能够以组织制度化规范成员关系与行为，保障相关者利益所得且降低外部风险，两者对组织绩效提高均有益处。

2.3.5　农业产业化联合体增效的理论逻辑

综上所述，关于农业产业化联合体的利益联结、成员行为和组织绩效之间存在以下作用机制："感知与态度→主体行为积极性→利益联结紧密程度→效益和满意度"。其中，可能受到一些制度因素的影响，如组织内部的治理结构、组织管理、利益分配和风险防范等，还可能受到来自外部环境的影响，如政策环境、市场环境、产业发展环境、科研环境等。利益联结指上述行为所表现出的成员间利益关系的联结方式和互动机制。农业产业化联合体成员参与合作的行为既包含各自的生产经营活动和成员的组织管理活动，行为动机和希望达成的目的也囊括其中。绩效是农业产业化联合体具体目标达到的水平，可以通过农业产业化联合体自身经济效益和成长能力以及成员的满意度评价来表现。孙亚范和余海鹏（2012）认为产权与治理结构对绩效的影响最大，其次是合作行为，利益联结对总体绩效影响最小；在对组织绩效产生直接影响的程度上，合作行为高于产权与治理结构；在间接影响程度上，产权与治理结构高于利益分配。王乐君等（2019）认为外部加大政策支持与市场主导，内部优化治理、强化协作和利益联结，是促进农业产业化联合体增效的有效方式。韦德贞和李冰（2021）提出协调利益联结关系、强化主体融合、重构深化利益联结机制共同构成农业产业化联合体增效机制。以上研究成果对本书研究框架的提出具有启发意义。基于上述研究成果，本书针对农业产业化联合体增效机制问题提出基本的逻辑主线：主体行为的积极性影响利益联结紧密程度，进而影响农业产业化联合体效益水平和满意程度，整体构成联合体增效机制（见图2-1）。

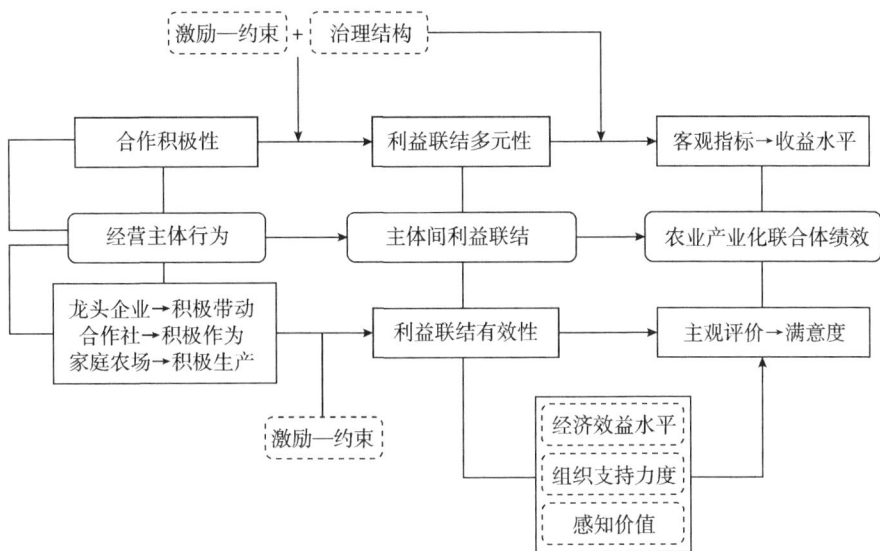

图 2-1　农业产业化联合体绩效影响因素理论逻辑

第3章 农业产业化联合体演化历程与现实特征

国内农业合作组织能否稳定性成长的关键在于产权关系与组织治理结构、制度安排与契约关系（罗必良，2004）。产业化合作组织超前地提出企业化管理，但组织松散且效率较低（常明，2012），潜在收益和政策的双重刺激使其向新均衡状态转变。制度是利益相关者经过长期博弈而最终形成的均衡结果。在稳定的均衡状态下，制度的优势和效能才能得到最大程度的释放，相关行为主体也会对当下的制度安排感到满意（诺思，1994）。当制度供给与制度需求之间的均衡被打破，产生的潜在利益使相关主体产生强烈的新的制度需求，旧的制度供给不足导致制度变迁的发生，是制度需求拉动和制度供给制约共同作用的结果（速水佑次郎和弗农·拉坦，2000）。制度变迁可以看作是制度逐渐被替代的变化过程。在制度变迁的过程中，相关主体不断获得潜在收益并逐渐接近帕累托最优（冯开文，1999）。那些描述非合作博弈规律的研究，其深层的目标是为了探究走向合作的道路（赵汀阳，2003）。研究农业合作经营组织的成果发现，行动个体由不合作逐渐向合作演化的过程存在对制度的路径依赖（陈潭，2003）。从制度经济学的角度分析，政府、合作组织等决策者从制度变迁中获取的收益现值是影响农业合作组织进行变迁的主要因素。以我国农民专业合作社的产生发展为例，当制度变迁产生的预期收益能够抵消预期成本和阻滞成本产生正的净现值，制度变迁就会出现，反之则不会（陶冶等，2021）。但合作社由于缺乏外力引导且内在机制不完善，容易诱发"搭便车"行为并陷入"集体行动的困境"（宋金田和祁春节，2013），当合作社发展趋缓甚至倒退时，再次产生对新制度的需求。

由政府采取政治力量进行自上而下的制度改革属于强制性制度变迁。无须政府过多干预，在条件满足时主体能够自下而上地自主进行并顺利完成的制度革新属于诱致性制度变迁（Lin，1989），家庭承包责任制就是诱致性制度变迁的典型代表。在诱致性制度变迁过程中，利益集团能否达成一致直接影响制度变迁能否发生以及变迁的速度和成本（青木昌彦，2001）。潜在的利益激发诱致性变迁的内在动力，成员利益取得一致性有利于组织进行自我创新（周振和孔祥智，2014）。农业合作经营组织演化既有生产力发展和农产品商品化程度提高的外部动力，也有经营主体对制度需求的内部动力（韩瑜，2010）。吴翔宇和丁云龙（2019）将农民合作经济组织演进过程按改革开放前、改革开放到新农村建设和新农村建设至今划分为三个阶段，指出农民合作经济组织在各阶段表现的特征差异，其本质是制度要素在组织演变过程中的转变，且单一要素主导的制度不利于组织发展，需要规范性、规制性和文化认知的协调作用。组织内成员信任特征的差异性对制度变迁产生影响且具有不同的作用机制。其中，组织的关键群体是推动制度变迁的重要力量，若其价值取向与组织目标相吻合，有助于发挥组织的自主性从而获得制度变迁的动力；另外，关键群体通过将积极的意图传递给普通成员获得信任的方式，为制度变迁争取来自普通成员的稳定力量（赵晓峰，2018）。采取合作行为的双方建立的亲密社会关系对合作具有保障作用（罗必良，2016）。在"公司+农户"的模式中，参与主体的关系取向和利益联结共同导致制度变迁，组织紧密性与两者的复杂性呈正相关（李业杰等，2018）。我国农业产业化组织演化也是一种制度变迁，传统的组织形式存在"搭便车"或损害经营主体利益的问题，组织脆弱稳定性差，对制度创新的强烈需求促进了农业产业化联合体的产生。Ostrom 和 Feeny（1993）在制度供需分析的基础上提出，分工细化、技术变革和市场变化是诱发制度创新的因素。延长了农业产业链条的同时要求效率产生更加细化的分工，也导致了随交易规模扩大而提高的交易费用，农业产业化联合体内经营主体各自负责单独环节，具有高效灵活的交易协调机制。农业技术变革的步伐逐渐加快，生产经营主体需要依靠完善的信息传导机制和技术成果推广机制。农业产业化联合体内龙头企业凭借自身优势联合外部的利益相关者为组织内成员输送现代要素，无需其他经营主体付出更多成本。农产品市场格局由卖方市场向买方市场转变，高品质且多元化的农产品才能获得消费者青睐，催生了农业产业化组织制度的创新需求。农业产业化联合体就是通过全产业链经营主体的通力合作，从源头把控质量，根据市场端进行精准的方案设计，不断提高农产品附加值，保证各个环节的监督管控，最终实现组织绩效目标的实现和每个成员的利益获得。综合来看，农业产业化联合体属于我国农业产业化组织演化发展到当前阶段的产物，其自身也在经历着发展程度的分化。

3.1　农业产业化联合体演化历史溯源

"农业产业化联合体"作为一个新概念出现源于 21 世纪初期，一些农业个体户承包土地并购买农业机械进行适度规模经营，部分发展成为农业企业，劳动生产率极大提高且生产力迅速发展，农业企业逐渐成为带领分散经营的小农户进入大市场的龙头企业，同时形成了农业产业化联合体的胚体。农业产业化经营从农业生产领域拓展到加工产业、科技产业、服务业等领域，农业产业化经营组织涌现并呈现蓬勃发展之势。这一时期，农业产业化联合体被视为在市场竞争压力下形成的具有产加销一条龙、农工贸一体化、进行企业化管理的农业产业化经营组织的统称。它也被认为是实行农业产业化经营的联合机构，基本形式都以龙头企业带动农户为主，其中有包含基地的情况（郑定荣，2003）。龙头企业处于核心地位，发挥连接农户和市场的"桥梁"作用（彭志红，2004）。在此基础上，派生出加工企业带动型、中介组织带动型、专业市场带动型、专业大户带动型与流通组织带动型几种主要表现形式（于新恒等，2003）。虽然此时为涵盖所有农业产业化经营组织模式而提出的"农业产业化联合体"概念与本书所述的农业产业化联合体在基本语境、主体特征和运行机制等方面存在诸多差异，但由此可以得出的一个客观结论是：从农业产业化经营组织发展之初，学者认为所有的拓展形式均可被归纳入"农业产业化联合体"的范畴当中。这带给我们的启示意义为，首先，"农业产业化联合体"可用来指代由 20世纪 90 年代末发展起来的农业产业化经营组织模式；其次，农业产业化经营组织模式是在不断演变过程中继续成长的，更加成熟形式的出现是农业产业与生产力发展的必然；最后，农业产业化联合体作为一种创新经营制度，其形式的演变是制度变迁的过程。根据戴维斯和诺斯（2019）的观点，促进制度变迁的诱因是相关利益主体对潜在的更大利润空间的追求。这种潜在的利润在现有的制度安排下难以成为收入带到组织内部中来，形成对制度潜在利润的需求和供给之间不可调和的矛盾，需要通过制度变迁将外部利润"内部化"。换言之，制度变迁就是"外部利润"内部化的过程（李彬和范云峰，2011）。基于此，本章将以农业产业化经营的发展初期为起始，以现代农业产业化联合体①作为研究阶段性的终结点，来阐释农业产业化经营组织演变的理论逻辑，以期对其发展缘由做清晰梳理，以此为基础划分农业产业化组织发展过程经历的初创期、分化期和规范期三个阶段，并对农业产业化经营组织在各个时期表现的不同特征进行比较，以便对现阶段农业产业化联合体发展现状和特征有更加明晰的辨别。

3.1.1　农业产业化组织初创期

3.1.1.1　形成背景

合作是人类的一种本能行为，甚至在早期的进化阶段就已经形成了合作的意识。最初的合作基于对他人肢体行为和面部表情的模仿，这种模仿

---

① 如无特殊说明，本章及之后内容所提到的"农业产业化联合体"或"联合体"均指代具有第三阶段（现阶段）组织特征和联结方式的农业产业化经营组织共同体。

被视为友好的示意促进了合作的发生。随着合作的深入，甚至会将他人考虑到自己的计划当中。逐渐地，人类开始进行互补性合作以更好地生存下来（塞邦斯，2007）。可以说，人类社会发展存在合作的趋向性。改革开放初期推行的家庭联产承包责任制使众多分散小农获得生产经营自主权，产权清晰极大地激发了农户的积极性，为农业发展带来了极大的推动力。20世纪80~90年代，我国农产品价格进行了一系列体制改革，进入了竞争性市场。随着我国市场经济体制的建立，农副产品自由市场交易基本实现，分散经营的小农户难以支撑农副产品市场化的发展，农户与市场之间难以建立起有效的连接机制。农户对市场缺乏准确判断而进行盲目经营（黄如金，2003），采购农用物资和农副产品销售均受到限制，导致农产品价格剧烈波动和农业收益率较低等问题。因此，农业发展迫切需要以具有一定规模且规范性强的经营主体来带领小农户融入大市场，创新经营组织形态，通过生产阶段的主体和产后加工与销售阶段的主体结成合作关系，形成产加销一体化的产业链进行生产经营。

3.1.1.2 基本特征

较早意识到组织化经营潜在收益的企业和农户首先进行合作。20世纪90年代，山东省莱阳市率先探索形成了"龙头企业+农户"形式的农业产业化经营组织，即通常所说的"订单农业"。在这样的组织安排下，双方签订契约界定各自的权利义务关系，农户按照约定的品种、数量和农产品的质量进行农业生产，农产品由龙头企业收购过来再进行筛选、加工、包装等流程后放到市场销售（周立群和曹利群，2001）。联结龙头企业和农户的契约主要有两种形式，即商品契约和要素契约。最简单的商品契约形式是双方签订合同按照市场价格收购农产品；稍复杂的商品契约规定最低保护价收购或高于市场价收购，有些契约还规定龙头企业提供生产资料和技术服务。要素契约的普遍做法是企业租用农户的土地，再雇佣农户作为工人进行农事劳动，即农户转让土地使用权获得土地租金和劳动工资这两部分收入。要素契约具有与之俱来的长期性和稳定性，而商品契约实现稳定性则受到一些条件的制约。当双方都认为继续按契约合作比结束合约能获得更大的收益，则契约规定下的合作将会继续下去，且如果将长远利益考虑进去，违约行为就不太可能会发生（Telser，1980）。专用性投资（Williamson，1983）和声誉效应（Kreps 和 Wilson，1982）也会对契约稳定性产生影响。专用性投资创造出更多的收益且至少能够改善一方的状况，契约稳定性因此得以增强（周立群和曹利群，2002）。另外，无论龙头企业还是农户，即使有些时候自己会采取违约的行为，但任何一方都愿意和具有良好声誉和信用度高的主体进行合作。经过长期的重复博弈，主体也会更加倾向于选择守约行为。组织形成后，企业加工或销售的农产品来源确定，且农产品标准在可控范围内，降低了交易不确定性和重复搜寻谈判带来的交易费用；农户的销售渠道同时确定，降低了因搜集市场信息带来的成本和销售农产品的市场风险。这种组织安排并没有太多的利益联结方式，并且不涉及针对自然风险或市场风险所进行的风险分担机制。

3.1.1.3　衍生问题

在农业产业化初级阶段，充当"引领者"的龙头企业以中小企业为主，经营规模比较小，带动能力和辐射能力还比较弱，对农业产业化经营的认识还不够深入，且这一阶段农户的素质水平还比较低，导致了多重问题叠加。一是龙头企业和农户的利益联结关系比较松散和脆弱，其合作的实质是一种买卖交易关系，现实中利益分享和风险分担的需要并没有特别强烈；二是受技术制约，以农产品为原料的粗加工品属多数，精深加工品还比较少，产业链附加值提升空间较大，品牌意识比较淡薄且并不能形成有效支撑（张锐，1998）；三是签订契约双方未能受到有效约束易采取机会主义行为。因龙头企业和农户符合"理性经济人"的假定，农产品远期交割契约签订时又难以准确预见未来的实际市场价格，在市场价格比合同约定的价格低时，企业更倾向于转向商品市场以支付更少的金额，从而使违约发生在龙头企业，高昂的诉讼成本使得农户选择"忍气吞声"；当市场价格高于契约约定价格时，农户将农产品向市场销售的动机则比较强烈，此时违约发生在农户，企业通过权衡交易成本和标的物价值往往会采取"容忍"态度（史建民，2001）。双方签订合约的期限较短，一次性博弈容易出现履约难度大的问题。由此看来，"龙头企业+农户"组织形式下签订的契约在实际当中很难制约机会主义行为（杨明洪，2002）。资产专用性的存在和不对称也是导致违约现象的客观原因，资产专用性更强的一方因投入资产被锁定，其准租金更容易被"榨取"（王爱群等，2007）。

3.1.2 农业产业化联盟分化期

3.1.2.1 形成背景

农业产业化组织演进伴随着多样化形式拓展和规范化制度完善，其制度变迁类似于"帕累托改进"（郭振宗，1999）。在农业产业化经营组织发展的初期，虽然制度变迁潜在收益作为内因推动着企业和农户相结合进行农业产业化经营，但集体行动困境和信任等问题阻碍着主体合作达到最优均衡状态，合作经营并没有迅速取代分散经营。一方面，推动农业产业化经营组织建立的农户其行为的社会边际收益大于个体边际收益，理性农户的行动决策只考虑自身成本和收益，付出最大努力对农户来说只是次优选择，更容易出现的是"搭便车"行为（蒋永穆和高杰，2012）。另一方面，由于缺少有效的监督机制，双方对彼此的信任程度并不高，如果都认为对方履约行为概率较低时，合作很难继续维持下去。这种情况下，政府作为外部推动者，通过实施正向激励手段和完善制度环境的方式，鼓励农业产业化经营组织的发展并给予相关制度供给，提高企业与农户的信任度。在政府的渐进性参与下，农业产业化经营组织演进逐渐由诱致性制度变迁转向了诱致性与强制性制度变迁结合的发展阶段。潜在收益、政府支持和组织完善的多重推动因素使得农业产业化组织链不断融入新的主体元素，农业产业化经营组织由"中心化模式"向"中间化模式"演变（杨明洪，2008）。2007年后，鼓励小农户共同组建农民专业合作社形成"公司+合作社+农户"模式，党的十七届三中全会提出加快扶持农民专业合作社，并建立农业社会化服务体系。此后，农民合作社登上历史舞台，由此改变了农业产业化组织形式。

3.1.2.2 基本特征

本章将"公司+合作组织+农户""公司+合作社联合社+合作社+农户""农业产业联盟"等代表性组织形式均纳入进来讨论。为了弥补"公司+农户"这一组织形式的制度缺陷,"公司+农户"逐渐演化为"公司+合作社(中介组织或大户)+农户""公司+协会+农户"等多主体参与的合作组织。中介组织等"中间人"的介入将简单的市场交易关系复杂化为双重"委托—代理"关系。作为代理人的中介组织,一方面和农户通过股权联结方式建立委托关系,发挥组织优势将农户组织起来并代表农户与龙头企业进行谈判,提高议价能力(高圆圆和陈哲,2022);另一方面代表龙头企业规范农户的生产行为,并为其提供与生产相关的各项服务。这种组织形式的优势在于,中介组织与农户具有极强的地缘关系,居住环境相近而具有相似的文化认同,便于通过信任和声誉等非正式制度安排对农户产生激励和约束,进而提高农户组织化水平和合作关系的稳定性(王亚飞和唐爽,2013)。中介组织的加入大大减少了龙头企业的交易对象和交易成本,同时将原属于龙头企业的产前生产资料供应、产中技术指导和产后集体收购等工作分离出来,成为中介组织专门负责的业务内容。这样的组织结构深化了农业产业链的分工协作,有助于提高组织经营效率。在共生理论视域下"公司+农户"的共生系统内部,企业处于更具优势的生态位,双方的实力和地位差距较大,构成的是一种偏利共生的结构。"公司+合作组织+农户"等形式的共生系统具有对称共生的特征,实力水平较为接近的公司和合作组织更加容易相互依靠从而实现协同发展(刘畅和高杰,2016)。"龙头企业+家庭农场"组织形式可视为"龙头企业+农户"的升级版。家庭农场具有较大的经营规模,农场主文化素质比农户高,所用生产设备也更加先进,能够用来进行规模化和标准化生产。龙头企业与家庭农场联合减少了交易对象,可以将种养工作交由家庭农场代劳,自己负责农产品加工和销售,同样提高了分工协作的效率。农业产业联盟是河北省农业产业化联合体确立前,新型农业经营主体自发形成的合作经营组织,其核心结构是"龙头企业+合作社+家庭农场",与之合作的利益相关主体还包括科研机构、技术推广机构、金融机构和农业社会化服务组织等。在农业产业联盟中，龙头企业对接前端市场，将对信息的分析判断转化为生产决策和质量要求传导给合作社，合作社继续沿产业链传递给家庭农场与合作社成员，辅以技术等服务指导生产端的经营活动，在生产阶段完成后再将农产品收购上来统一交给龙头企业进行后续加工销售。这种组织形式既实现了适度规模经营，又按照优势互补的原则进行更加细化的分工，各经营主体优势得以充分发挥，实现要素、商品、价值的高效传导，促进农业产业链上每个利益相关者效益提升。

3.1.2.3 衍生问题

合作社作为中介组建的农业经营组织能够改善农户不利地位的前提是合作社自身具有较强的实力且合作社成员具备较高素质（李明贤和刘宸璠，2019）。很多合作社缺乏自我组织的意识和能力，依靠政府和公司的共同支持才发展起来（温铁军，2013）。公司组织农户成立合作社再与之建立契约关系的形式，合作社的决策权和利益分配权实际上由领办公司所支配，合作社只是充当公司的"傀儡"，农户则更是被剥夺了参与决策的机会，组织内部的民主有名而无实，合作社对公司的依附程度偏高且对农户行为的约束能力偏低（杨柳和万江红，2018）。农户自发组织成立合作社与公司联合，降低了农户进入合作社的门槛且参与度得以提升，牵头人一般是具有良好声誉和管理能力的"农民精英"，容易陷入精英俘获的困境。合作社自身缺乏实施力强的管理规范和监督机制，导致运行不规范（张晓山，2009）。农户出于自身利益会将品质好的产品自行处理，而将品质稍差的产品交由合作社，对此行为进行监督管理又需要较大的制度成本（何秀荣，2009）。这一阶段问题具有多重叠加性，包括前期各经营主体的持续性短板和当期产生的新矛盾。占绝大多数的农户进行标准化生产和履约意识不强，合作社组织管理不规范，龙头企业的实际利益分配与上游生产主体的期望存在落差（邵科等，2014）。实力较弱的涉农企业带动其他新型农业经营主体应对市场进行竞争的优势并不强，在农业产业链上的"链主"作用未能得到充分发挥（陈祥碧和刘晓鹰，2015），生产力与生产关系、生产要素之间存在脱节。从产业结构来看，农业产业化龙头企业以种养殖业为主，缺乏流通业、电商业、特色农业产业等类型的龙头企业，不利于农业产业链延长和农产品向精深加工方向深化（张延龙等，2021）。资产专用性使得龙头企业退出的选择有限，反过来对合作组织的依赖程度增强，内在机制不合理加之"敲竹杠"威胁，龙头企业难以与合作组织形成长期稳定的"双赢"契约，导致农业产业化经营组织陷入不可调和的困境（陈念东，2013）。与"公司+农户"模式相比，"公司+合作社+农户"模式的稳定性有所提高，是农业经营组织处于发展阶段较为普遍接受的过渡模式（崔照忠和刘仁忠，2014）。但是适合合作社生存的社会经济环境和生产力条件正在发生变化，要求合作社进行自身革新来实现更有价值的发展（何秀荣，2022）。

3.1.3　农业产业化联合体规范期

3.1.3.1　形成背景

在现代农业发展对专业化和组织化经营的要求不断提高的背景下，农业产业化经营主体，如龙头企业、专业合作社、家庭农场和专业大户，依然没有实现高效分工、要素优化配置以及利益分享。在这样的情况下，一些新型农业经营主体通过构建要素流动的保障机制、产业链接的协同机制、利益共赢的约束机制，形成了风险共担、利益共享的农业产业化联合体，破解要素脱节、农业提质增效和农民增收的难题。从 2012 年 9 月底开始，安徽省宿州市率先进行理论和实践上的探索创新，开展农业产业化联合体试点工作并取得初步成效。为与前面两个阶段的联合体加以区分，学者称之为"现代农业产业化联合体"。其最初成立的目的是通过龙头企业带动农民实现增收，有改变供求关系和订单农业两种手段。

3.1.3.2　基本特征

农业产业化联合体通过签订章程、合同、契约等建立起具有法律效力的利益关系，明确各主体的责任和权利，围绕主导产业进行统一规划和指导，共同创建产品品牌，最终形成以龙头企业为引领，合作社与家庭农场围绕核心协作生产的"星系状"分布特点。

（1）以"理事会↔联合体大会↔秘书处"为保障的组织机构机制。

联合体组织结构由联合体大会、理事会和秘书处构成，依据联合体章程，理事长和秘书长由联合体大会选举产生。联合体大会由各成员单位法人代表或委托代理人组成，少数成员较少的联合体直接成立理事会履行联合体大会职责，主要负责审议批准发展规划、工作计划、经费使用、重大事项等；理事会是农业产业化联合体的执行机构，主要负责组织召开联合体大会并报告工作，执行联合体大会决议，制定章程规划、经营计划和规章制度、管理财务、组织各经营主体互动交流；秘书处主要负责会议记录和日常工作的协调。经营主体加入联合体需履行从申请、承诺、大会审核讨论通过、签署合同或协议到成为正式成员程序，享有章程规定的各项权利，同时需履行章程规定的各项义务（见图3-1）。

图3-1 农业产业化联合体组织机构示意图

（2）以"龙头企业+合作社+家庭农场+服务组织"为基础的主体联结机制。

农业产业化联合体以农业产业化龙头企业为核心、农民合作社为纽带、家庭农场（专业大户）为基础、社会化服务组织为支撑，是一种不具有法人主体资格的紧密型联盟。农业产业化联合体经营主体保持产权关系不变，在独立经营的基础上抱团发展，充分发挥优势，将自身不擅长的方面交给其他经营主体，通过分工提高效率，通过合作共赢发展。

龙头企业的优势在于直接面对经销商和消费者，掌握各产区的信息，对市场需求把握得比较准确，能够依托与科研院校的合作引入先进技术，搭建创新平台；但由于远离田间，缺乏与农户的联系，不便于得到稳定的原料来源。合作社擅长种养殖管理，便于将零散的农户集中起来，了解农户的真实需求、生产特点和心理变化，但普遍缺乏对市场需求信息的掌握，使用先进技术的成本偏高以至于会出现因循守旧的现象。家庭农场擅长生产管理，邻里间流通土地比较便利，劳动力资源相对丰富，但是缺乏技术指导，难以掌握市场风向，风险和成本都比较高。农业产业化联合体要求各经营主体明确功能定位，合理分工。龙头企业发挥核心作用，负责产品收购后的精深加工，研发新技术并与合作社达成合作关系共同推广，为产品的销售开拓市场，树立良好的品牌形象，承担必要的宣传工作。农民合作社做好整个过程的服务，负责组织农户进行生产示范和技术推广，提供企业的试验基地，组织职业农民的技术培训，帮助农户统一取得农业社会化服务。家庭农场根据市场反馈信息、生产指导以及统一标准，负责农业种养生产的基础环节，建设标准化生产基地，保证农产品在产业链源头上的安全。农业社会化服务组织向经营主体提供产前、产中、产后全方位的系统服务，支撑着联合体对现代化农业生产的基本需要。

（3）融"土地+资金+劳动+技术+信息+品牌"为一体的要素联结机制。

联合体通过集约配置土地，对流转土地进行合理规划布局，实现土地成方连片经营，提升土地适度规模经营水平，提高土地流转效率和生产效率；联合体一方面降低了交易成本，另一方面提高了资金的流动性和利用率，龙头企业利用资金为合作社和家庭农场提供贷款，或者为其购买生产资料垫资，出资为新型职业农民提供培育场所、聘请培训专家、研发新品种等，解决资金难题；农户可以以劳动力的形式参与企业经营，监督成本低，联合体为周边农民提供了大量就业岗位，增加了闲散劳动力收入；龙头企业与科研机构合作建立科技研发团队，研发培育新工艺、新技术和新品种，以合作社和家庭农场为基地进行成熟技术推广，在优质种苗、病虫害防治、配方施肥等方面加快技术成果转化；联合体内部进行信息布网，依托互联网搭建服务平台，发布产品信息、发展电子商务，促进现代信息技术与联合体新型农业经营主体的有机融合；联合体依靠稳定的原料来源、统一的生产标准、严格的质量监管，丰富品牌产品，建设公用品牌，一方面利用已有的认证和商标节省联合体的时间和资金，另一方面充分发挥龙头企业的资源优势，加大品牌推广力度、挖掘品牌价值、提升品牌溢价，同时使联合体成员获得身份认同感和归属感，增强了联合体成员的组织意识与合作意识，共同维护联合体品牌信誉；农业社会化服务组织内引外联，负责向联合体经营主体提供种、苗、农资，将其直接配送到合作社和家庭农场，从事公益性事业，帮助滞销农户再销售等，树立良好的社会公共形象（见图3-2）。

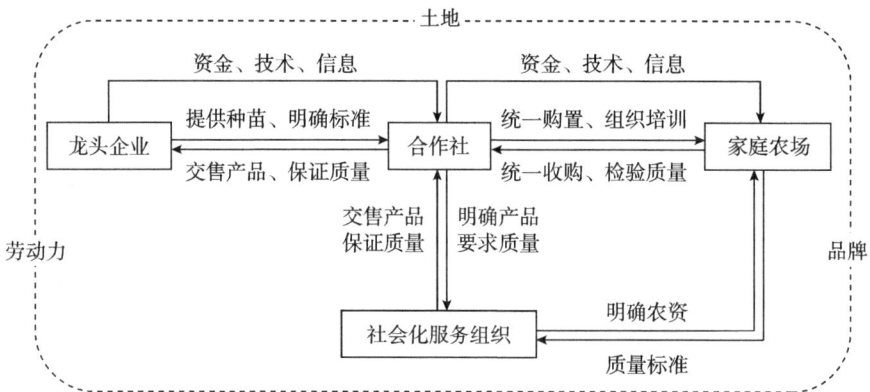

图3-2　农业产业化联合体主体间要素联结图

（4）"生产→加工→流通"融合的产业链接机制。

联合体统一制定生产规划、生产标准、加工标准和服务标准，龙头企业向前端延伸带动农户建立原料基地，职业农民依靠获得的种养技术、优质种苗、先进设备和龙头企业反馈的市场信息，按照要求进行标准化生产，提供安全可靠的农产品，由合作社集中收购产品，利用储藏窖、冷藏库、烘干房等初加工设施进行初级加工，龙头企业获得质量上乘的原料后，承担农产品精深加工，提高产品附加值，实现种养环节和加工环节的生态可循环，解决原料采收、分级、包装、运输、贮藏等环节的技术问题，将最终产品推向市场，通过农产品冷链物流体系和农产品营销网络体系，将农超对接、农社对接、会员制消费等新型营销方式与"互联网+"有机衔接，完成从田间到市场各个环节的无缝连接，龙头企业根据市场的消费者偏好和价格波动情况，将本期信息反馈给合作社和家庭农场，指导下一期的生产经营计划。另外，联合体可以以全产业链为基础推动拓展农业功能，如依托现代农业园区、创意农业、休闲农业等形式创新乡村旅游等新业态，促进农业产业链价值提升。

（5）以"章程+合同+信用"为制衡的利益联结机制。

一方面，联合体制定共同章程，明确各经营主体权责利益，确定运行机制，规范成员加入、退出、经费使用等规则，使各类经营主体在以联合体为整体的生产经营活动中有章可循。另一方面，联合体成员签订合同或契约，包括核心企业与上下游企业、龙头企业与合作社、合作社与合作社、合作社与农场、合作社与农户、合作社与农业社会化服务组织，通过订购和合同化种植及优先收购与供应等方式相互联合，确定生产资料、作业服务、农产品与其他要素之间的关系。主要的联结形式有：第一，股权联盟经营，企业、出让土地农户、职业农民分别以资金、土地经营权、劳动力的形式入股，土地产出收益按约定比例分配，如不愿以土地入股的农户，由企业承包土地后雇佣职业农民耕种，产出收益按比例分成，企业支付农户承包费用，实现各经营主体的互利共赢；第二，签订收购协议，行情高涨时以市价收购，行情低迷时以约定的保护价格进行保底收购，保证产品销售效益；第三，龙头企业为合作社和家庭农场购买生产资料垫资，增强企业信用结构，发挥政策性银行信贷优势，提供转向抵押、金融贷款以及增加企业资金信贷额度等；第四，少数联合体能够与农户签订二次利润分配的购销合同，企业将当年利润按一定比例再次分配给农民；第五，联合体中从事农业生产的经营主体往往在地域上相隔不远，彼此认识且方便沟通，一旦出现不诚信或不达标准的情况会被认为是不光彩的事，难以再入伙其他农业合作组织，失信成本较高，所以通过诚信促进机制有助于长期的稳定合作。

3.1.4　各阶段农业产业化组织特征

与传统农业产业化经营方式相比，农业产业化联合体联结运行机制在很多方面都有所提升，如由生产经营合作转变为要素合作，由松散型联结转变为紧密型联结。为了更好地说明农业产业化联合体联结运行机制的特点和优势，将农业产业化经营组织形式演变过程中出现的四种主要形式与农业产业化联合体逐一对比（见表3-1）。传统的农业经营组织对土地的利用率不高，原料供应逐渐从不固定来源发展到一部分从合作组织中获取，在订单农业的基础上加入了资金、土地、技术、信息等要素的融合；在质量方面，企业承担起了检测的任务，但投入和风险都很大；面对市场风险，"企业+农户"形式更容易产生机会主义，虽然"企业+合作社+家庭农场"的形式能够积极应对，但主要是企业发挥作用；农民只能分享到一部分利润，产业链上增值部分的利润往往分享不到，没能形成紧密的利益联结机制。经过农业产业化经营组织形式的建立期、发展期、过渡期到整合期，农业产业化联合体在形式上将龙头企业、合作社、家庭农场（种养大户）、社会化服务组织、科研机构、金融机构等融合于一体，加大土地流转、提高土地规模效益，联合体内部经营主体的农产品能够占据联合体原料供应的较高比例，各经营主体之间利用要素入股，统一制定标准，进行统一控制和管理，保证田间到餐桌的产品质量安全，通过签订章程、契约、协议（合同）、投入风险金，各成员利益共享、风险共担，结成紧密的利益联盟，提高了农民在农业产业化经营中的不利地位，建立共同目标，彼此相互信任，有利于长期的稳定发展。

表3-1　农业产业化联合体与传统农业经营组织形式比较

	对比项目	第一阶段	第二阶段		第三阶段
	发展阶段	初创期	分化期		规范期
	主要形式	企业+农户	企业+ 中介组织+农户	农业产业联盟	农业产业化联合体
主体关系	契约关系	重商品契约	商品契约+ 要素契约	多样	复杂
	治理结构	契约治理	重契约治理	趋向平衡	综合治理
	分工程度	不完整	完整	较高	更细化
	农民角色	依附者	跟随者	分享者	合伙人
	合作频率	不确定	较高	高	极高

对比项目		第一阶段	第二阶段		第三阶段
要素利用	土地规模	分散经营	集中经营	扩大经营	规模经营
	原料供应	不固定	相对固定	中低比例	较高比例
	要素种类	少	一般	较多	多
	要素联结	松散	一般	较强	紧密
	信息交互	单向	双向	射线状	网络化
利益联结	监督强度	低	一般	较高	高
	质量控制	安全有挑战	互相有监督	检测较严格	统一标准统一控制
	利益保障	脆弱订单	中介监督	合同控制	多重约束
	交易效率	低	一般	较高	高
	应对风险	一拍两散	被动防范	积极应对	共同承担
合作成效	内部交易成本	低	较高	一般	低
	市场交易成本	高	一般	较低	低
	突出优势	—	外部交易内部化	平衡主体地位	紧密的利益联结
	存在劣势	出现机会主义	合作组织易解散	利益关系不紧密	非法人
	稳定程度	极不稳定	不稳定	比较稳定	长期稳定

　　任何一种组织形式的出现都是在特定时代背景中的制度环境和市场机制条件下主体自主选择的结果，具有一定的客观性和历史价值。作为研究者，难以简单地将组织形式进行比较后对前面的或逐渐淘汰的某种形式加以否定。从这方面来看，农业产业化联合体因存在宏观环境赋予的局限性，故不会是我国农业产业化经营组织的最终形式，但它以一种更加成熟和更加符合现代农业发展要求的姿态出现，并成为未来农业产业化经营组织形式的重要演化趋向。同时也注意到，农业产业化联合体自身的经营模式并不是千篇一律的，处于不同发展阶段的农业产业化联合体在主体行为、利益联结、治理结构和绩效实现等方面存在差异。经过六年的探索发展，农业产业化联合体之间发生了不同程度的分化，成立时间较长的联合体内部经历了由松散到紧密的转变。基于上述思路，从河北省农业产业化联合体整体发展过程来看，大致可初步分为三个不同的发展阶段，即成熟期、发展期和探索期，这

些农业产业化联合体基本形成了比较明显的阶段性特征，下面两节分别进行模式辨析并结合案例进行剖析，以期从中得到一些启发。

3.2 农业产业化联合体发展现状分析

3.2.1 全国农业产业化联合体发展现状

3.2.1.1 先试先行

我国第一家以"联合体"命名的现代农业产业化联合体是安徽省宿州市的淮河粮食产业化联合体，于2012年7月正式挂牌成立。早在2011年，淮河种业公司联合周边27个家庭农场在宿州市埇桥区建立良种繁育基地，以高于市场价的一定比例收购良种，并纳入13家合作社以低于市场价的价格提供农机服务，初步形成以龙头企业牵头、合作社为纽带、家庭农场为基础的农业产业化联合体初级形态。2012年9月，宿州市出台了《促进现代农业产业联合体建设试点方案》（宿秘〔2012〕43号）和《宿州市促进现代农业产业联合体试点建设若干政策意见（试行）》，2015年8月，安徽省人民政府办公厅发布了《关于培育现代农业产业化联合体的指导意见》（皖政办〔2015〕44号）大力推广本省农业产业化联合体。2018年底，安徽省内加入农业产业化联合体的龙头企业有2201家，合作社有4022个，家庭农场及专业大户达20717个，联合体内的农户年均收入高于非联合体农户12%[1]。截至2022年，安徽省农业产业化联合体总数达到1941家，其中省级示范联合体564家，居全国第1位[2]。

3.2.1.2 政策支持

从全国范围来看，我国农业产业化联合体整体处于发展的初级阶段，

---

[1] 资料来源：安徽省农业农村厅，http://nync.ah.gov.cn/public/7021/11260821.html。

[2] 资料来源：安徽省农业农村厅，http://nync.ah.gov.cn/snzx/zwxxi/54178091.html。

政府层面更多的是在政策上给予指导和支持，经历了由鼓励新型农业经营主体组建农业产业化联合体，到鼓励以农业产业化联合体试点探索示范标准、经营模式和发展方向，再到强调发挥农业龙头企业在农业产业化联合体发展上的带动引领作用以提升农业经营水平的演变过程。2021 年，农业农村部印发的《关于促进农业产业化龙头企业做大做强的意见》（以下简称《意见》）指出，打造农民紧密参与的农业产业化联合体，将其作为提升龙头企业联农带农水平的创新模式。一方面，发挥龙头企业在产业链中的引领带动作用，将农民合作社、家庭农场和农户等全产业链各类经营主体联合起来，优化配置资源要素并充分利用特色资源；另一方面，引导农业产业化联合体成员建立紧密合作的稳定长效利益联结机制，同步规范健全组织管理制度，保障组织成员合理分享增值收益。截至 2021 年底，全国共培育创建农业产业化联合体 8000 多个[①]，农业产业化联合体已逐渐成为多元经营主体融合、多个产业链接和利益紧密联结的重要载体。《意见》提出到 2025 年末，培育国家级农业产业化重点联合体超过 500 个[②]，与农业产业化国家重点龙头企业共同引领乡村产业高质量发展。各省份纷纷出台了关于农业产业化联合体及其成员主体发展的相关政策，如山东、河南、江苏、河北等；内蒙古、河南、福建、江西、浙江提出了农业产业化联合体发展的近期目标。其中，内蒙古提出到 2025 年，创建旗县级以上农牧民合作社示范社 4000 个以上、示范家庭农牧场 5500 个以上，农牧业产业化联合体达到 300 家以上[③]；河南提出到 2025 年，全省农业产业化联合体达到 500 家以上[④]；福建提出到 2025 年，省级以上农业产业化重点联合体超 300 家[⑤]；江

[①] 资料来源：中华人民共和国农业农村部，http://www. moa. gov. cn/govpublic/XZQYJ/202209/t20220914_ 6409284. htm。

[②] 资料来源：中华人民共和国中央人民政府，http：//www. gov. cn/zhengce/zhengceku/2021-10/27/content_ 5645191. htm。

[③] 资料来源：内蒙古自治区人民政府，https：//www. nmg. gov. cn/zwgk/zfxxgk/zfxxgkml/ghxx/zxgh/202204/t20220418_ 2040496. html。

[④] 资料来源：河南省人民政府，https：//www. henan. gov. cn/2022/05-26/2456438. html。

[⑤] 资料来源：福建省农业农村厅，http：//nynct. fujian. gov. cn/xxgk/tzgg/tw/202112/t20211223_ 5798776. htm。

西提出到 2025 年底，农业产业化省级示范联合体达到 260 个以上①。

3.2.1.3 培育规模

我国共有 25 个省份组建了农业产业化联合体。其中，安徽、河北等 15 个省份开展了省级示范性农业产业化联合体的创建工作并形成不同规模；江西、贵州、云南 3 个省份出台了省级示范性农业产业化联合体评选工作方案；黑龙江、新疆、宁夏、重庆、广西、海南和上海 7 个省份组建了一定数量的农业产业化联合体，但尚未在地方政府层面上培育具有示范性质的农业产业化联合体。根据 2021~2022 年全国省级示范农业产业化联合体在 15 个省份的分布以及省级重点农业产业化龙头企业的数量分布情况（见图 3-3）②，省级示范农业产业化联合体数量较多的省份已培育了相对较多的省级重点农业产业化龙头企业，说明实力较强的农业产业化龙头企业是农业产业化联合

① 资料来源：江西省人民政府，http：//www.jiangxi.gov.cn/art/2023/3/21/art_5225_4397097.html。

② 资料来源：安徽省农业农村厅，http：//nync.ah.gov.cn/public/7021/56540881.html；河南省农业农村厅，https：//nynct.henan.gov.cn/2021/12-28/2373164.html，https：//nynct.henan.gov.cn/2023/01-09/2669483.html；河北省农业农村厅，http：//nync.hebei.gov.cn/html/www/tzgg/1635474439542284289.html；河北省人民政府，http：//info.hebei.gov.cn//hbszfxxgk/6898876/7026513/7026519/7048714/index.html；湖南省农业农村厅，http：//agri.hunan.gov.cn/agri/xxgk/tzgg/202 212/t20221212_29159398.html；内蒙古农牧区自治厅，http：//nmt.nmg.gov.cn/gk/zfxxgk/fdzdgknr/xztz/202204/t20220408_2034440.html；内蒙古自治区人民政府，https：//www.nmg.gov.cn/zfbgt/zwgk/zzqwj/202102/W020211208605215109577/mobile/index.html#p=1；江苏省农业农村厅，http：//nynct.jiangsu.gov.cn/art/2022/11/16/art_52252_10666969.html；江苏省农业龙头企业网，http：//www.jsnylt.com/zcfg2903/list.aspx；山东省农业农村厅，http：//nync.shandong.gov.cn/zwgk/tzgg/gsgg/202112/t20211207_3796943.html；山东省人民政府，http：//www.shandong.gov.cn/art/2022/12/29/art_97564_569148.html；吉林省农业农村厅，http：//agri.jl.gov.cn/xdny/nycyh/202212/t20221219_8650218.html；吉林省人民政府，http：//agri.jl.gov.cn/xdny/nycyh/202212/t20221215_8649116.html；湖北省农业农村厅，http：//www.hubei.gov.cn/zwgk/hbyw/hbywqb/202303/t20230330_4606563.shtml；湖北省人民政府，http：//www.hubei.gov.cn/zhuanti/2021zt/Hbspaq2021/202209/t20220910_4302361.shtml；福建省农业农村厅，http：//nynct.fujian.gov.cn/xxgk/zfxxgk/fdzdgknr/nyyw/ywgz/202212/t20221207_6074680.htm；福建省人民政府，http：//www.fujian.gov.cn/hdjl/hdjlzsk/nyt/qt_nyt/202211/t20221129_6065155.htm；陕西省农业农村厅，http：//nynct.shaanxi.gov.cn/www/snynctwj/20211011/9776157.html；浙江省农业农村厅，http：//nynct.zj.gov.cn/art/2022/10/19/art_1589297_58944774.html；山西省农业农村厅，http：//nynct.shanxi.gov.cn/xxgk/tzgg/202212/t20221219_7637880.html；山西省人民政府，http：//www.shanxi.gov.cn/ywdt/sxyw/202109/t20210917_6067817.shtml；甘肃农业信息网，http：//nync.gansu.gov.cn/nync/c107992/list.shtml；辽宁省农业农村厅，https：//nync.ln.gov.cn/nync/index/tzgg/AB4E271A45C54837B800362AE6A650C0/index.shtml；https：//nync.ln.gov.cn/nync/zfxxgk/fdzdgknr/jyta/szxta/szxsejschy2021n/830BCE4C9 1F84B309295F24727AF422D/。

体发展的重要的主体基础；另外，可以看到一些省份的重点农业产业化龙头企业超过500家，但省级示范联合体的数量不足100个，说明农业产业化联合体作为一种新型农业经营合作组织，从全国范围来看，只是在几个重点省份进行了推广，大多数省份处于试验阶段，进一步地，将省级示范联合体少于300家的各省份数量进行汇总，统计可得超过4/5的地区的省级示范联合体总数占15个省份该指标值的42.4%，将近1/2①。另外，从居于前列的安徽、河南、河北3个省份的数量来看，较早培育组建农业产业化联合体的地区已形成了相对成熟的经验，通过示范推广的方式引领其他新型农业经营主体将农业产业化联合体作为一个可以尝试的组织形式。

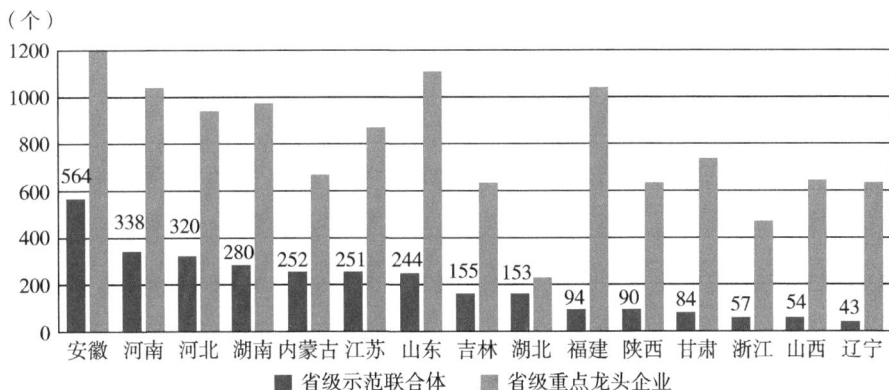

图3-3　15个省份省级示范联合体与省级重点农业产业化龙头企业数量对比

资料来源：根据各省份农业农村厅与人民政府网站公布数据统计所得。

3.2.2　河北省农业产业化联合体发展现状

3.2.2.1　总体情况

河北省农业产业化联合体主营产业集中在粮油果蔬、畜禽水产、乳品、食用菌、中药材、特色农产品、饲料和商贸流通等几个大类。农业产业化联

---

① 根据各省份数据统计得出。

合体在内部开展标准化生产，进行统一决策、统一生产、统一技术、统一服务和统一销售，有效实现农业生产的规模效益。其中，种植类农业产业化联合体共流转土地约524.66万亩，种植面积超过1600万亩，获得"两品一标"认证的种植面积约占种植面积的1/10，农产品种植总产量为990万吨。养殖类、水产类及商贸物流类农业产业化联合体均达到一定的经营规模，带动农业规模化经营。联合体实现跨县、跨市、跨省基地建设，农产品原料保证量足与质优。农业产业化联合体内部农产品订单总额为625.74亿元，联合体外部农产品订单总额为979亿元。其中，农业产业化联合体内部订单履约率达95%。经统计，2022年河北省共评选了320家省级示范性农业产业化联合体，比2020年增加了54家，增长率较2018~2020年下降了近54%。11个地市的农业产业化联合体数量均在20家以上。其中，石家庄市45家，居全省首位。320家农业产业化联合体总产值为4966.33亿元，与2020年总产值相比增长了38.7%。沧州等8个地市的农业产业化联合体年产值实现正增长，且增长率超过10%。其中，沧州市、保定市农业产业化联合体年产值呈倍数增长，沧州市、保定市和邢台市农业产业化联合体年产值超过千亿元，总产值占全省农业产业化联合体年产值的70%以上①。比较四次统计数据发现，农业产业化联合体总产值增速超过数量增速，说明六年内河北省农业产业化联合体正向发展的成熟期迈进，发展成效比较显著，且质量水平有显著提升（见图3-4）。

3.2.2.2 主体规模与发展水平

河北省320家农业产业化联合体含有龙头企业829家，包括核心企业和相关的上下游企业；农民合作社1804家，超八成联合体含有10家以下农民合作社；家庭农场1107个，种养大户3235户，涉及社会化服务组织478个，联合体带动的内部成员总户数合计超过38万户。低于10家合作社的农业产业化联合体占86%，其中，社员不超过千户的农业产业化联合体约2/3，社员超过1万户的农业产业化联合体仅占1%②（见图3-5）。河北省农业产业化联合体组织新型农业经营主体的能力逐渐增强，合作经营规模持续扩大。

---

① 根据2016年、2018年、2020年、2022年河北省省级示范农业产业化联合体申报数据统计得到。
② 根据2022年河北省省级示范农业产业化联合体申报数据统计得到。

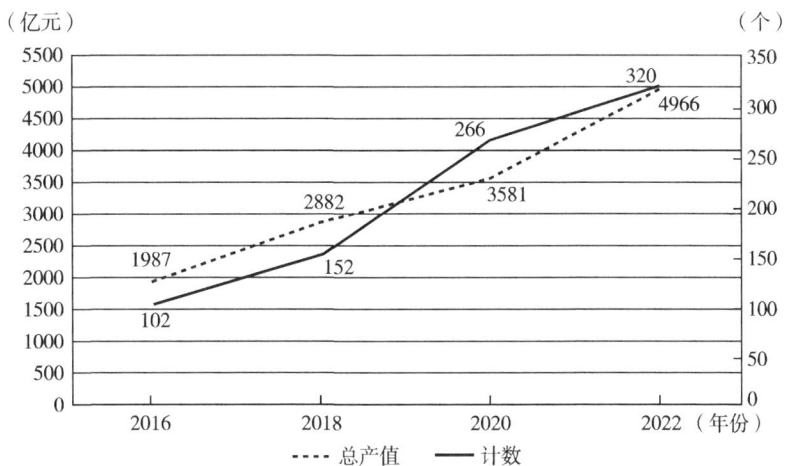

图 3-4 2016 年、2018 年、2020 年和 2022 年河北省农业产业化
联合体总产值与数量变化情况

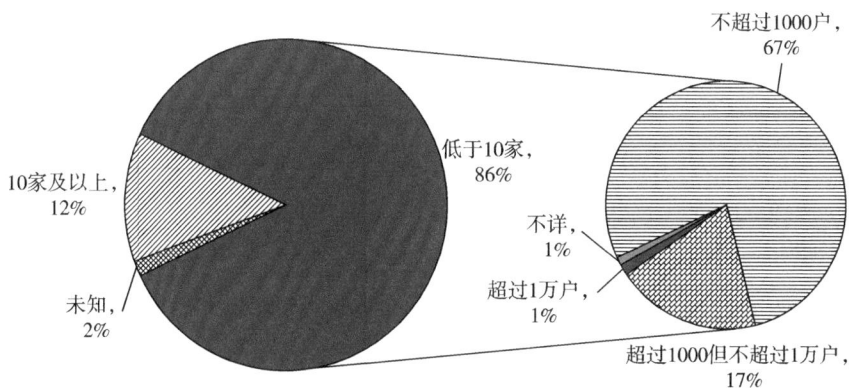

图 3-5 2022 年河北省联合体合作社与社员数量分布示意图

截至 2022 年，河北省农业产业化联合体内核心龙头企业年销售额约为 2814 亿元，合作社年总产值达 249 亿元，农户收入总额为 283 亿元，家庭农场年总产值为 71 亿元。从体内农户收入总额来看，基本上可将 13 个地市分为三个梯队，邯郸市农业产业化联合体内农户年收入总额达 64.57 亿元，处于第一梯队；唐山市、邢台市、石家庄市、保定市处于第二梯队，农户

年收入总额超过 20 亿元；张家口市处于第四梯队，农户年收入总额低于 10 亿元；其他地市属于第三梯队，农业产业化联合体农户年收入总额在 10 亿~20 亿元（见图 3-6）。除邢台市的农业产业化联合体内家庭农场年总产值达 11.99 亿元以外，全省其他地市该指标水平均不超过 10 亿元。同时，家庭农场年总产值水平的差距表现较大，截至目前达到极差 11.82 亿元①。

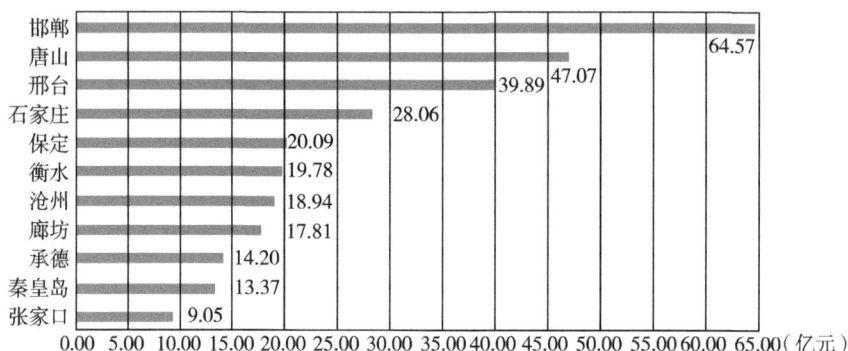

图 3-6 2022 年河北省各地市农业产业化联合体内农户收入总额

3.2.2.3　利益联结与带动能力

依托农业产业化联合体经营模式，资源效率最大化利用，降低经营主体内部交易成本。平均来看，农业产业化联合体降低种养生产投入成本约 317 万元。成员间通过有形利益联结和无形利益联结方式建立合作关系。有形利益联结如签订合同约定产品或服务交易的条件，无形利益联结如进行技术指导等提高生产经营能力。从全省省级示范农业产业化联合体的平均水平看，联合体内部农资配送率和社会化服务对联合体内部经营的覆盖率均接近 90%。其中，配送率和社会化服务覆盖率超过 50% 的联合体数量分别为 299 家和 296 家。农业产业化联合体对内部成员进行技术统一指导的覆盖率约为 95%，其中有 195 家联合体的技术统一指导覆盖率达 100%。依托农业产业化联合体提供农村就业岗位总计约 46.24 万个，辐射带动外部的农户总

---

①　根据 2022 年河北省省级示范农业产业化联合体申报数据统计得到。

数超过 540 万户。从各地市带动农户情况来看，提供农村就业岗位能力较高的地区，其辐射带动外部农户水平也相对高于提供岗位能力较低的地区。例如，在提供农村就业岗位数量超过 5 万的 5 个地市中，邢台市、衡水市和秦皇岛市辐射带动体外农户的数量均大于 50 万户，居全省前三位，分别达 197.98 万户、54.52 万户和 54.08 万户，总计约占全省农业产业化联合体辐射带动体外农户数量的 56.25%。河北省农业产业化联合体成员农户户均收入普遍高于所在县农户户均收入，约占农业产业化联合体总数的 97.5%。据统计，超出所在县农户户均收入程度的中等水平为 3500 元。其中，可以更清晰地看到，低于所在县农户户均收入 3000 元的农业产业化联合体数量为 146 家，超过 3000 元但不超过 2 万元的农业产业化联合体数量为 121 家，超过 2 万元的农业产业化联合体有 52 家①，带动农户增收能力比较显著。根据 2022 年河北省各地市农业产业化联合体带动体内与体外主体数量的比较情况，农业产业化联合体在有效带动内部成员提质增量发展的同时，对体外经营主体，特别是农户产生良好的辐射带动作用，作为连接小主体和大市场、小农户和现代农业的有效手段，逐渐发挥更大的效力（见图 3-7）。

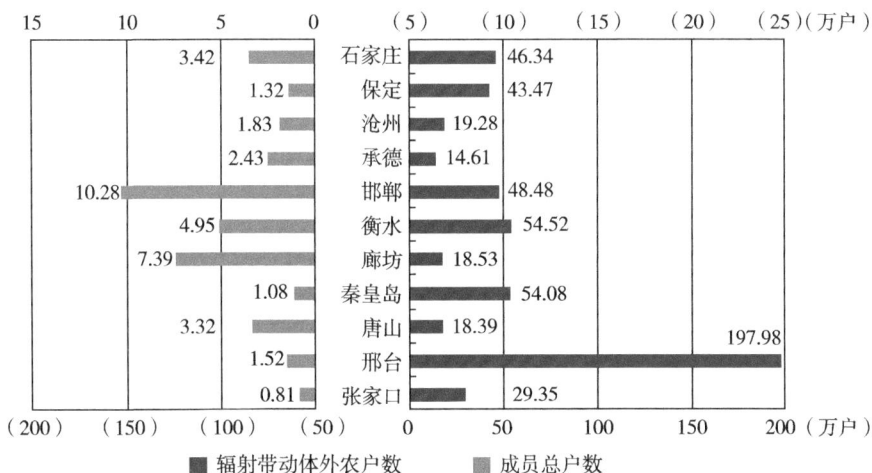

图 3-7　2022 年河北省各地市联合体带动体内外主体对比情况

---

① 根据 2022 年河北省省级示范农业产业化联合体申报数据统计得到。

3.2.2.4 科技投入与品牌创建

农业产业化联合体以技术研发机构和科研院所作为科技创新的有力支撑，促进科技与农业产业互动，加速科技成果向产业转化，持续提升科研成果的市场价值。全省农业产业化联合体用于科研及推广的投入额共计达30.7亿元，其中，邢台市科研投入额超过10亿元，高居首位，与邯郸市和石家庄市的科研投入额合计投入超21亿元，约占总科研投入的70%。唐山市、沧州市、保定市、承德市、廊坊市和张家口市科研及推广的投入额合计近8亿元，约占全省农业产业化联合体科研总投入的1/4。衡水市和秦皇岛市科研投入额均低于1亿元，合计投入1.61亿元，约占总科研投入的5.23%（见图3-8）。科研机构共529家，包括企业技术研发中心、院士工作站、技术合作单位等。依托农业产业化联合体发展了省科技型中小企业共359家；从事科研与技术推广的人员数量为10642人[①]。

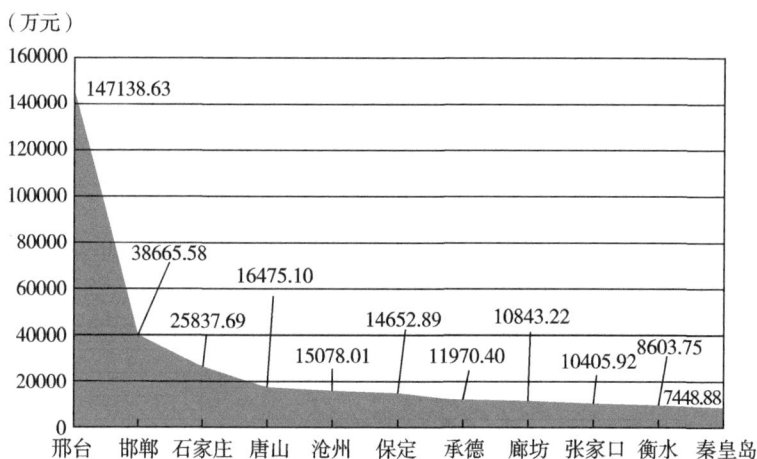

图3-8 2022年河北省各地区联合体科研投入情况

农业产业化联合体产业链通过质量标准规范各环节经营，引导新型农业经营主体开展绿色种养，供给优质绿色农产品。河北省种植类联合体获

---

① 根据2022年河北省省级示范农业产业化联合体申报数据统计得到。

得"两品一标"认证的种植面积、养殖类联合体标准化养殖量和水产类联合体健康养殖与生态养殖面积均有所增加。农业产业化联合体内基本建立了各自的统一质量标准和质量安全追溯制度，超七成的农业产业化联合体实现了80%以上绿色防控技术覆盖率，全方位保证农产品供给质量。农业产业化联合体坚持在品牌建设上下功夫，积极向品牌要效益，创建中国驰名商标58个，农产品企业品牌1109个，绿色认证和有机认证分别为337个和297个，公用品牌264个。预计2023年，河北省农业产业化联合体内品牌创建数量将继续增加。其中，农产品企业品牌预计增加到1179个，联合体公用品牌预计增加到284个①。

3.2.3 农业产业化联合体发展困境分析

农业产业化联合体是现代农业化建设的必要组成部分。从发展的初期阶段来看，现代农业产业化联合体发挥的作用并不充分，其组成主体存在不足。例如合作社的组织形式和服务项目比较传统，带动农户入股龙头企业的方式单一，联合体未能更好地促进各经营主体形成更加紧密的利益联结机制，地域跨度小，不能实现全社会的资源优化配置等，具体分析如下：

第一，成员主动性不强，易附庸于龙头企业。在农业产业化联合体中，农民合作社与农业社会化服务组织将公益性与经营性服务相结合，以龙头企业为骨干，以合作经济组织为基础，以公共服务机构为依托，以其他社会力量为补充，提供产前、产中、产后各项专项服务和综合服务。有些农业产业化联合体为了满足评选标准，过分追求行政推动力，联合虚假合作社或者僵尸合作社，仍然依靠实力较强的龙头企业直接带动农户，并没有通过"龙头企业+农民合作社+家庭农场"经营模式建立组织化联盟。即使实现了产业化，也没有消除传统"龙头企业+农户"的经营弊端，龙头企业与农户相互竞争，农户难以从产品品牌和产业链中获得更高的收益，机会主义行为依然存在，损害农民的利益。另外，农民合作社自身建设不完善，内部规章制度不健

---

① 根据2022年河北省省级示范农业产业化联合体申报数据统计得到。

全，管理水平低，合作社缺乏理论指导和实践经验，经营管理、组织协商、营销推广等方面的能力有限，农民缺乏合作意识、合作知识、农业技术、经营管理知识。农民对合作社的认同感不强，地位也无法得到保证，难以对农户形成足够的激励作用，农户无法真正从政策中得到实惠。

第二，联结内容传统，合作拓展张力不足。农业合作组织发挥规模化生产、集约化经营等方面的优势，专注于向社员提供优良品种服务、种植技术服务、农业科技服务，带动联合体实行同一品种、统一购买生产资料、统一整地播种、统一喷洒农药、统一管理和统一收获的模式，改善农田基础设施，推广育苗施肥和防止虫害技术，合作社、家庭农场承担联合体的供销、种养等专业化、社会化服务，将广大基地农户转变为企业生产的第一车间，专注于新品种、种植新技术的应用和劳动生产率、土地产出率的提高，在承担联合体供销、种养等专业化、社会化服务等方面发挥纽带作用。但问题在于上述属于农业合作组织的传统服务项目，例如生产资料、生产技术、生产标准等合作，农村的金融环境并没有建立起来，而解决合作组织发展的资金问题是推动农业产业化联合体建设的主要着力点。农民合作组织内部缺乏信用合作服务，金融服务缺位和金融资源供应不足既是发展的重要难题，也是发展的长期难题，然而现在的农民合作组织并没有形成稳定的农村金融互助体系，同时也阻碍了农民合作组织更深层的发展。

第三，联结方式单一，利益关系仍不紧密。合作社与农户之间建立利益关系的方式主要有两种：一是签订联合体章程，规范联合体组织和行为，妥善协调联合体各成员单位的利益分配关系，在平等自愿、充分协商、互惠互利的基础上制定章程，形成完整的组织架构和日常管理制度，明确各成员的权利义务，使合作关系有章可循、有据可依。但是章程仅仅是明确了成员组成、设立目的、业务范围、基本职能、组织机构及其职责、成员的权利与义务、成员退出机制、经费管理等基本行为规范，各成员主体基本上都能够满足条件和要求。二是合作社与农户签订收购协议，达标产品保证收购，当市场价格低于保护价时，按保护价收购，当市场价格高于保护价时，按市场价格收购。通过企业与农户和基地联合，保证企业原材料稳定供应，确保材料的稳定生产，促进农业产业化发展。这种形式仅仅是在合作社与农户之间建立了简单的购销关系，保障了农户的基本利益，难以从全产业链条上分到更多的利益。

第四，组织支持局限，制约绩效提升。农业产业化联合体将距离相近、经营内容相近的经营主体组成联盟并联合农户抱团取暖。现代农业经营体系要求通过规模化经营、产业化经营、智能化经营、信息化经营，体现在空间的广度和产业的深度发展上。农业产业化联合体区域跨度小，不利于实现全社会范围内的资源优化配置。但从现阶段发展来看，跨区域经营的大型农业产业化联合体形成的条件还没有充分具备。原因主要在于：①传统资本受地域限制的约束还未能打破，土地、资金、劳动力不能自由地跨区域流动。以家庭联产承包为基础的农业适度规模经营仍然存在经营风险，新型服务规模化经营方式，例如代耕代种、土地托管、联耕联种、按户连片等成功经验，并没有得以更加广泛的推广，仍然需要政府各级组织强有力的引导来打破耕地分割的局面，提高土地利用率和劳动生产率。②各地区人力资本水平和消费水平不一，金融发展基础和金融信用环境更是不平衡，区域外部金融资源流入的条件并不充分，落后地区难以得到金融资源的优化配置；另外，经济发达地区的产业辐射带动作用有限，金融政策的不完善拉大了区域性差异。③农业劳动者受乡土情结的影响较深，意识比较封闭，对小范围长期生活的区域和人们熟识感较高，易于建立农业合作，这种以乡情为基础的合作关系具有一定的稳定性，而与区域以外的主体进行交易，相互之间缺乏信任基础，容易产生机会主义行为导致合作关系破裂。

3.3 农业产业化联合体典型模式分析

农业产业化联合体自身也出现了不同发展水平上的分化，并形成了各自具有代表性的典型模式。处于较低发展水平的农业产业化联合体以"定向合作"为主，经营主体进行简单的合作并且利益联结关系不是特别紧密。处于中等发展水平的联合体以"网络化"为主要特征，在行业内具有一般水平或实力偏上的经营主体为弥补各自不足抱团取暖进行联合，通常经营多个产业容易形成内部的循环网络链条，利益联结比较紧密但获利能力具有较大的提升空间。处于较高发展水平的联合体以"中心化"为主要特征，以实力较强的加工型龙头企业为核心，围绕一个主要产业进行统一的经营管理和服务，利益联结非常紧密且获得更多收益。无论何种模式，因其不具有法人性质且各主体保持经营独立性，外在形式上都是比较松散的。但有些经营主体能够通过联合进行紧密的内在联结，运行机制更加高效合理使组织和成员均能获得更高的收益水平，且成员在联合体具有比较高的参与感和满足感，这可作为评价联合体是否成功的一个标准，也是合作组织存在的目的。通过对三种模式和案例的分析发现，联合体整体表现出主体行为越积极，其内部利益联结越紧密，越能够获得更高绩效水平的整体特征。本节将详细地对具体模式和案例进行逐一阐述。

3.3.1 模式一：1+N 聚点中心型

3.3.1.1 模式特征

具有该模式特征的农业产业化联合体一般由一个实力较强的主体进行牵头，可以是龙头企业或合作社。以龙头企业为例，加工型龙头企业为了扩大原料规模和保证农产品质量，联合周边从事该加工品原料生产经营的合作社与家庭农场（种养大户），签订契约建立纵向一体化的全产业链共同体，内部进行统一管理和服务，这类农业产业化联合体可统归为"1+N 聚点中心型"模式。

（1）主体行为。

在加工型龙头企业的主导下，农业生产者专门负责种植或养殖。核心企业直接对接市场，可以发挥掌握各产区种植量信息的优势，科学预测各批发市场未来的价格，以此作为指导家庭农场和农户进行生产的决策，及时调整生产和上市周期避开高峰低价风险，有计划地进行种植生产和产品收购，避免了生产者盲目的种植行为，降低了风险的发生率，同时也为龙头企业提供了较为稳定的供应来源，且农产品质量有所保证，从而通过进一步加工提升产品附加值。联合体内实现新品种试验示范推广同步，通过合作社将研发产品和先进技术向体内生产者进行推广种植，有计划、有针对性地引进高端品种进行试种，获得成功后适时推广，达到防控风险与效益提升的双重效果。

（2）利益联结。

垂直一体化模式下经营主体利益联结关系体现在农业产业链的各环节上，龙头企业主要负责组织经营主体进行分工协作，以及新品种的研发和新技术的推广应用，收购质量达标的原料进行精深加工并销售出去；家庭农场和农户按照龙头企业的要求进行农事生产活动，提高劳动生产率，保证农产品质量和数量；合作社为生产者提供服务支持，提高要素由龙头企业到达生产者的效率。在利益联结的基础上，各类主体实现定位准确、优势互补、分工合作、相互融合。商品契约和要素契约的共同运用使经营主体享受了利益分享，也实现了各类要素的优化配置，提高主体的参与感和获得感。通过利益传导机制，降低要素进入农业的风险，成为促进产业化联合体发展的"润滑剂"。

（3）治理结构。

龙头企业出于自身需要往往对上游经营主体的生产制定较为严格的标准，在农业产业化联合体中常处于主导地位。合作社与家庭农场关注成本与收益变化，依靠龙头企业降低交易成本和生产成本并获取产业链增值收益，更加倾向于听从龙头企业的管理。农业产业化联合体治理集团多由实力强大的企业来担任。龙头企业作为"领航人"，对生产计划、发展目标、品牌建设等统一规划，经营主体通过签订收购协议或服务协议建立合作关系。通常情况下，合作社与家庭农场可享受龙头企业给予的技术指导、信息共享、生产资料优惠和价格优势。

3.3.1.2　案例一：鸡泽县辣椒产业化联合体

（1）案例情况介绍。

鸡泽县辣椒产业化联合体（以下简称辣椒联合体）成立于2014年，以加工为主的鸡泽县天下红辣椒有限公司为龙头企业，包括2家上下游企业、8家专业合作社、2家家庭农场在内的13家经营主体为初始成员单位①。龙头企业在辣椒联合体中处于核心地位，向合作社、家庭农场输送现代生产要素和创新经营模式，收购辣椒进行深加工后销售；上下游企业进行辣椒种子繁育或提供化肥等农资。农民专业合作社发挥纽带作用，利用优质辣椒种子种苗、肥料和机械作业服务等，按照绿色辣椒生产标准组织种植。家庭农场按照要求进行标准化生产，发挥产业链上的基础性作用。

（2）契约约束、能人主导的层级治理结构。

威廉姆森将治理结构作为交易费用经济学的重要核心理论，认为治理结构受到资产专用性、交易频率、契约安排等因素的影响（韦克游，2013）。辣椒联合体对良种要求较高，生产环节完全按照统一标准进行，严格的要求使得交易物的资产专用性增强，且龙头企业与上游主体之间的交易频率较高，一体化的层级制管理相对明显。一方面，按照联合体章程与建设导则的要求，各成员单位代表组成成员代表大会，分设理事会和监事会，理事会下设置管理中心与运行中心，根据各自职责需要分设不同的下属部门，形成典型的层级治理结构。另一方面，订立协议规定企业以高于市场价的价格收购辣椒，但制定辣椒种植质量标准需生产者执行，形成产业链纵向一体化结构，资源配置计划体现层级权威，又通过价格机制激励合作行为。从我国各类农业合作经济组织的产生和运行来看，主导对象对治理结构的形成具有较大的影响（桂玉和徐顽强，2010）。虽然章程明确规定了"一人一票"制的决策权，但成员自愿"跟随"的态度体现了"能人效应"的特征。辣椒联合体由加工型龙头企业发起，具有传统要素与信息、技术等现代要素优势和创新资源整合能力，合作社与家庭农场依赖于龙头

---

①　根据实地调研所得。

企业作为"领头羊"。通过层级制的治理结构设置，企业可以规范并监督上游农业生产，降低交易不确定性及交易成本。辣椒联合体以沿产业链的高度专业化分工形式为基础，依靠章程和契约形成自下游主体至上游主体的垂直型管理。这种层级治理结构随着主导企业实力的增强权力更趋向集中化，联合体内能人集团的权威性将不断提升。

（3）"层级治理—单链传导—垂直一体化联合"。

竞争日益激烈的外部市场激发了农业经营主体走向联合的内在动力。以辣椒加工为主营产业的龙头企业为保证企业收购辣椒的基地规模与产品质量，主动寻找从事辣椒种植的农民合作社与种植大户签订订单进行联合，符合标准的农产品全部由龙头企业收购，形成纵向一体化的辣椒全产业链条。产业链不同环节上经营主体要素禀赋异质性与技术异质性均较强，主体间依赖性具有明显非对称性，合作社与家庭农场更加依赖于龙头企业面向市场且科研支撑强大等优势。通过能人主导的层级治理结构，按照章程规定与订单合同集中制定行为决策，生产计划、技术指导、质量要求等沿产业链向上游经营主体传递。经营主体出于降低交易成本与提高经济效益的迫切需要，将个人理性与集体理性统一起来，在趋同目标的促进下经利益聚合形成共同体。辣椒联合体的层级制结构与产业同一性共同强化了决策执行力，异质性与互补性拧紧了产业链主体合作关系，形成土地要素、劳动要素、资金与技术要素、信息与销售服务等多元化规模经营（沈贵银，2009），破解交易和分工不可兼得的困境。在以龙头企业为核心的治理集团组织下，引导合作社与家庭农场有计划地进行生产经营活动，逐渐融入现代农业发展的轨道上来，形成稳定农产品供应链带动产业链整体增效，根据经营主体的实际贡献制定利益分配方案，使各成员均能受益，联合体治理结构趋于稳固且成员获得感与认同感随之提升。

（4）鸡泽模式利益联结机制。

以"商品契约+优惠价格"为基础的利益联结。经营主体间通过签订合同确定收购或服务价格的契约联结是目前联合体最普遍的利益联结方式。辣椒联合体和定农联合体都是在此基础上建立各自的利益联结机制。辣椒联合体的核心企业向上游经营主体收购农产品，依协议规定实行保护价收购，按随行就市、就高不就低的原则及时调整价格，交易双方持收购凭证现金支付或当场结算；合作社和家庭农场向农资服务公司支付比市场价格低5%的费用，整地、移植、喷药防治等机械作业的费用按亩确定，其他项目向农机服务合作社支付费用比市场价格低20%。另外，蕾邦科技有限公司接受了农资和农机服务，支付费用分别比市场价低5%和20%①。联合体各方主体按照分工承担相应产业环节，构建完整高效的农业产业链，加强体内三产融合（见图3-9）。

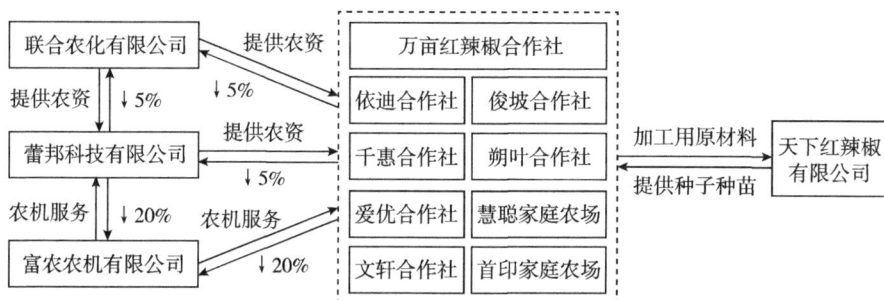

图3-9　鸡泽辣椒联合体利益联结

以龙头企业为主导形成支撑性强的利益联结。核心企业与联合体外主体建立合作关系成为稳固强化内部利益机制的重要支撑。因辣椒联合体不具有法人性质，天下红辣椒有限公司企业资金实力雄厚，更容易获得金融机构贷款，为支持上游成员生产性贷款提供担保等金融服务，招投标后的项目依靠联合体经营主体共同协调完成。核心企业加工能力、技术研发实力和品牌建设水平较强，代表联合体对接外部市场，为成员节省寻找销售渠道的成本，以销定产地指导合作社和家庭农场种植适销对路的农产品，形成"市场+基地"的双向循环链条，降低渠道不稳定性。与科研院所建立

---

① 根据实地调研所得。

合作关系，在产品研发等方面投入更多的资金，掌握优质人才资源和先进的研发技术，转化后的科技成果在整个辣椒联合体内部推广。经营辣椒种植与深加工为主的联合体围绕单一产业实现内部循环，单链垂直式联合体的外部循环同样依靠核心企业来实现，与外部市场进行要素输入和业务对接，带领其他经营主体和农户有效整合资源，通过紧密的利益联结抵御市场风险，共同享受业务拓展带来的增值收益，成为组织整体的造血者与输血者。

3.3.2　模式二：M×N 多重网络型

3.3.2.1　模式特征

经营多种产业或种养结合的主体出于抱团联合收益大于独立生产的考虑，组建农业产业化联合体建立优势互补的合作关系，形成囊括多方主体的产业网络，各产业链成为闭合但非独立存在的循环链条，本书将这类农业产业化联合体统归为"M×N 多重网络型"模式。

（1）主体行为。

龙头企业、合作社、家庭农场除建立合同约束外，还订立组织章程对权利和义务加以约束。龙头企业负责农产品的精深加工，以最终产品推向市场，统一制定生产规划和生产标准等职责，企业通过推广新品种、技术指导、科学管理，使家庭农场开展标准化生产，建立稳定的生产基地以减少原材料采购中间环节并节约成本，保障企业对农产品的质量需求，解决企业产品质量安全的源头之忧。合作社连接龙头企业和家庭农场，使生产要素能够更加高效地在产业链上得以传递，同时具有了更加稳定的服务对象，提高工作效率。除让利给农户作业费后，收益仍有较大提高。在高于市场价收购的激励下，家庭农场按照龙头企业制定的质量标准进行生产活动，过程中受到龙头企业在技术、资金等方面提供的有效帮助。

（2）利益联结。

多重网络型的农业产业化联合体包含了更多形式的主体联结。首先进行交易联结。经营主体通过订单约定收购的产品种类、数量和质量等。其次建立生产要素联结。农业产业化联合体将生产资金、技术、品牌等要素相互融合，龙头企业通过为部分家庭农场和合作社购买生产资料垫资，提供技术人员解答咨询服务等方式实现要素合作共享。最后利用互助联结。经营主体利用优势在合同、章程约定外，为其他主体提供生产服务，如烘干、仓储等。

（3）治理结构。

龙头企业、合作社和家庭农场在当地均非实力强大的经营主体，农业产业化联合体由各经营主体内的代表共同组成核心治理组织。由于关联节点较多，各主体交流沟通相对频繁，在进行决策时能够听取多方的经验和意见，长期交流合作形成基于关系和信任的治理机制，其治理结构的柔性特征明显。首先体现在目标决策柔性化，联合体成员代表根据已掌握的市场信息和生产现状作出满意的决策，更多地依赖于经验积累而非最优化原则；其次表现在决策程序柔性化，即从"一言堂"向"群言堂"转变，淡化决策的高层主观色彩，信任并尊重联合体上下游成员，通过充分交流讨论最终得到全体成员都能接受认可的决策。

3.3.2.2 案例二：定农农业产业化联合体

（1）案例情况介绍。

定农农业产业化联合体（以下简称定农联合体）前身是2014年河北奥丰牧业有限公司、定州市永顺养殖有限公司等8家新型农业经营主体，为应对农产品市场变化自主联合组建的农业产业联盟，2016年转型为农业产业化联合体。奥丰牧业有限公司与永顺养殖有限公司两家龙头企业分别以肉牛养殖与蛋鸡养殖为主营业务，在联合体内负责产品收购；志成面业、冠农食品、秋铭食品分别为面粉加工、粉条加工与肉制品加工企业；精诚果蔬专业合作社以脱水蔬菜加工处理为主，益远生态农场进行种养结合的农事经营活动，此外，有一家科技有限公司负责生产技术研发。2019年联合体成员共达37家，是集粮油菜种植、畜禽养殖、面粉加工等多产业于一体的综合性产业化联合体[①]。

———————

① 根据实地调研所得。

（2）关系嵌入、兼顾柔性的扁平治理结构。

威廉姆森交易成本理论暗含的一个假定是，个人在孤立状态下对经济行动进行自主决策，人际关系不对合同产生任何影响（Williamson，1993；刘世定，1999）。而现实是社会结构中的人际关系会嵌入到经济行为上（格兰诺维特，2015），个人行为决策受复杂关系的影响（诺斯，2014），成为制度的反映（Hamilton 和 Biggart，1988）。与辣椒联合体治理结构的不同之处在于，定农联合体结构相对扁平，核心成员与其他成员大多在同一个乡村毗邻而居，相互之间关系熟络且沟通频繁，实力、地位差距并不明显，长期以来形成彼此信任的情感关系。受乡村社会"面子文化"的影响，成员为免于遭受"声誉崩塌"或"团队排挤"等共同为组织的高效治理作贡献（崔宝玉和程春燕，2017）。定农联合体将章程规定的理事会制度进行变形，由 8 家核心成员共同组建定农集团，并设置管理部门、销售部门和财务部门，消除了联合体非法人属性造成的诸多不便，其实质是"一个部门，两套班子"（见图 3-10）。定农联合体弱化了层级分明的"成员代表大会—理事会"制度，也弱化了主体间地位的差异，强调以交流、信任、柔性为基础的关系治理方式，合作社与家庭农场易受到关系网络的影响，当熟悉的人加入联合体并获得利益保障，也会对联合体产生信任申请加入。这种基于关系性规则的柔性治理帮助建立起信息交流分享和共同解决问题的平台，自发形成的关系治理结构使得联合体更加稳定运行。

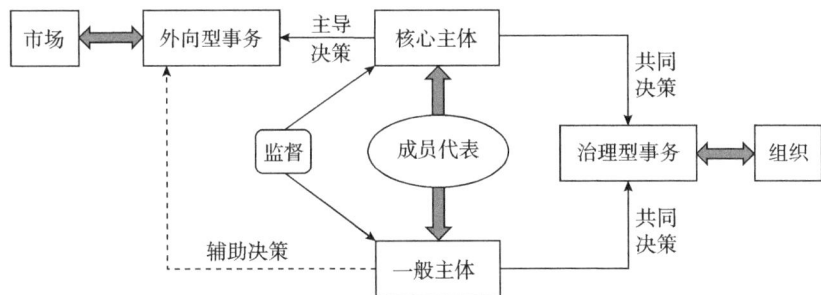

图 3-10　定农联合体治理结构

（3）"关系治理—多链传导—循环网络化联合"。

定农联合体的核心企业为两家养殖企业，三家加工企业作为产业链下游成员，并不以实力很强的加工型龙头企业作为带动，各经营主体难以凭借自身能力获得所有资源，需要"抱团取暖"实现共同的经营目标。定农联合体成员从事的产业各不相同但互有交叉，在较高的产业异质性下建立的交换关系通过互补性合作贡献拥有的资源优势带给双方效用（黄胜忠和伏红勇，2019），成员彼此之间的依赖性随之增强。与辣椒联合体相比，这种成员依赖性在定农联合体中表现的对称程度更高。通过关系与信任建立起的非正式组织关系成为联合体最核心的关系资源（刘源等，2019）。定农联合体各经营主体建立起上中下游多组产业循环网络，实现种养加销各产业的高度融合。在循环1和循环2中，经营畜禽养殖的经营主体和玉米种植经营主体合作得到饲料来源，产生了畜禽粪污可以被种植主体回收作为有机肥利用。从循环3可以看出进行肉类加工的秋铭食品公司收购永顺养殖公司、奥丰牧业公司和益远畜禽合作社的淘汰鸡，经过深加工后进行销售。循环4益远家庭农场经营果蔬种植与畜禽养殖，自身形成小型生态循环系统。定农联合体基于产业链衔接与功能互补的多元主体特性，将外部交易成本内部化，形成"主要产品—副产品—饲料—废料—生物有机肥—有机果菜"的资源综合利用模式，废物废料在联合体内即能充分消化，解决农产品加工中存在的"三废"难题，实现"零排放"和"生态可循环"。在契约治理和关系治理的混合制度下，成员越倾向于认同并严格执行联合体成员大会所规定的成员权利与义务。联合体效益提升强化制度信任，成员遵守维护机制运行积极性提高，进而促进经营绩效水平提高，实现良性循环（见图3-11）。

（4）定农模式利益联结机制。

以"商品契约+优惠价格"为基础的利益联结。定农联合体通过经营主体收购合同或服务协议建立利益联结网络。联合体成员享受比市场优惠的价格获取生产经营所需的原料。如秋铭食品有限公司按市场价每斤上浮0.1元收购奥丰牧业公司和永顺养殖合作社的淘汰鸡，按市场价每斤上浮0.2元

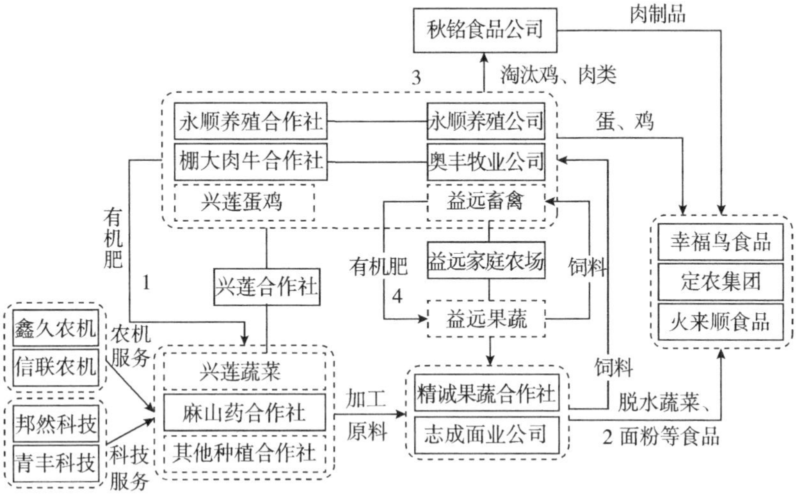

图 3-11　定农联合体内部循环示意图

收购肉牛；精诚果蔬合作社按市场价每吨增浮 0.8 元收购约定数量的香葱；奥丰牧业公司与永顺养殖合作社均按市场价增浮 105 元向志成面业公司收购约定数量的麸皮，按市场价每吨增浮 120 元收购养殖合作社约定数量的鸡蛋；永顺养殖公司按市场价增浮 85 元向家庭农场收购约定数量的玉米[①]。同时，定农联合体采取与利益共享并重的风控机制。各成员向定农集团缴纳风险金，数目基本依照自愿原则，一方面可在产品出现质量问题或成员违约时，从风险保证金中相应扣除；另一方面联合体可以利用风险金共同解决自然风险和市场风险带来的损失。基于社会网络的关系治理可产生一种推荐机制，即成员经过互相了解和熟识后形成信任感；还可产生一种威慑机制，即由于担心损失声誉和重复交易关系以及其他交互关系而引发自持行为。在以上两种机制的共同作用下，使一些自发性联结的利益关系能够在定农联合体内较好地维持（见图 3-12）。

---

① 根据实地调研所得。

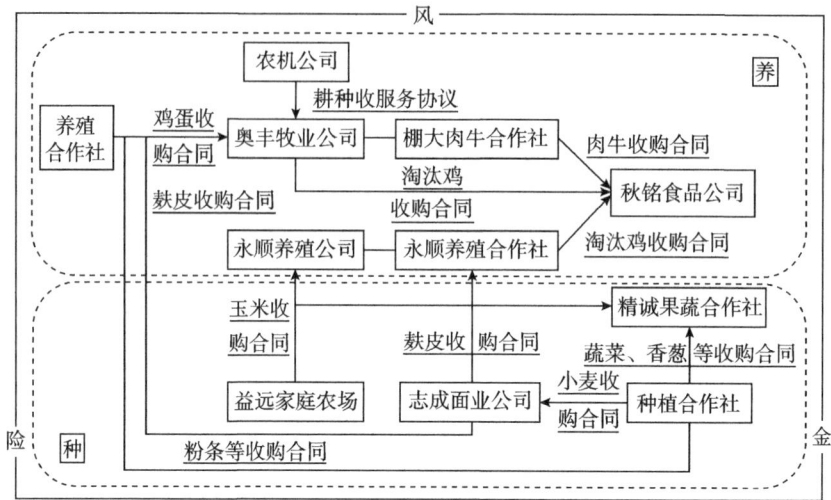

图 3-12　定农联合体利益联结示意图

　　以法人化集团为代表形成灵活高效的利益联结。定农联合体不是法人主体，没有招投标资格，若每个企业对应一个产品招标或开会参展，会产生较高的成本。定农联合体中实力较强的企业共同成立定农集团，将联合体进行法人化，涵盖联合体所有的经营范围，可以统一招投标或展示集团产品，没有中标的成员单位可私下与中标的公司签订协议享受分红。定农集团的成立使非法人性质的联合体实现核心法人化，处于关键环节的核心企业将各环节的经营主体连接起来，实现对关键要素的控制共享和技术成果的转化（汪建等，2013）。定农联合体最大特点在于互担互保的融资方式有效解决了资金利用问题。一是某成员想银行贷款却没有抵押物的情况下，由三家符合标准的核心企业共同担保贷出资金，借贷关系完成后转化为内部资金，当这三家中某企业没有资金需求时，其他成员可以在联合体成员的担保下借用该笔资金，共同商定一个比银行略高的利率，实现资金的灵活流通。二是基于彼此了解，在核心企业所持有的土地证暂没有实际用途时，没有土地证的合作社与企业经过协商后只需支付少许利息便可以借用土地证，实现土地资源共享，体现了联合体相较于其他农业合作组织的明显优势。经营种养多产业的定农联合体通过利益链条交叉构成网状的利益联结，经营主体关系更加复杂，监督和约束更加严格，利益联结更加紧密（见图 3-13）。

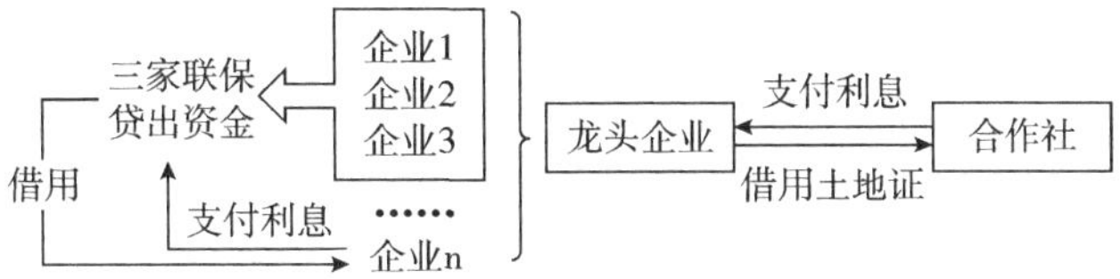

图 3-13　定农联合体资金互助示意图

3.3.3　模式三：M+N 定向合作型

3.3.3.1　模式特征

探索期的农业产业化联合体往往具有一个同样处于发展初期的核心企业，产能还未达到相当高的水平。发展初期的农业产业化联合体因经营主体出于各自降低成本与追求稳定的考虑而组建，还没有产生紧密利益联结机制的内在动力，组织形式相对简单且更加松散。本部分将这类农业产业化联合体统称为"M+N 定向合作型"的模式。

（1）主体行为。

农业产业化联合体经营主体通过农业产业链条衔接建立合作关系，并以合同订单的形式确立下来。龙头企业提出收购农产品的数量和质量要求，并对照所制定的质量标准对农产品进行检验，将符合标准的农产品收购回去，进行后续的储存或加工，收购的来自于联合体内成员生产的农产品占绝大部分。合作社和家庭农场按照合同约定进行生产活动，其所需要的生产资料通常由合作社提供服务。此外，合作社负责组织技术专家为生产者进行技术指导和成果推广，以低于市场价格向生产者提供生产资料。可以看出，农业产业化联合体组织相对比较松散，下游经营主体与上游经营主体只是定向进行农产品交易的简单关系，上游经营主体为了获得高于市场价格的收益提供满足龙头企业需要的农产品，合作社和家庭农场及农户之间建立的要素交易种类更多，利益关系更为复杂，交流的频率更高。

（2）利益联结。

经营主体间进行利益联结的类型区别明显，核心企业与上游生产主体建立有形的利益联结，但让出的利益空间相对较小，不同于较成熟的联合体中龙头企业为生产主体免费提供或分担部分成本的做法。由于核心企业收购量有限，成员生产的农产品除交送龙头企业外，剩余部分向外部市场销售；核心企业以高于市场价格收购，利益联结方式比较单一。合作社与家庭农场和农户之间既有有形的利益联结，也存在无形的利益联结，如向生产者提供技术支持等。因其松散的组织程度，并不要求对成员行为的监督和风险的管控，只强调农业产业化联合体使每个经营主体共享利益，能够获得比单独经营更高的收益和更低的成本，即达到联合的目的，不会支付再高的交易成本组织经营主体做更加复杂的利益联结的干预，使其进行自然而然的相互联结。

（3）治理结构。

经营主体对"自治"的需求大于"共治"，导致组织实施治理的措施相对比较简单。首先，制定农业产业化联合体章程，设立代表大会和理事会并明确其在组织治理中的主要任务，规定经营主体在组织生产过程中负责的环节以及与其他经营主体互动时所具有的权利和义务。其次，遵循独立经营、自愿加入、平等互利的基本原则，涉及农业产业化联合体生产经营决策及问题处理等，组织成员共同商议并采取认可程度最大的决定。与前两者不同之处在于，松散组织的农业产业化联合体，其成员并不具有较高的社会资本积累，成员之间的熟悉和信任程度较低，所以也不具备采用关系治理的基础，契约治理的方式则更为普遍且易行。

3.3.3.2 案例三：河北华威食品农业产业化联合体

（1）案例情况介绍。

河北华威食品有限公司农业产业化联合体（以下简称华威联合体）成立于 2018 年，由省级龙头企业河北华威食品有限公司发起和河北五关面业有限公司、河北宁康面业有限公司、河北凤归巢生态农业开发有限公司、9

个种植专业合作社及 3 个家庭农场组成。其中作为龙头的河北华威食品有限公司是以经营优质小麦深加工为主的现代化食品企业,产品包括中高档饼干和烘烤类糕点等上百个品种,率先联合本地部分合作社、相关上下游加工企业及家庭农场,通过股份合作、订单生产等利益联结形式,形成产业链条完整、主体分工明确、利益全员共享的紧密型组织联盟,并为其他经营主体起着示范带动作用。华威联合体实行统一管理、统一收购、统一回收深加工和标准化组织生产,通过自建基地和订单基地采购的原料约占总原料的 70%①。

(2)集体组织、个人自治的宽松治理结构。

华威联合体建立由全体成员单位法人组成的成员(代表)大会,与理事会、监事会共同构成联合体内部的"三会"制度。其中,理事会负责联合体的全面管理工作,下设办公室、财务部、生产材料部、市场部和科研部。办公室负责协助理事长进行各项方案的制定及组织实施、文件传达建档、吸收成员加入联合体和其他的后勤保障工作。财务部负责处理联合体集体资金的使用。生产材料部负责在了解所需的各种生产材料的市场价格的基础上,及时形成销售信息和价格信息向联合体各成员传达。市场部负责搜集掌握销售产品的市场行情并向上游生产主体传递,协助联合体成员制定生产和销售计划。科研部主要负责联合体与科研院校的技术交流合作,加强新品种的研发和引进,但这种科研交流主要是为龙头企业进行精深加工而服务的。华威联合体组织结构相对扁平,整体倾向于宽松的治理方式,治理的目的主要是给联合体成员提供一个规范的平台进行生产过程的信息交流,帮助实力较弱的成员进行生产决策。治理方式缺乏对成员行为的有效监督,更加强调成员的自主治理(见图 3-14)。

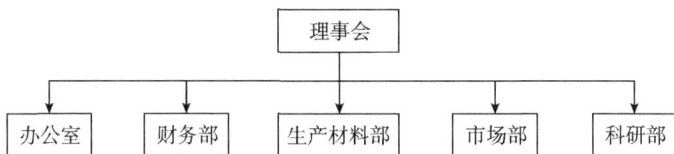

图 3-14　华威联合体组织结构

---

① 根据实地调研所得。

（3）"自主治理—逐级传导—松散互助性联合"。

为进一步提升优质小麦深加工产业化经营规模，发展优质小麦面粉品牌化经营，河北华威食品有限公司产生了扩大规模和强化质量控制的内生需求，自建的千余亩原料基地难以满足自身发展，主动要求联合经营优质强筋小麦种植的合作社和家庭农场，收购他们的小麦进行后续加工。收购方的稳定能够降低合作社和家庭农场在市场进行搜寻产生的交易费用，并且考虑到能够享受高于市场价的销售价格，合作社和家庭农场欣然接受企业的建议，共同组建农业产业化联合体增强主体和组织整体的竞争能力。加入华威联合体的经营主体保持其自身独立法人的性质，按章程规定和联合体涉及的农业产业链环节对经营主体进行专业化分工，联合体为成员提供产前、产中、产后的系列服务，采取统一采购供应、统一品种研发、统一标准生产、统一储运服务、统一产品认证和统一产品销售的经营方式，提高农产品质量安全水平。联合体遵从专业人做专业事的原则，龙头企业只与合作社和家庭农场发生交易关系，并不直接对接农户，以尽可能地降低交易成本，将组织农户生产经营的工作交由合作社负责。龙头企业实力的不断增强能够对其他经营主体产生能人效应，激发实力较弱主体对龙头企业的信任感，从而有利于组织的凝聚。华威食品有限公司一方面扩大专用基地规模，逐步建立优质专用小麦基地、奶牛基地、蛋鸡基地等，另一方面增加科技研发投入，加强产品开发和升级换代，同时注重名牌产品的打造，提供绿色安全的农产品，建立与企业声誉相关的诚信机制。当龙头企业的收购量小于生产量时，家庭农场和农户可以在对市场价格判断的基础上，向联合体外部销售，减少产品囤积。在龙头企业收购前，首先由合作社将农产品统一收到一处，龙头企业再按照质量标准对农产品进行层层筛选，符合要求的才被收购成员加工成初级原材料，降低质量问题的发生风险。

（4）华威模式利益联结机制。

以"商品契约+优惠价格"为基础的利益联结。华威联合体发展订单农业，龙头企业与合作社和家庭农场签订采购合同，约定高于市场价格收购，且在价格低时进行保底收购，但生产方必须按照企业要求的标准进行生产。除此之外，华威联合体经营主体的利益联结具有"自我配给"的特征。首先，龙头企业与高等院校建立合作关系并聘请专家教授担任顾问来增长技术力量，主要针对企业自身加工产品的开发升级，上游经营主体生产过程中需要的技术培训服务一般由合作社来组织提供，这不同于一些农业产业化联合体中龙头企业向生产者提供技术培训指导的方式。其次，生产资料的统一购入由合作社负责，能够降低农户的一部分生产成本。一些与之具有相同模式的联合体，企业购入的生产资料只向规模大的基地进行统一配送，规模小的农户需要自取。华威联合体带动农户的主要形式有三种：一是核心企业通过自建基地直接带动农户；二是两家上下游企业收购农产品达到带动农户增收的效果；三是通过合作社与农户签订合同建立产销关系的方式进行带动。最后，华威联合体建立利益共享机制的同时忽视了风险的防范和分担机制，对经营主体忠诚于组织的要求并不太高，当道德风险发生时选择启用退出机制。但联合体将风险发生的损失更多地转移到企业上来，认为合作的长远利益能够超过防范风险和抵御风险的成本，企业对于自身能力的不断培养和提升也有助于增强抗风险能力，从而降低经营风险和道德风险发生率。

3.4　本章小结

本章对全国农业产业化经营组织的演变历程进行追溯，基于农业产业化联合体自身发展程度不同而分化形成的不同阶段，将河北省现有农业产业化联合体分为三种主要模式，对模式形成和特征进行深入剖析并辅以案例比较以佐证观点，归纳了现阶段河北省农业产业化联合体存在的关键性问题，为后续研究提供现实的出发点。得到的主要结论有以下几点：

第一，农业产业化组织发展大致经过了初创期、分化期和规范期，农业产业化联合体属于规范期内产业化组织创新的产物，其自身亦发生了不同阶段的分化，在主体行为、利益联结机制、治理结构和绩效实现等方面存在差异，经历了由松散到紧密的转变。

第二，河北省农业产业化联合体虽然发展时期较长且取得了显著成效，但仍然面临着一些问题，如组织成员的主动性不强反而对龙头企业具有较强的依赖性、经营主体进行联结的内容比较传统造成拓展的张力不足、利益联结紧密度偏低、要素配置效率低制约绩效提升等。

第三，现阶段农业产业化联合体可分为"1+N 聚点中心化""M×N 多重网络化"和"M+N 定向合作型"三种主要模式，经过对模式和案例的分析得出，农业产业化联合体的发展表现出经营主体合作越积极，越容易建立紧密的利益联结关系，最终成效也就越显著。

第4章 农业产业化联合体主体行为影响因素研究

随着农业产业化联合体规模不断扩大和组织的发展演化，经营主体可能会出现一些与创设初衷相背离的行为。例如，作为农业产业化联合体内部分工的一员，家庭农场在种养环节按约定的数量和质量要求进行规模化和标准化生产，然而有些获得政府补贴和项目支持的家庭农场将业务全部交由合作社接管，违背了政策支持组织创新和发展的目的（尚旭东和叶云，2020）。无独有偶，在农业产业化联合体内部，一些龙头企业在为生产主体低价或无偿地提供生产资料和服务后，却反被生产者以"市场价高而违约"的方式"出卖"，被动地承担更大比例的风险，造成"反精英俘获"的不公平现象。农业产业化联合体包含各类涉农主体在专业分工基础上通过契约等形式结成的利益关系，主要以龙头企业、合作社、家庭农场等多类主体的合作进行产业化经营。研究产业组织的哈佛学派将主体行为作为重要的研究内容，阐述了行为与结构和绩效的内在关系（李天舒，2008），认为企业行为决定了绩效结果（周勇等，2019）。农业产业化联合体因各类经营主体追求更高收益与避免实际困难的意愿组建而成，但在"经济人"的假设条件下，农业产业化联合体经营主体在履约过程中也有可能因追求自身利益而采取侵害其他经营主体的"道德风险"和"逆向选择"行为。为了增强经营主体间利益联结关系的紧密性并提高合作组织绩效和稳定性，对农业产业化联合体经营主体行为的研究是十分必要的。

本章通过对河北省农业产业化联合体主体行为逻辑的分析，将经济学理论与新型农业经营主体合作实践相结合，建立了包括"感知价值""社区效应""约束条件"和"行为态度"的主体行为逻辑框架，并运用结构方程模型对 247 个农业产业化联合体进行分析，以检验主体行为影响因素的作用，为农业合作经济组织发展的政策制定提供理论支持。

4.1 基于计划行为理论和感知价值理论的研究假说

4.1.1 理论依据

计划行为理论最初是在 20 世纪 80 年代末由美国心理学家 Ajzen（1991）在理性行为理论的基础上提出的。作为解释个体行为意愿和行为选择发生的影响因素的理论分析工具（Erul 等，2020），计划行为理论被研究个体行为的学者普遍运用。计划行为理论认为，意愿是影响行为发生的重要指标（Bamberg 等，2007），影响的作用最为直接（何悦和漆雁斌，2021）。积极的行为态度、正向的主观规范影响和较强的知觉行为控制会促进个体采取某种行为的意愿和最终执行（王俊龙等，2023）。行为态度指个体对某种行为持有的积极或消极的评价，主观规范指个体从外部环境中具有重要参考意义的组织或主体感受到的主观规范，知觉行为控制指个体对行为执行过程中约束条件控制难易程度的感知（Ajzen，2002；石志恒等，2020）。综合上述分析，本书认为根据计划行为理论，行为态度、约束条件和社区效应是影响农业产业化联合体经营主体合作行为积极性的重要方面。

除计划行为理论提到的态度、压力和难易程度对行为意愿和行为执行的影响，感知价值理论提到主体对价值的感知也会影响行为决策。感知价值理论由 Zeithaml 于 1988 年提出，主要用于研究消费者对销售产品和服务的综合性感知（胡银根等，2020）。感知价值来自于将行为前的期望与行为发生后进行对比的结果（黄晓慧等，2019）。感知利得大于感知利失，感知价值水平增加，反之则减少（李明月和陈凯，2020）。感知价值水平越高，个体行为倾向也越明显（Gronroos，1997）。

根据感知价值理论，经营主体在决定是否进行积极的合作行为之前，对农业产业化联合体经营能力、利益获得与分享以及风险防御等获得感知并进行主观性的评价。那么这种对利益的感知结果是否先于计划行为理论的三个控制条件而发生，换言之，感知价值是否对主观规范、知觉行为控制和行为态度产生影响，进而再影响经营主体的积极合作行为？感知价值是否直接对主体行为产生影响，这种影响作用是否显著地超过计划行为理论提到的三个条件的作用？经营能力感知和利益风险感知影响主体行为的路径是否相同？在农业产业化联合体主体行为因素的讨论中，主观规范、知觉行为控制和行为态度是否都具有显著的影响？从前期研究和实地调研来看，感知价值和计划行为理论都不足以全面地反映农业产业化联合体主体行为实践，只有综合考虑经营主体对利益的感知、外部约束条件及自身态度评判，才能够为新型农业经营主体采取积极合作行为做出合理解释，进而为经营主体培育和农业合作经济组织建设提供可靠支持。为此，本章从更为全面的视角构建研究假说，以通过实证检验回答上述研究问题。为了使变量选取更加切合农业产业化联合体的实际，将"主观规范"替换为"社区效应"，将"知觉行为控制"替换为"约束条件"。

4.1.2　研究假说

4.1.2.1　基于计划行为理论的影响因素分析

学者对影响经营主体行为的因素进行了大量有益的探索，计划行为理论被广泛地用来作为研究该类问题的工具。其核心的理论思想是：行为态度、社区效应和约束条件共同作用于行为意向，进而引发行为（赵晓颖等，2021）。首先，行为态度的评价越积极，行为发生的可能性就越大（Bergevoet 等，2004）。其次，社区效应对主体行为的影响往往大于个体态度评价。当周围与自己熟悉或具有重要关系的主体、环境、制度给某行为带来的压力较大，采取这种行为的可能性就会减弱。最后，计划行为理论将许多行为态度和社区效应难以解释的原因归为约束条件因素（Conner 和 Armitage，1998），由内因直接控制和外因间接控制共同构成（Pellino，1997）。知觉行为控制反映了主体对行为的控制受到多方面要素的客观约束（侯博和应瑞瑶，2015）。当行为主体对利用资源要素感到难度更低时，其采取积极主动行为的倾向也就越大（刘可等，2019）。陈楠和郝庆生（2006）站在企业的角度分析其与农户开展合作的动力，研究龙头企业带动合作经济组织行为，指出企业实现组织化的信念、掌握的信息和管理等要素以及维持自身与组织关系的能力，会促使其采取联农带农进行组织化生产经营的行为。牵头的龙头企业对预期收益的判断会影响行为态度，如内生交易成本和管理成本是否降低；风险因素会影响龙头企业的行为态度和约束条件（贾蕊等，2006），企业的要素禀赋通过影响约束条件而影响企业行为；政府行为和社会舆论在一定程度上影响龙头企业引领合作经济组织的行为态度和社区效应（陈楠，2013）。结合上述讨论，基于计划行为理论提出农业产业化联合体主体行为影响因素的核心研究假说。

H_{4-1}：行为态度对联合体经营主体行为具有正向影响。

H_{4-2}：社区效应对联合体经营主体行为具有正向影响。

H_{4-3}：约束条件对联合体经营主体行为具有正向影响。

4.1.2.2 约束条件对行为态度和社区效应的影响分析

行为态度、社区效应、约束条件之间可能存在相互影响的关系。社区效应与约束条件能够显著地影响经营主体的行为态度（杨柳等，2018）。申静等（2020）在农户对生活垃圾源头分类处理行为研究中指出，社区效应通过个人规范、行为态度和约束条件影响行为意向，进而再影响生活垃圾的分类行为。约束条件能够直接影响主体行为选择，还通过行为态度间接作用于主体行为选择（张红和张再生，2015）。主体能力控制的因素可分为内外两个方面，自身条件能力和外部机会都可能通过行为态度间接地对主体行为产生影响（吴九兴和杨钢桥，2014；谢金华等，2021）。农业产业化联合体更倾向于将经营能力和利益风险的感知作为首要考虑，其次判断自身所有资源的控制程度，再产生对外部压力响应和态度评价。综合上述分析，提出以下研究假说。

H_{4-4a}：约束条件对联合体经营主体的行为态度具有正向影响。

H_{4-4b}：约束条件对联合体经营主体的社区效应具有正向影响。

4.1.2.3 基于感知价值理论的影响因素分析

从既有文献来看，将感知价值理论应用于解释主体行为意愿或行为发生的研究成果较为丰富和全面。感知价值能够比较准确地预测主体行为结果（窦璐，2016）。在农业经营主体的行为研究中，学者衡量感知价值的方式大致可分为四类：一是从经济价值感知、社会价值感知和生态价值感知三个维度综合衡量（吴璟等，2021；崔民和夏显力，2022），也可理解为利己、利他和生态三个角度。二是由感知利益和感知风险共同衡量，可以是以比值的形式得到（晋荣荣等，2022）。这种衡量维度设置的依据是，认为感知价值是将感知利益和感知风险进行比较后形成的综合评价（Flint 等，2002）。利大于弊会促进行为的发生，弊大于利则对行为产生抑制作用，但对不同群体可能存在异质性（朱新华和蔡俊，2016）。三是根据研究对象的实际情况加入其他因素，例如引入情感因素和功能因素后分为社会性价值、情感性价值和功能性价值来衡量（李文欢等，2021）。四是选取多个指标进行加权计算形成"感知价值度"来衡量，或直接引入观测变量来反映潜变量"感知价值"（张强强等，2017）。

根据以往研究，感知价值对行为态度和知觉行为控制均存在正向影响（薛永基等，2016）。对价值的感知有利于形成积极的行为态度（Sweeney 和 Soutar，2001），价值感知的增强会促进参与行为的积极性（Nordlund 和 Garvill，2002）。人际关系和外界环境与感知价值之间也存在一定联系（Jackson 等，1993），主体的价值感知将会对周边环境相关的价值观产生影响，从而通过社区效应影响行为抉择（寇平君等，2002）。此外，理性的经济人以利润最大化为原则对自身要素资源进行最优组合以达到一般均衡状态，对价值感知越强的主体，对其行为选择相关要素可控性的感知力越强（吴雪莲等，2017）。由于农业产业化联合体经营主体大部分是合作社成员和家庭农场主，更多地在意组成合作组织后的经营水平、是否获利以及风险是否降低。其对上述问题的判断是影响其他问题乃至最终行为的先发因素。本章基于第二类感知价值衡量思路，综合考虑经营能力和利益分享风险分担两个维度来衡量经营主体的感知价值，其中，将对利益共享的感知和对风险防御的感知归为同一维度。综合上述分析，提出以下研究假说。

H_{4-5}：经营能力感知对联合体经营主体的社区效应因素具有正向影响。

H_{4-6a}：利益风险感知对联合体经营主体的行为态度因素具有正向影响。

H_{4-6b}：利益风险感知对联合体经营主体的约束条件因素具有正向影响。

4.1.2.4 农业产业化联合体主体行为影响因素的逻辑框架

本章运用计划行为理论时，结合农业产业化联合体组织形成特征和经营主体参与合作的调研情况，更关注促使经营主体采取积极参与农业产业化联合体的合作行为的影响因素，故研究框架内不讨论对行为意愿的影响及行为意愿对行为选择的影响。史恒通等（2019）在生态认知对农户退耕还林行为影响的研究中，考虑到意愿和行为相背离的现象，为了使结果更加真实客观，直接建立了行为态度、社区效应和约束条件与农户行为的逻辑框架。综上所述，基于计划行为理论和感知价值理论提出了本章的研究假说，根据研究假说构建农业产业化联合体主体行为的逻辑框架（见图4-1）。经营主体对农业产业化联合体做出的感知价值评价作用于社区效应、约束条件、行为态度，进而影响主体行为。其中，经营能力感知和利益风险感知的影响路径不同，约束条件同时影响社区效应和行为态度。

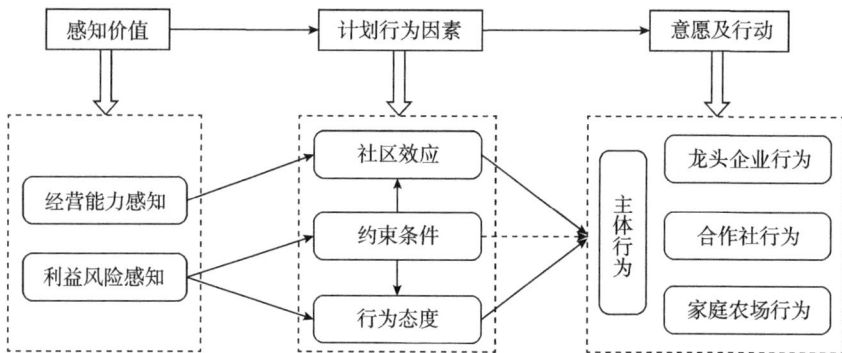

图4-1 农业产业化联合体主体行为影响因素的作用逻辑

4.2　联合体主体行为影响因素模型
设定与变量选取

4.2.1　模型选择与设定

4.2.1.1　结构方程模型选择

基于计划行为理论和感知价值理论建立农业产业化联合体经营主体积极参与行为的逻辑架构，本章采用结构方程模型进行验证。结构方程模型包括两个部分，分别是由潜变量及其关系构成的结构模型，以及由潜变量和观测变量构成的测量模型（孙天合等，2021）。结构模型部分反映潜变量之间的内在关系，测量模型部分反映观测变量与潜变量之间的关系（吴林海等，2011）。经过对变量间关系的分析（姚柳杨等，2016），本章选择的潜变量是"主体行为""社区效应""约束条件""行为态度""经营能力感知""利益风险感知"，再通过若干可观测变量来反映表达。结构方程模型用于处理潜变量与显性指标之间的关系（史恒通和赵敏娟，2015），因而适合选择结构方程模型建立潜变量之间的路径关系来检验样本数据与理论框架是否契合，最终验证研究假说。

4.2.1.2　结构部分的路径关系构建

根据上述理论分析和农业产业化联合体主体行为逻辑框架，结合结构方程模型基本原理，构建了描述研究假说中重要潜变量路径关系的结构模型（见图4-2）。直接影响农业产业化联合体主体行为积极性的因素有社区效应、约束条件和行为态度；对农业产业化联合体经营能力的感知和对利益风险的感知则间接地作用于主体行为。其中，经营能力感知因素通过影响社区效应而作用于主体行为，利益风险感知则通过分别影响约束条件和行为态度进而影响主体行为。

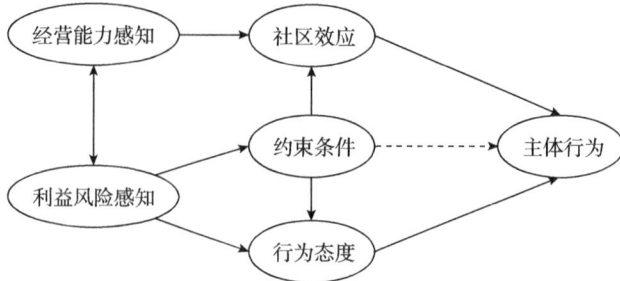

图 4-2　农业产业化联合体主体行为影响因素的结构模型

4.2.1.3　整体模型构建

参考温忠麟等（2003）、石志恒和张衡（2020）的研究，结构方程模型的每个潜变量至少需要利用两个观测变量进行反映，一般为 3 个指标，5~7 个指标最优。加入观测变量后，将模型的测量部分与表示路径关系的结构部分组合，即得到联合体主体行为影响因素的结构方程模型（见图 4-3）。

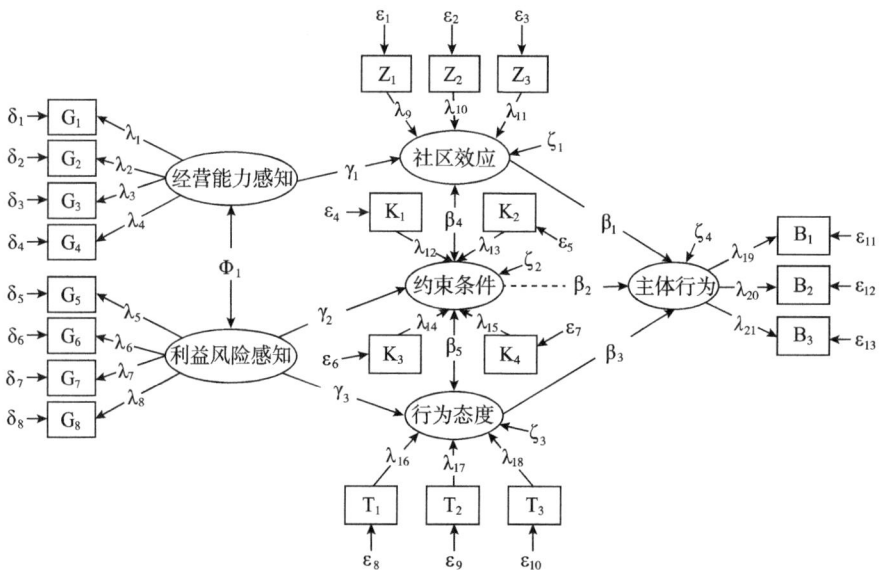

图 4-3　农业产业化联合体主体行为结构方程模型构建

其中，ξ 表示外生潜变量；η 表示内生潜变量；γ 表示外生潜变量对内生潜变量的影响系数；β 表示内生潜变量之间的影响系数；ζ 表示内生潜变量的结构残差项；G 表示外生观测变量的向量；Z、K、T、B 均表示内生观测变量的向量；δ 和 ε 分别表示外生观测变量和内生观测变量的测量误差项；λ 表示观测变量对潜变量的影响系数；Φ 表示外生潜变量的相关关系。

农业产业化联合体主体行为影响因素的基本模型可分为结构部分和测量部分，其中结构部分的模型可写成：

$$\eta_1 = \beta_1 \eta_2 + \beta_2 \eta_3 + \beta_3 \eta_4 + \zeta_4$$

$$\eta_2 = \beta_4 \eta_3 + \gamma_1 \xi_1 + \zeta_1$$

$$\eta_3 = \gamma_3 \xi_2 + \zeta_2 \tag{4-1}$$

$$\eta_4 = \beta_5 \eta_3 + \gamma_4 \xi_2 + \zeta_3$$

根据图 4-3，测量部分模型可写成如下形式：

$$
\begin{array}{ll}
G_1 = \lambda_1 \xi_1 + \delta_1 & K_1 = \lambda_{12} \eta_3 + \varepsilon_4 \\
G_2 = \lambda_2 \xi_1 + \delta_2 & K_2 = \lambda_{13} \eta_3 + \varepsilon_5 \\
G_3 = \lambda_3 \xi_1 + \delta_3 & K_3 = \lambda_{14} \eta_3 + \varepsilon_6 \\
G_4 = \lambda_4 \xi_1 + \delta_4 & K_4 = \lambda_{15} \eta_3 + \varepsilon_7 \\
G_5 = \lambda_5 \xi_2 + \delta_5 & T_1 = \lambda_{16} \eta_4 + \varepsilon_8 \\
G_6 = \lambda_6 \xi_2 + \delta_6 & T_2 = \lambda_{17} \eta_4 + \varepsilon_9 \\
G_7 = \lambda_7 \xi_2 + \delta_7 & T_3 = \lambda_{18} \eta_4 + \varepsilon_{10} \\
G_8 = \lambda_8 \xi_2 + \delta_8 & B_1 = \lambda_{19} \eta_1 + \varepsilon_{11} \\
Z_1 = \lambda_9 \eta_2 + \varepsilon_1 & B_2 = \lambda_{20} \eta_1 + \varepsilon_{12} \\
Z_2 = \lambda_{10} \eta_2 + \varepsilon_2 & B_3 = \lambda_{21} \eta_1 + \varepsilon_{13} \\
Z_3 = \lambda_{11} \eta_2 + \varepsilon_3 &
\end{array}
\tag{4-2}
$$

4.2.2 样本特征与变量选取

4.2.2.1 数据来源与样本特征

（1）数据来源。

河北省是最早开展农业产业化联合体模型探索的省份之一，农业产业化联合体形式多样且建设成效显著，并积累了相对丰富的经验，对其内部逻辑进行研究具有较高的借鉴意义。本书以河北省农业产业化联合体为例开展调查研究。所用数据分为两个来源：一是来自对河北省省级示范性农业产业化联合体的实地调研，与龙头企业及合作社代表采用一对一的访谈形式，与农业产业化联合体负责人采用一对一问卷调研或通过电话进行问卷调研。此次问卷调查涉及河北省13个地市126个县区，问卷内容包括农业产业化联合体的基本情况信息、经营主体利益联结方式、对农业产业化联合体持有态度、主体合作行为、组织治理结构、对效果的评价等。调查向全部省级示范联合体共发放问卷266份，排除未返回或缺失数据的问卷，收回有效问卷247份，有效率达92.9%。二是河北省省级示范性农业产业化联合体上报给河北省农业农村厅关于发展情况的统计数据，包括经营水平和社会效益情况、基地建设情况、质量标准情况、品牌建设情况和科技研发情况五大部分。近年来，河北省农业产业化工作领导小组制定的《关于发展农业产业化联合体的意见》和农业农村厅等联合印发的《河北省农业产业化联合体支持政策创新试点工作方案》等文件，为促进农业产业化联合体主体联合共赢和农业产业兴旺起到了指导作用。

（2）样本特征。

被调查的247家农业产业化联合体中，排除信息不详的联合体外，成立时间在10年以内的农业产业化联合体约为93%。以省级及以上级别的龙头企业为核心带领的农业产业化联合体为227家，占比超过90%。近七成的农业产业化联合体在形成初期是由龙头企业主动联系合作社和家庭农场进行组建，依靠政府推动与产业链上游主体主动联系龙头企业组建而成的农业产业化联合体数量相近，分别占15%左右。治理结构包含层级治理的农业产业化联合体占到九成以上，进行混合治理的农业产业化联合体占比虽然较少，但在数量上仍多于单一进行关系治理的农业产业化联合体。以经营种植类和养殖类的农业产业化联合体分别占总体的35.22%和13.77%，种养混合类的农业产业化联合体为12.14%，以加工业为主要经营的农业产业化联合体达到总体的32.39%，数量仅次于种植类农业产业化联合体（见表4-1）。

表 4-1　样本特征　　　　　　　　　单位：%

指标	类别	频数	占比	指标	类别	频数	占比
核心企业级别	市级	20	8.10	成立时间	3～5 年	121	48.99
	省级	182	73.68		6～10 年	110	44.53
	国家级	45	18.22		>10 年	4	1.62
形成方式	政府推动	41	16.60		不详	12	4.86
	企业主动	169	68.42	产业类型	种植类	87	35.22
	非企业主动	1	0.40		养殖类	34	13.77
	共同提出	36	14.58		种养混合类	30	12.14
治理结构	层级治理	134	54.25		流通类	10	4.05
	关系治理	17	6.88		加工类	80	32.39
	混合治理	96	38.87		其他	6	2.43

4.2.2.2　变量选取与描述性统计

本章依据计划行为理论选取"主体行为""行为态度""社区效应""约束条件"作为内生潜变量。"主体行为"运用农业产业化联合体三类成员参与合作的行为积极程度来衡量；"行为态度"从区域发展、产业发展和主体发展三个维度选取变量；外县市和本县其他农业产业化联合体运行状况以及参与农业产业化联合体的其他主体经营情况是衡量"社区效应"的三个方面；"约束条件"由对客观要素和主体因素的认知来衡量。依据感知价值相关理论选取"经营能力感知""利益风险感知"作为外生潜变量。其中，"经营能力感知"通过对农业产业化联合体降成本、产业链增效、原料供应与质量管理四个方面的感知来反映；"利益风险感知"通过对利益获取（利益分享感知和品牌优势感知）、风险防御及组织凝聚力的感知来反映。本章所有题项均采用李克特（Likert）5 级量表法，分别用 1～5 对不同程度设计选项，按照"1＝非常不同意""2＝比较不同意""3＝一般""4＝比较同意""5＝非常同意"进行赋值。具体的变量及其含义如表 4-2 所示。

表 4-2 变量描述

潜变量	观测变量	指标含义	均值	标准差	符号
经营能力感知	降成本能力感知	农业产业化联合体利于低成本利用要素	4.587	0.686	G_1
	产业链提效感知	农业产业化联合体利于产业链高效衔接	4.781	0.495	G_2
	保供能力感知	农业产业化联合体利于保证原料源稳定	4.765	0.519	G_3
	质量管控感知	农业产业化联合体利于质量管控	4.753	0.510	G_4
利益风险感知	利益分享感知	农业产业化联合体利于各主体利益共享	4.713	0.528	G_5
	风险防御感知	农业产业化联合体利于风险共担	4.530	0.748	G_6
	品牌优势感知	农业产业化联合体利于享受品牌溢价	4.559	0.735	G_7
	聚合力感知	农业产业化联合体利于强化主体聚合力	4.700	0.577	G_8
行为态度	区域发展	联合体对区域农业发展是有利的	4.117	0.785	T_1
	产业发展	联合体对主营产业发展是有利的	4.372	0.748	T_2
	主体发展	联合体对新型农业经营主体是有利的	4.275	0.805	T_3
社区效应	外县市影响	知晓外县市联合体成功则愿意积极参与	4.575	0.639	Z_1
	本县影响	知晓本县联合体成功则愿意积极参与	4.700	0.540	Z_2
	他人影响	熟悉的主体认为成功则愿意积极参与	4.692	0.543	Z_3
约束条件	资金影响	是否积极参与受到资金的影响	3.976	0.901	K_1
	土地流转影响	是否积极参与受到土地流转的影响	3.903	0.954	K_2
	成员异质性影响	是否积极参与受到成员异质性的影响	3.903	0.901	K_3
	意志力影响	想积极参与就能够积极地参与	3.296	1.161	K_4
主体行为	龙头企业行为	龙头企业积极带动其他成员主体	4.372	0.743	B_1
	合作社行为	合作社积极提供有效的服务支持	4.421	0.699	B_2
	家庭农场行为	家庭农场按照约定积极参与生产	4.429	0.728	B_3

4.3 农业产业化联合体主体行为影响因素检验

4.3.1 信度效度检验

本章从农业产业化联合体组织整体的角度，依据计划行为理论与感知理论的分析框架，系统测量了在经营主体参与农业产业化联合体过程中参与合作的主体行为、行为态度、社区效应、约束条件、经营能力感知、利益风险感知六个方面的指标（见表4-3）。为检验变量选取是否可行，运用SPSS22.0进行问卷的信度和效度检验。

表4-3 变量信度、效度及验证性因子分析结果

潜变量	观测变量	因子载荷	Cronbach's α 系数	KMO 值	Bartlett 球形度检验
经营能力感知	降成本能力感知	0.826	0.881	0.832	514.927 (0.000)
	产业链提效感知	0.867			
	保供能力感知	0.851			
	质量管控感知	0.889			
利益风险感知	利益分享感知	0.793	0.880	0.832	509.135 (0.000)
	风险防御感知	0.717			
	品牌优势感知	0.705			
	聚合力感知	0.726			
行为态度	区域发展	0.801	0.776	0.653	217.538 (0.000)
	产业发展	0.890			
	主体发展	0.802			
社区效应	外县市影响	0.924	0.896	0.742	451.534 (0.000)
	本县影响	0.919			
	他人影响	0.888			
约束条件	资金影响	0.858	0.807	0.770	371.569 (0.000)
	土地流转影响	0.887			
	成员异质性影响	0.824			
	意志力影响	0.606			
主体行为	龙头企业行为	0.943	0.932	0.726	656.499 (0.000)
	合作社行为	0.962			
	家庭农场行为	0.909			

4.3.1.1 信度检验

问卷信度检验采用Cronbach's α 系数法，得到"经营能力感知""利益

风险感知"的 α 值分别为 0.881 和 0.880, "行为态度""社区效应"和"约束条件"的 α 值分别为 0.776、0.896、0.807, "主体行为"的 α 值为 0.932, 21 个指标总体的 α 值为 0.936, 均高于 0.600 的判别标准, 由此认为问卷具有较高水平的信度。

4.3.1.2 效度检验

对问卷效度的检验采用因子分析法, 外生潜变量"经营能力感知"和"利益风险感知"的 KMO 值均为 0.832, "行为态度""社区效应"和"约束条件"的 KMO 值分别为 0.653、0.742 和 0.770, "主体行为"的 KMO 值为 0.726, 相应的 p 值小于 0.01, 均表现良好。除"意志力影响"外, 各潜变量在观测变量上的载荷系数均高于 0.71, 说明观测变量 50% 以上的方差都能够被潜变量反映 (Jöreskog 和 Sörbom, 1993)。综合来看, 大体上可以接受问卷的效度水平通过了检验, 说明问卷的效度也比较高。

4.3.2 模型适配度检验

表 4-4 给出了对理论模型整体适配度的检验结果。根据温忠麟和侯杰泰 (2008)、郭庆科等 (2008)、温涵和梁韵斯 (2015) 的研究结论, 选取卡方自由度比值、RMSEA、NFI 等多个指标对所建立的模型拟合程度进行评价。χ^2 对样本量大小非常敏感, 导致在样本大于 200 的大样本分析中需要结合自由度形成新的指标进行分析判断, 即 χ^2/df。表 4-4 中包含了简约适配度指标 χ^2/df、PGFI、PNFI, 绝对适配度指标 RMR、RMSEA, 增值适配度指 NFI、TLI、CFI、IFI。按照吴明隆 (2010) 给出的结构方程模型整体适配度评价指标的评价标准, 除 NFI 指标接近建议值, 勉强可接受外, 其他指标值均达到判断标准值的要求, 表明研究框架与样本数据适配, 可进一步用于验证假说。

表 4-4　模型拟合指数及判断标准

指标	χ^2/df	PGFI	PNFI	RMR	RMSEA	NFI	TLI	CFI	IFI
建议值	$1<\chi^2/df<3$	>0.5	>0.5	<0.05	<0.08	>0.9	>0.9	>0.9	>0.9

续表

指标	χ^2/df	PGFI	PNFI	RMR	RMSEA	NFI	TLI	CFI	IFI
指标值	2.467	0.675	0.760	0.038	0.077	0.882	0.914	0.926	0.926
判断	接受	接受	接受	接受	接受	可接受	接受	接受	接受

4.3.3 实证检验结果

4.3.3.1 结构模型检验结果

基于研究假说所构造的结构方程模型，利用 Amos 软件运算得出的结构模型影响路径的参数估计结果见表4-5。模型（4-1）包含了所有研究假说的影响路径关系，模型（4-2）去除了 H_{4-5} 关于约束条件对主体行为的影响关系。两个模型的所有潜变量的方向性一致，显著性基本一致。由模型（4-1）的估计结果可知，在加入"约束条件→主体行为"的假说时，其路径系数表现并不显著，且"行为态度→主体行为"的路径系数仅在10%的统计水平上显著。模型（4-2）的所有路径系数符合经济意义，且均在0.1%的统计水平上显著，且模型适配度指标优于模型（4-1）。

表4-5 结构模型影响路径的参数估计结果

研究假说：影响路径	模型（4-1）				模型（4-2）				结论
	未标准化系数	标准化系数	C. R.	p值	未标准化系数	标准化系数	C. R.	p值	
H_{4-1}：行为态度→主体行为	0.280	0.227	1.842	0.066	0.391	0.318	3.650	0.000	成立
H_{4-2}：社区效应→主体行为	0.419	0.354	4.606	0.000	0.419	0.355	4.542	0.000	成立
H_{4-3}：约束条件→主体行为	0.096	0.103	0.951	0.342	—	—	—	—	不成立
H_{4-4a}：约束条件→行为态度	0.431	0.573	6.470	0.000	0.435	0.580	6.625	0.000	成立
H_{4-4b}：约束条件→社区效应	0.212	0.270	4.011	0.000	0.215	0.275	4.099	0.000	成立
H_{4-5}：经营能力感知→社区效应	0.570	0.522	7.361	0.000	0.569	0.521	7.384	0.000	成立
H_{4-6a}：利益风险感知→行为态度	0.374	0.304	4.145	0.000	0.385	0.314	4.380	0.000	成立
H_{4-6b}：利益风险感知→约束条件	0.817	0.500	6.999	0.000	0.808	0.495	6.946	0.000	成立

4.3.3.2 测量模型检验结果

由表4-6可知,所有观测变量系数均在0.1%的统计水平上显著。从标准化系数来看,反映经营能力感知、利益风险感知、社区效应和主体行为的各个变量系数相差不大,基本上都在0.7以上。反映行为态度的变量T_1和T_3系数分别为0.699和0.686,反映约束条件的变量K_4系数为0.436,与共同反映潜变量的其他观测变量相比较低。

表4-6　模型观测变量参数估计结果

变量关系	模型（4-1）				模型（4-2）				结论
	未标准化系数	标准化系数	C. R.	p值	未标准化系数	标准化系数	C. R.	p值	
G_1←经营能力感知	1.000	0.763	—	—	1.000	0.763	—	—	—
G_2←经营能力感知	0.764	0.808	13.175	0.000	0.764	0.808	13.177	0.000	显著
G_3←经营能力感知	0.765	0.772	12.411	0.000	0.765	0.771	12.412	0.000	显著
G_4←经营能力感知	0.838	0.860	13.987	0.000	0.838	0.860	13.988	0.000	显著
G_5←利益风险感知	1.000	0.848	—	—	1.000	0.848	—	—	—
G_6←利益风险感知	1.359	0.814	15.292	0.000	1.359	0.813	15.289	0.000	显著
G_7←利益风险感知	1.218	0.742	13.445	0.000	1.218	0.742	13.443	0.000	显著
G_8←利益风险感知	1.043	0.809	15.149	0.000	1.043	0.809	15.150	0.000	显著
T_1←行为态度	1.000	0.701	—	—	1.000	0.699	—	—	—
T_2←行为态度	1.124	0.827	10.613	0.000	1.116	0.818	10.636	0.000	显著
T_3←行为态度	1.003	0.686	9.006	0.000	1.007	0.686	9.012	0.000	显著
Z_1←社区效应	1.000	0.894	—	—	1.000	0.894	—	—	—
Z_2←社区效应	0.833	0.880	18.667	0.000	0.833	0.880	18.667	0.000	显著
Z_3←社区效应	0.773	0.812	16.143	0.000	0.773	0.812	16.141	0.000	显著
K_1←约束条件	1.000	0.811	—	—	1.000	0.811	—	—	—
K_2←约束条件	1.100	0.843	14.032	0.000	1.099	0.842	14.021	0.000	显著
K_3←约束条件	0.958	0.778	12.524	0.000	0.971	0.780	12.540	0.000	显著

续表

变量关系	模型（4-1）				模型（4-2）				结论
	未标准化系数	标准化系数	C. R.	p 值	未标准化系数	标准化系数	C. R.	p 值	
K₄←约束条件	0.696	0.439	6.704	0.000	0.693	0.436	6.670	0.000	显著
B₁←主体行为	1.000	0.915	—	—	1.000	0.914	—	—	—
B₂←主体行为	1.003	0.976	27.409	0.000	1.005	0.977	27.404	0.000	显著
B₃←主体行为	0.887	0.827	19.013	0.000	0.887	0.826	18.986	0.000	显著

4.3.3.3 异质性检验

本章在模型（4-2）的基础上构建多群组结构方程模型，对实证结果进行异质性检验，以验证研究假说对不同群组的农业产业化联合体是否成立，使主体行为与其他潜变量的内在关系更加细化。表4-7中模型（4-3）和模型（4-4）分别给出了基于治理结构分类和形成方式分类的模型结果。需要说明的是，治理结构中"关系治理"的农业产业化联合体和形成方式中"其他主体推动"的农业产业化联合体数量都较少，对模型计算造成困难，这里只选择数量足够多的组别进行分析。基于治理结构进行分组后的模型适配度结果为 $\chi^2/df = 1.859$，$RMR = 0.041$，$RMSEA = 0.061$。基于形成方式进行分组后的模型适配度检验结果为 $\chi^2/df = 2.393$，$RMR = 0.063$，$RMSEA = 0.076$。模型总体适配度和系数显著性并不差于原未分组模型。

表4-7 模型异质性检验的路径参数估计结果

特征	模型（4-3）		模型（4-4）		
	层级治理	混合治理	政府推动组	龙头推动组	共同推动组
H₄₋₁：行为态度→主体行为	0.263**	0.392**	0.332**	0.393***	0.280
H₄₋₂：社区效应→主体行为	0.339***	0.356**	0.489***	0.286***	0.277
H₄₋₄ₐ：约束条件→行为态度	0.463***	0.717***	0.539***	0.471***	1.081***
H₄₋₄ᵦ：约束条件→社区效应	0.278***	0.338***	0.370**	0.242***	0.315

特征	模型（4-3）		模型（4-4）		
	层级治理	混合治理	政府推动组	龙头推动组	共同推动组
H_{4-5}：经营能力感知→社区效应	0.490***	0.472***	0.541***	0.551***	0.228
H_{4-6a}：利益风险感知→行为态度	0.392***	0.261**	0.195	0.494***	−0.267
H_{4-6b}：利益风险感知→约束条件	0.500***	0.463***	0.438***	0.508***	0.589***

注：***和**分别表示在0.1%和1%的统计水平上显著。

4.4 农业产业化联合体主体行为影响因素结果分析

4.4.1 路径检验结果分析

4.4.1.1 对假说 H_{4-1} 和假说 H_{4-2} 的解释

从标准化结果来看，行为态度与社区效应对农业产业化联合体主体行为的作用程度相近，即主体行为比较平衡地受到两者的影响。一方面，经营主体对农业产业化联合体对区域农业发展、主营产业发展和主体的发展进行评价并作为参考；另一方面，经营主体根据感受到的社区效应进行判断，即其他农业产业化联合体的经营状况影响着经营主体选择积极参与的行为。结合观测变量具体来看，当经营主体认为农业产业化联合体对区域内（一般指县域）的农业发展有利，且对主营的农业产业发展也是有利的，就能够对农业产业化联合体的发展前景做出正向的预判，对农业产业化联合体组织模式的认同感和对其发展的信心加深，更有可能采取配合其他经营主体积极参与农业产业化联合体合作的行为。认为"农业产业化联合体对新型农业经营主体有利"的态度更加直接地促进理性的经营主体在合作中积极作为。个人的行为决策往往会受到外界的影响。得知其他县市或本县的其他农业产业化联合体能够增效增收，经营主体更容易抱着试一试的心态参与到农业产业化联合体合作中。在乡村的熟人社会中，经营主体从熟悉的已加入农业产业化联合体并分享到收益的其他主体获得正向评价，则容易将对熟人的信任转移到对农业产业化联合体的信任上，促进其作出积极参与合作的行为选择。

4.4.1.2　对假说 H_{4-4a} 和假说 H_{4-4b} 的解释

在本例中，约束条件没有直接作用于农业产业化联合体主体行为，假说 H_{4-3} 不成立。约束条件分别通过行为态度和社区效应两条路径影响主体行为。可能的原因是，潜变量"约束条件"的观测变量包括要素条件、成员异质性条件和主观意志条件，这些变量并不足以促成经营主体采取积极或消极的合作行为。经营主体所具有的要素多少或者获取要素的难易程度，并不是其首要关心的问题，相对而言更在意投入和产出的最终结果。农业产业化联合体内部成员性质差异和经营产业类型差异对单个经营主体来说并不重要，对经营主体自身是否积极参与合作影响不大。农业产业化联合体是多主体共同参与协作的经济组织，受多方的因素影响，主观意志对主体行为的影响并不明显。约束条件对行为态度和社区效应均有影响的可能原因是，经营主体认为积极参与合作行为越容易，说明经过农业产业化联合体组建的初期磨合，已经从农业产业化联合体的组织模式中获得好处，对农业产业化联合体更容易做出正向的评价，且更容易受到来自外界的积极反映的刺激，最终采取积极参与农业产业化联合体合作的行为。以合作社和家庭农场为例，加入农业产业化联合体使其更容易获得生产要素和产业链增值收益，由此产生农业产业化联合体强化主体合作优势的正向评价，同时，得知附近其他农业产业化联合体和加入农业产业化联合体的其他合作社或家庭农场均获得显著增效，将会促进上游经营主体按照组织标准生产经营并与下游及其他经营主体互助互惠的合作行为。

4.4.1.3　对假说 H_{4-5}、假说 H_{4-6a} 和假说 H_{4-6b} 的解释

感知价值对计划行为因素的影响分为两条作用路径：一是经营能力感知通过影响社区效应作用于主体行为。经营主体对农业产业化联合体的经

营能力获取主观感知后，基本上形成对农业产业化联合体能力水平的评价，进而强化了外界正向反馈带来的积极影响，从众心理使经营主体容易受到他人影响产生"羊群效应"，选择采纳与他人相同的行为给经营主体带来了合作行为选择上的安全感（郭清卉等，2018），有助于诱导经营主体积极地参与到组织合作当中。二是利益风险感知通过行为态度和约束条件影响主体行为。经营主体对农业产业化联合体利益分享和风险防御有所感知后，会结合自身能够获得的要素条件、合作成员条件、主观意志条件以及农业产业化联合体优劣的大致判断，采取积极或非积极的合作行为。例如，当生产者感知到应得利益难以保障时，必然联想到要素的价格和稳定性是否受到影响，与其他经营主体的交易是否受到影响，实际采取积极参与行为的受限因素增加，同时对农业产业化联合体采取的态度也发生改变。在这些因素的综合作用下，生产者采取消极合作行为的可能性更大。总的来看，对经营能力的感知和利益风险的感知是作为理性经营主体采取行为的出发点，两者按照不同的作用路径对经营主体的最终合作行为产生影响。其中，农业产业化联合体内部经营主体因"行为态度"和"社区效应"作出行为选择的可能性比"约束条件"的影响更显著，但"约束条件"可以通过"行为态度"与"社区效应"来产生影响。

4.4.2 异质性检验结果分析

4.4.2.1 治理结构分组检验结果分析

就农业产业化联合体治理结构而言，可以将农业产业化联合体按照层级治理与混合治理（"层级治理+关系治理"）进行分组，从检验结果来看，两组的结构方程模型路径系数均显著，研究假说均成立。其中，在外生潜变量对内生潜变量的作用上，进行层级治理的农业产业化联合体经营能力感知影响社区效应、利益风险感知影响行为态度和约束条件的程度均略高于混合治理的农业产业化联合体；在内生潜变量之间的影响上，混合治理的农业产业化联合体作用程度高于层级治理的农业产业化联合体，且混合治理组的路径关系系数基本上均高于总体模型（4-2）。从作用的显著性来看，层级治理农业产业化联合体所有路径关系的显著性均不弱于混合治理农业产业化联合体的显著性，说明影响因素对经营主体行为的正向作用更多地体现在层级治理的群体。农业产业化联合体进行层级治理更注重契约交易和组织领导团体的管理，经营主体更倾向基于对经营能力感知和利益风险感知采取行为。进行层级治理和关系治理的农业产业化联合体在约束条件影响行为态度的关系上表现得更为突出。本章反映约束条件的观测变量体现了经营主体之间的互动关系，如产业链上的要素交易互动和商品交易互动等，结合这些控制条件作出对农业产业化联合体评价态度的现象更加明显。

4.4.2.2　形成方式分组检验结果分析

农业产业化联合体的形成方式体现了经营主体在组建合作组织过程中的主动性。将农业产业化联合体按照政府推动、龙头企业推动、主体共同推动的不同方式进行形成方式的分组，龙头企业推动组表示在生产经营过程中，龙头企业出于自身发展需要与产业链上的其他经营主体进行合作，一般出现在实力较强的农业企业；主体共同推动组表示农业产业化联合体的上游主体和下游主体基本同时发现合作经营的优势，一拍即合地进行分工协作，各方主体的需求都比较强，其中龙头企业实力相对一般；政府推动组则表示在政府进行示范推广前，经营主体的联合需求还未完全被激发，经过观察其他农业产业化联合体和政府推动抱着尝试的心态进行联合。模型结果显示，龙头推动组结构方程模型路径系数均显著，六个研究假说均成立；政府推动组除关于"利益风险感知"影响"行为态度"假说的路径系数不显著，其他路径关系均显著成立；共同推动组只有"利益风险感知→约束条件→行为态度"的路径系数显著成立。说明本章所构建模型中的路径关系主要体现在政府推动组和龙头推动组。在政府推动下组建的农业产业化联合体，其经营主体更关注经营能力，对利益共享和抵御风险的方面还未照顾得到，对农业产业化联合体优劣的态度更多地结合要素方面的限制条件。经营主体共同推动而组建的农业产业化联合体，更具有组织凝聚力但相对缺乏竞争实力，比较关注成员利益共同惠顾和风险共担与有效防御等，结合要素获取的难易程度及成员在产业链上的协作关系，对农业产业化联合体能否为区域农业发展、产业链发展和带动经营主体发展等进行评判。多数影响因素并不显著的原因可能是共同推动联合体形成的经营主体之间的关系更加复杂，利用本章构建的逻辑框架和结构方程模型还不能很好地描述，需要扩大样本规模并重新构建影响关系模型与选取变量进行检验。

4.5 本章小结

本章运用河北省省级示范性农业产业化联合体的实地调研数据，采用结构方程模型分析农业产业化联合体主体行为的影响因素与路径，按治理结构和形成方式对农业产业化联合体进行分组，运用多群组结构方程模型进行分组检验。得到以下主要研究结论：

第一，对组织经营能力、利益获取及风险防御的感知水平先于行为态度、约束条件和社区效应产生，且对经营主体积极参与农业产业化联合体的行为选择的影响具有不同的表达路径。对农业产业化联合体所持有的正面或负面的态度以及来自外部社会其他主体的认知直接地导致经营主体是否积极参与农业产业化联合体的行为选择。

第二，是否有能力执行行为的自信程度对经营主体参与合作的行为选择则具有更显著的间接作用，经营主体根据自身掌握的资源条件越能够做出"积极参与相对容易"的结论，越倾向于对农业产业化联合体采取正面态度，且当从外部组织或主体获得正向评价时，其做出的反应同样是积极的倾向也更大。

第三，认为农业产业化联合体具有较强经营能力的主体持有正向评价，加之从众心理的介入，强化了外界正向反馈带来的积极影响，选择采纳与他人相同的行为给经营主体带来了合作行为选择上的安全感；认为农业产业化联合体的利益获得水平和风险防御程度较高的经营主体，通常认为自身所有的要素条件有助于行为的执行，更容易对农业产业化联合体做出积极的正面评价，从而积极地参与到农业产业化联合体的组织合作当中。

第四，采取层级治理的农业产业化联合体中，经营能力感知和利益风险感知支配最终积极参与行为的程度更高，采取混合治理的农业产业化联合体，其经营主体对于是否积极参与的抉择更多地受到主观行为态度和来自于外界主体的影响。

第五，在政府推动或龙头企业推动下组建而成的联合体，其经营主体的参与行为逻辑均能够被本章构建的逻辑框架所解释，主体共同推动下形成的联合体可能因其组织的不成熟性和机制的特殊性，未能纳入本章的理论框架进行有力解释，为后续更加深入的异质性研究提供可能的方向。

第5章　农业产业化联合体行为主体利益联结的影响因素研究

农业产业化联合体的运行是经营主体按照约定进行分工、合作与交易的集合，经营主体各种行为的组合形成组织内部的利益联结。综观现有文献成果，通常多以主体与农户的联结关系作为研究对象，其中的利益联结是包含多重联结内容的综合体。根据联结主体可分为"X+农户"和"X+Y+农户"，即单一主体与农户联结和多主体与农户联结。根据联结方式可分为签订订单、价格优惠、要素入股等，表现为多种方式叠加。根据联结内容可分为商品联结和要素联结，前者如产品收购，后者如提供资金、担保、技术、设施设备、生产资料供应等。根据组织形式可分为合作社、联合社、农业产业化联合体等（芦千文和刘子涵，2020）。将联结方式和联结内容进行不同组合，根据契约类型和交易发生的频率，农业产业化经营主体的利益联结模式可分为买断式、合同式、合作式和股份式四种类型（虞紫燕和孙琛，2007）。其中，买断式通常为一次性发生的单纯购销关系；合同式以订单、合同为基础，联结关系覆盖产前、产中、产后等环节；合作式以土地流转和基地建设为基础进行统一的规范化经营；股份式指通过要素入股的方式将主体内化为组织的一员享受分利。有些学者将利益联结模式作为判断利益联结是否紧密的重要依据，按照紧密性程度进而分为松散型、半紧密型与紧密型（魏姗等，2014）。由松散型到紧密型是利益联结机制的演化趋势（姜长云，2019）。

针对农业产业化联合体经营主体之间的利益联结，学者们大多对利益联结机制及其形成原因进行了探讨。经营主体通过契约联结、要素联结和互助联结的正式或非正式契约形式参与农业产业化联合体合作经营（王晓芹，2019）。或将利益联结机制分为要素共享与利益共享两个维度讨论，按要素属性分为农资、土地等有形要素和服务、信息、知识共享等无形要素；利益共享则涵盖增值增收、主体激励和组织协调等方面（周艺珮等，2019）。农业产业化联合体的利益联结机制能够发挥效用的关键在于能够兼顾获取利益与降低风险（王丽媛等，2022）。一方面在契约框架下建立交易关系进行利益共享，另一方面也注重规避信用风险并增强风险抵御能力（汤文华，2019）。股份制合作提高了主体的积极性和参与度，如经营主体双向入股等方式，被认为是深化农业产业化联合体利益联结机制的未来发展方向（窦祥铭，2018）。同时，农业产业化联合体的利益联结也面临一些问题。经营主体之间没有形成灵活的资金互助机制，当上游经营主体因缺乏抵押物等原因难以获得充足的发展资金时，并不能通过组织优势和信任关系得到其他实力较强成员的帮助（周昊天，2019）。农业产业化联合体存在"违约单向化"的现象，农业龙头企业联合的意愿相对更强，也更加主动地承担更多责任，但一些农户出于对其他经营主体的不信任感和追高的心态，容易采取违约的行为，从而使其他经营主体不得不承担损失。从外部因素来看，过度的支持政策可能弱化经营主体的合作发展能力，没有计划或条件尚不具备的经营主体为了获取财政支持也会组建农业产业化联合体，但最终只是形式上的联合，缺乏以产业链为基础的实质联合，对组织发展有害无益（周冲和黎红梅，2019）。本章以农业产业化联合体为研究整体，对其内部经营主体彼此间的利益联结现状进行分析，衡量农业产业化联合体利益联结紧密程度，并对影响利益联结程度的因素进行研究，以期为稳定农业产业化联合体经营主体利益联结关系并促进新型农业合作经营组织发展提供理论支持。

5.1 农业产业化联合体利益联结现状

5.1.1 农业产业化联合体利益联结方式

根据龙头企业与农户的利益关系之间是否经过中间环节，将两者利益联结形式分为直接联结和间接联结。其中，间接联结的形式包含了某种中间组织，如合作社、协会、批发市场、商业性中介机构等（刘宁杰，2009）。从联结农户的角度来看，联合体属于间接联结形式，龙头企业通过中间环节的主体对农户产生带动作用，并不直接与小农户建立联系，否则会损失成本和效率。联合体内部经营主体进行利益联结的主要方式为订立章程联结、签订订单或合同联结、生产要素入股联结、品牌共享联结和技术服务联结。总体上，采用技术培训指导和通过签订订单/合同进行正式契约形式联结的联合体均超过九成，问卷显示，同时具有上述两种利益联结方式的农业产业化联合体超过200家。多数联合体能够制定联合体章程明确组织成员的权利和义务以及成员进出规则，超过70%的农业产业化联合体进行品牌共建共享，通过将生产主体纳入分享品牌溢价收益范围的方式进行利益联结。股份式合作在契约的基础上叠加了对经济利益分配权的保障，能够同时增强主体进行自主管理的积极性和组织整体价值目标的认同感（兰勇等，2021），但并没有成为联合体中新型农业经营主体进行合作的普遍工具，根据调研数据，近3/4的联合体采用了要素入股的利益联结方式。

从经营的产业类型来看，各类型农业产业化联合体的利益联结方式选择具有相似性，均集中在章程联结、订单/合同联结和技术联结，进行品牌联结或要素入股联结的占比略低于上述三者。无论经营单一种植、养殖、混合种养，还是经营技术水平更高的农产品加工的农业产业化联合体，都注重生产端的技术投入，从源头进行质量把控，对生产主体进行技术指导和培训的联结更多出于龙头企业的需要。通过品牌共建共享进行利益联结的农业产业化联合体包括所有品牌共享和部分品牌共享两种情况。可以看出，各个类型中，进行品牌联结的农业产业化联合体数量均在一半以上，以经营种养产业和加工业的农业产业化联合体为主。该类型农业产业化联合体共享品牌的方式一方面便于管控产业链条的质量安全，另一方面使经营主体分享品牌溢价带来的收益，增强参与农业产业化联合体的利益获得感和价值肯定，有助于形成更加紧密的利益关系（见表5-1）。

表5-1　农业产业化联合体利益联结方式　　　　单位：个，%

类型	章程联结		订单/合同联结		要素入股联结		品牌联结		技术联结		其他
	数量	占比	数量	占比	数量	占比	数量	占比	数量	占比	
种植类	78	89.66	83	95.40	66	75.86	72	82.76	85	97.70	0
养殖类	28	82.35	31	91.18	25	73.53	24	70.59	32	94.12	1
混合类	27	90.00	29	96.67	22	73.33	23	76.67	28	93.33	0
流通类	8	80.00	10	100.00	8	80.00	7	70.00	9	90.00	0
加工类	69	86.25	76	95.00	56	70.00	53	66.25	77	96.25	2
其他类	6	100.00	6	100.00	5	83.33	3	50.00	6	100.00	1
合计	216	87.45	235	95.15	182	73.68	182	73.68	237	95.95	4

农业产业化联合体涉及多类新型农业经营主体，主体间的利益联结复杂多样，以订单/合同联结方式为例进行细分，得到农业产业化联合体协议签订类型的分布情况（见表5-2）。以农业产业化联合体的主要经营主体作为讨论对象，92.71%的农业产业化联合体中，龙头企业以收购农产品的方式与合作社进行合作式契约联结；超过半数的农业产业化联合体采取龙头企业或合作社与上下游企业签订农资供应协议的联结，以及龙头企业与家庭农场签订收购协议的联结。涉及上下游企业的类型占比均比较低，究其原因：一是部分农业产业化联合体不存在上下游企业；二是一些上下游企业同样地收购生产者的农产品进行销售，并不是提供农资供应服务的性质，这里没有体现。从经营产业分类结果来看，以龙头企业与合作社和家庭农

场的收购协议、龙头企业及合作社与上下游企业的供应协议为主。合作社与农户收购协议、家庭农场与上下游供应协议占比较低。其中，合作社与农户签订收购协议的占比较低的原因有三：一是统计数据的偏差；二是其中有一部分以提供农业生产服务为主的合作社；三是合作社与农户之间只具有口头协议，利益联结关系缺乏实际保证。

表5-2　农业产业化联合体经营主体协议类型　　单位：个，%

类型	龙头与合作社收购协议		龙头与上下游供应协议		龙头与家庭农场收购协议		合作社与上下游供应协议		合作社与农户收购协议		家庭农场与上下游供应协议		其他
	数量	占比	数量	占比	数量	占比	数量	占比	数量	占比	数量	占比	
种植类	83	95.40	52	59.77	51	58.62	55	63.22	39	44.83	19	21.84	0
养殖类	31	91.18	20	58.82	20	58.82	18	52.94	16	47.06	7	20.59	1
混合类	26	86.67	18	60.00	19	63.33	20	66.67	15	50.00	10	33.33	0
流通类	9	90.00	5	50.00	5	50.00	6	60.00	5	50.00	3	30.00	0
加工类	76	95.00	50	62.50	49	61.25	39	48.75	36	45.00	24	30.00	1
其他类	4	66.67	5	83.33	5	83.33	3	50.00	3	50.00	3	50.00	0
合计	229	92.71	150	60.73	149	60.32	141	57.09	114	46.15	66	26.72	2

5.1.2　农业产业化联合体利益分配方式

本书认为利益联结发生于利益获得的前期，通过交易关系约束主体行为，利益分配未对利益发生后进行分配的事先约定。利益分配是利益联结机制的核心环节，直接关系到经营主体的切身利益，反映了经营主体之间的紧密程度（孙崑等，2019）。为了方便讨论，将利益分配方式与利益联结方式区分开来。表5-3列示了六类农业产业化联合体几种主要利益分配方式的分布。进行保底收购、二次分红和设置奖励金的农业产业化联合体数量相继减少。其中，保底收购指以高于市场价的浮动价格收购且按照约定最低价格保底收购。这是农业合作经营组织中企业与农户之间最为常见的分配方式，在本书样本中约占 77.33%。采取二次分红分配方式的农业产业化联合体约为 1/4，这与表 5-1 中要素入股利益联结方式相关。在具有要素入股联结方式的农业产业化联合体当中，尚有 9 家未对利益相关者进行二次分红的利益分配。此外，超过 3/4 的农业产业化联合体没有在经营主体间设置奖励金作为激励手段。奖励金体现了组织对成员的激励，对提升成员参与积极性和内部凝聚力具有促进作用（廖文虎和尚光辉，2017；周静和曾福生，2018）。说明大部分农业产业化联合体的决策层认为除按照以契约形式规定的利益联结方式进行分配，不需要再额外地对经营主体进行奖金鼓励。

表 5-3　农业产业化联合体利益分配方式　　　　单位：个，%

类型	保底收购		二次分红		奖励金		其他
	数量	占比	数量	占比	数量	占比	
种植类	68	78.16	28	32.18	16	18.39	9
养殖类	26	76.47	6	17.65	3	8.82	4
混合类	23	76.67	8	26.67	9	30.00	6
流通类	6	60.00	1	10.00	2	20.00	3
加工类	63	78.75	17	21.25	13	16.25	10
其他类	5	83.33	2	33.33	2	33.33	0
合计	191	77.33	62	25.10	45	18.22	32

　　农业产业化联合体主体入股情况从三个方面进行考察。企业以资金入股合作社的农业产业化联合体超过半数，主要集中在种植类和加工类的农业产业化联合体，这些联合体中由龙头企业领办的合作社相对较多，为了支持合作社发展并获得更高收益，龙头企业采用入股合作社的方式进行利益联结并享受分配。农户以土地和劳动入股企业的农业产业化联合体分别为 105 个和 85 个，经营农产品加工的农业产业化联合体以农户入股企业的方式在 30% 左右（见表 5-4）。而种植类、养殖类、种养混合类农业产业化联合体中，农户以土地和劳动入股企业的数量共计分别为 70 个和 58 个，超过所属类别总数的一半。从整体来看，经营主体进行股份合作主要通过资

金、土地和自身劳动入股的方式进行利益联结，生产主体分享到产后环节增值收益的能力有限，在未来还有完善发展的空间（贺敏，2020）。

表5-4 农业产业化联合体主体入股类型 单位：个，%

类型	企业以资金入股合作社		农户以土地入股企业		农户以劳动入股企业		其他
	数量	占比	数量	占比	数量	占比	
种植类	42	48.28	42	48.28	30	34.48	16
养殖类	17	50.00	13	38.24	13	38.24	2
混合类	18	60.00	15	50.00	15	50.00	5
流通类	7	70.00	5	50.00	4	40.00	1
加工类	47	58.75	26	32.50	21	26.25	7
其他类	5	83.33	4	66.67	2	33.33	2
合计	136	55.06	105	42.51	85	34.41	33

5.1.3 农业产业化联合体利益保障措施

农业产业化联合体利益保障依靠治理机制共同协调实现，两者互有交叉。农业产业化联合体经营决策的制定就是一种对经营主体合理利益的保障。按照联合体章程，农业产业化联合体经营决策由成员代表大会（或核心成员团体）讨论得出。由表5-5可知，农业产业化联合体通常会以龙头企业与合作社代表作为理事会成员，其中，龙头企业占比接近90%，合作社占比超过80%。家庭农场（种养大户）和上下游企业作为理事会成员的农业产业化联合体在半数左右，小农户和其他利益相关主体则几乎不被选作理事会成员进行组织治理。

表5-5 农业产业化联合体理事会成员分布 单位：%

理事会成员	龙头企业	合作社	家庭农场（种养大户）	上下游企业	小农户	其他主体
频数	221	200	137	121	4	1
占比	89.47	80.97	55.47	48.99	1.62	0.40

从真正参与农业产业化联合体决策的成员来看，龙头企业参与决策的占比为 91.9%，数量高于作为理事会成员的农业产业化联合体的数量，说明在有些农业产业化联合体中，即使没有成为理事会成员，龙头企业在实际的经营管理当中依然具有无法替代的话语权。参与决策的合作社共计 183 个，小于作为理事会成员的 200 个，与龙头企业的情况相反，说明有些合作社虽然成为理事会的一员，但在组织管理当中并没有参与决策，因为合作社成为理事会成员的形式化，或因为龙头企业一家独大而剥夺了其他主体参与决策的权利。家庭农场（种养大户）和上下游企业参与决策的农业产业化联合体数量与作为理事会成员的数量基本一致，小农户和其他利益相关主体依然不会参与到决策讨论过程（见表 5-6）。

表 5-6　农业产业化联合体参与决策成员分布　　　　单位：%

参与决策成员	龙头企业	合作社	家庭农场（种养大户）	上下游企业	小农户	其他主体
频数	227	183	136	122	3	1
占比	91.90	74.09	55.06	49.39	1.21	0.40

很多农业合作经营组织向成员收取一部分风险金作为一种利益保障措施。风险防控是组织通过某些手段防范风险问题，且当风险发生时可以采取有效处理的措施，以保证利益损失最小。完善有效的风险防控机制能够维护主体利益和组织稳定发展（钟真等，2017）。实际上，这种风险金的提取可按比例也可不设标准适当缴纳。根据调研了解，与成立初期相比，设立风险金缴纳制度的农业产业化联合体数量有所增加，但仍然属于少数。由表 5-7 可知，设立风险金和未设立风险金的农业产业化联合体分别约占 60% 和 40%。在已要求经营主体缴纳风险金的农业产业化联合体中，42.42% 的农业产业化联合体由核心成员全部承担风险金，这里的核心成员指实力较强的龙头企业与合作社。核心成员缴纳比例不低于普通成员的农业产业化联合体共计占总数的 53.53%。很多农业产业化联合体组织内部并没有固定的风险金缴纳比例，多是按经营状况和主体参与情况进行灵活处理。

表5-7　农业产业化联合体风险金设置情况　　　　单位：%

风险金有无及其分布	无风险金	有风险金	设置风险金的农业产业化联合体			
			核心成员承担	核心成员高	核心成员低	均衡
频数	148	99	42	20	4	33
占比	59.92	40.08	42.42	20.20	4.04	33.33

5.2　农业产业化联合体利益联结稳态均衡的因素分析

5.2.1　利益联结与非稳态均衡

利益联结是农业产业化联合体运行发展的核心所在，交易双方对守约或违约的选择是经过博弈得到的结果，经营主体的策略组合影响着内在利益联结的紧密程度。博弈所依赖的激励约束条件就是考虑能否实现其自身利益的最大化。生产者更容易关注短期利益而忽视在农业产业化联合体中所能够获得的长期利益，且对价格变化的敏感度非常高，极有可能随着价格的变动而试图通过违约来寻求外部市场上的更高收益。农业产业化联合体的核心龙头企业一般与生产者签订协议约定，行情好则随行就市或高出市场价收购，行情不好以保底价格收购，有些龙头企业可能不按照约定价格收购生产者的农产品。另外，一些龙头企业与生产者的利益联结比较松散，表现为对生产者给予的产前支持不足，龙头企业降低的这部分投入完全地转移给生产者，成本投入压力的增大同样不利于组织成员形成更加紧密的利益联结与稳定合作。

首先设定一个简化的合作问题，假定：①龙头企业和生产者都追求利益最大化。②任一方违约都只发生收益的变动而成本不变。③选择违约一定是该主体认为能够获得比守约更高的收益。④经营主体只进行一次性博弈，不存在重复博弈行为。⑤博弈过程无其他主体参与。其次可假设龙头企业守约和违约获得的收益分别为 R_a 和 R_{a+}，生产者守约或违约获得的收益分别为 R_b 和 R_{b+}；龙头企业和生产者的经营成本分别为 C_a 和 C_b；另一方违约但自身守约的情况下，龙头企业和生产者的收益各自为 R_{a-} 和 R_{b-}。可得到双方博弈的支付矩阵（见表5-8）。

表 5-8 龙头企业和生产者非稳态均衡博弈支付矩阵

		生产者 b	
		守约	违约
龙头企业	守约	(R_a-C_a, R_b-C_b)	$(R_{a-}-C_a, R_{b+}-C_b)$
	违约	$(R_{a+}-C_a, R_{b-}-C_b)$	$(R_{a+}-C_a, R_{b+}-C_b)$

无论生产者守约还是违约，龙头企业的最佳策略都是违约，因为在生产者守约的情况下，龙头企业违约的策略能获得高于守约策略的收益 R_{a+}；若生产者违约，则龙头企业违约的收益 R_{a+} 同样高于守约的收益 R_{a-}。同理，当龙头企业守约地进行合作，生产者选择守约获得的收益为 R_b，选择违约的收益为 R_{b+}，超过 R_b，则必然会转而选择违约；当龙头企业违约进行不合作，则生产者违约收益 R_{b+} 同样是高于守约收益 R_{b-} 的，故违约是其更优的选择。上述结果表明，"违约"的不合作行为是龙头企业和生产者的占优策略，（违约，违约）是经营主体进行博弈的纳什均衡。但从农业产业化联合体发展的角度来看，并不是一种稳态的结果。

5.2.2 利益联结非稳态均衡的破解

5.2.2.1 惩罚介入

经营主体认知受有限理性的影响，有限理性的经济人有可能产生机会主义和欺骗性地寻求自我利益的行为。农业产业化联合体存在一种与其他农业合作经营组织不同之处，即机会主义行为更容易发生在生产经营者一方，将风险更多地转移给龙头企业使其被迫接受，造成经营主体之间难以形成紧密的利益联结关系。以龙头企业和上游主体为例，假设两者都是有限理性行为主体，追求自身利益的最大化，从龙头企业和上游主体的两个群体中各自随机抽取一个进行博弈，为了简化模型便于讨论，认为龙头企业和上游主体的策略空间均为（守约，违约）。假设龙头企业与上游主体不受惩罚影响时，龙头企业收购的农产品数量为 Q，收购价格为 P_0，通过加工销售农产品后获得的收益为 R，企业和生产者的成本分别为 C_a 和 C_b，农产品市场销售价格为 P，且随市场因素而发生波动。当市场价格超过收购价格时有 $P>P_0$，生产者将农产品卖向市场获取的收益为 $PQ-C_b$。龙头企业收购价格超过市场价格时有 $P<P_0$，龙头企业获得的收益为 P_0Q-C_a。龙头企业向生产者承诺行情好时以高于市场价收购，行情不好时按保底价收购。行情好时经营主体自然地按约定进行交易，行情差时经营主体守约或违约情况则不同。但这两种情况下，生产者都有可能将农产品出售给价格更高的收购方 P'，违约给予的惩罚分别为 W_a 和 W_b。具体的支付矩阵如表5-8所示。当生产者选择守约时，龙头企业的选择取决于收益比较，当 $R-P_0Q-C_a>R-PQ-C_a-W_a$，即 $W_a>Q（P_0-P）$ 时，选择守约更优，反之选择违约更优（见表5-9）。当生产者选择违约时，龙头企业选择违约不仅损失出售产品的收益，还要受到声誉损失或经济损失，这时候选择守约更优，可以留住其他的主体。在生产者方面，龙头企业若选择守约，当给予生产者的惩罚 $W_b>Q（P'-P_0）$ 时，生产者才会选择守约，否则将违约。龙头企业若选择违约，生产者同样选择违约是更优的。综合来看，当惩罚力度足够大到抵消违约带来的好处时，守约的策略就会更佳。

表5-9　引入惩罚的龙头企业和生产者博弈支付矩阵

		生产者 b	
		守约	违约
龙头企业	守约	$(R-P_0Q-C_a, P_0Q-C_b)$	$(-C_a, P'Q-C_b-W_b)$
	违约	$(R-PQ-C_a-W_a, PQ-C_b)$	$(-W_a-C_a, P'Q-C_b)$

5.2.2.2 激励介入

下面考虑加入激励因素的情况：假设在经营主体的合力协作下，农业产业化联合体能够获得更好的效益且给予经营主体不同形式的激励回报，如龙头企业获得附加的经济效益和市场影响力，记为 R_a；生产者获得分红奖励或成本优惠等，记为 R_b。生产者按照约定进行生产活动时，龙头企业若采取不利于组织发展的违约行为，则既造成附加效益的损失，也会带来成本的增加为 C'，所以选择守约是更优的。生产者选择违约时可能会导致产品质量不达标使得收购量减少为 Q'，进而影响龙头企业的销售收益 R'，但仍然能够获得部分附加值 R'_a 和 R'_b，龙头企业若同样违约，则成本的增加同样为 C'。当 $R'_a > C_a - C'$ 时，龙头企业选择守约更优（见表 5-10）。在生产者方面，当龙头企业选择守约时，生产者若违约面临着两种损失：一是收购量减少带来的收入减少；二是组织为其带来的附加收益减少，选择守约是其更优的策略。龙头企业产生违约的行为，生产者违约造成的损失更大，选择守约同样是其更优的策略。综上所述，在激励手段介入的情况下，选择守约是生产者的占优策略，无论龙头企业的选择如何，生产者守约进行生产能够将损失降到最少。当能够获得的附加收益足够大时，守约同样也是龙头企业的占优策略。

表 5-10 激励介入的龙头企业和生产者博弈支付矩阵

		生产者 b	
		守约	违约
龙头企业	守约	$(R-P_0Q-C_a+R_a, P_0Q-C_b+R_b)$	$(R'-P_0Q'-C_a+R'_a, P_0Q'-C_b+R'_b)$
	违约	$(R-P_0Q-C', P_0Q-C_b)$	$(R'-P_0Q'-C', P_0Q'-C_b)$

5.2.2.3 关系治理介入

合作组织如农业产业化联合体不仅涉及契约规范，还包括嵌入在社会关系中的关系约束，良好且稳定的关系能够作为契约治理的补充以规避机会主义风险并加强成员之间的紧密程度（张可云等，2022）。成员信任、有效交流、声誉机制和合作灵活性等都可以成为关系治理的方式（万俊毅，2008）。这里以声誉机制为例分析嵌入关系治理的农业产业化经营主体博弈的策略选择问题。加入农业产业化联合体的经营主体之间通常具有较长时期的合作，经营主体在决策前会考虑结果对其声誉的影响，这带来了一个关于经营主体更关注长期利益还是短期利益的问题。假定经营主体违约会造成声誉的损失，可以认为这是一种社会资本的流失，记为 Δrep_a 和 Δrep_b。对龙头企业来讲，若守约可享受的收益为 $R-P_0Q-C_a$，违约损失的社会资本为未来几次重复交易收益的贴现值之和，有 $\Delta rep_a = \sum_{t=0}^{n} \dfrac{R-P_0Q-C_a}{(1+r)^t}$（$t=0$，1，2，…，n），其中，r（$0<r<1$）表示贴现率，t 表示交易次数。当交易次数增加到足够多时，收益贴现值为 $\lim\limits_{n\to\infty}\sum_{t=1}^{n} \dfrac{R-P_0Q-C_a}{(1+r)^t} = \left(1+\dfrac{1}{r}\right)(R-P_0Q-C_a)$。相似地，生产者若违约则可能造成潜在的收益损失为 $\left(1+\dfrac{1}{r}\right)(P_0Q-C_b)$。两方主体在进行守约或违约的决策前均会比较违约的收益和损失的潜在收益。当龙头企业企图通过降低对生产者的带动力度来减少成本支出的违约行为，此时获得的收益记为（$R-P_0Q-C'_a$），因社会资本（声誉与信任）降低造成的潜在收益损失为 $\left(1+\dfrac{1}{r}\right)(R-P_0Q-C_a)$，若获得的收益低于潜在收益损失，即满足 $r<\dfrac{R-P_0Q-C'_a}{C_a-C'_a}$，龙头企业会选择守约，反之会违约。生产者将农产品按更高价格卖向市场获得的收益记为（$PQ-C_b$），因社会资本（声誉与信任）降低造成的潜在收益损失为 $\left(1+\dfrac{1}{r}\right)(R-P_0Q-C_a)$，若获得的收益低于潜在收益损失，即满足 $r<\dfrac{P_0Q-C_b}{Q(P-P_0)}$，生产者会选择守约，反之会违约。综上所述，当龙头企业或生产者作出违约的策略所获取的收益小于其可能会损失的潜在收益时，没有任何一方会选择违约，此时博弈的双方达到（履约，履约）的稳态均衡。

5.2.3　利益联结的稳态均衡构建

基于上述分析，农业产业化联合体利益联结关系的非稳态均衡可以通过某些方式在一定的条件下转化为成员合作的稳态均衡。稳态均衡的构建难以依靠单一的方式实现，需要多种措施组合运用来破解利益联结松散的难题。经营主体采取守约或违约的决策是对预期收益和违约成本进行比较的结果，当违约成本足够大或预期收益增强时，经营主体选择守约的倾向将相对强烈，从而利益联结关系的不稳定性，促成合作的稳态均衡。具体针对农业产业化联合体可主要采取引入惩罚手段、激励措施和关系治理的方式来构建稳态均衡。

5.2.3.1　惩罚机制介入增加违约成本

农业产业化联合体作为一种合作组织，既可以通过层级治理结构的设置对经营主体的交易行为进行管理约束，又可以对经营主体的违约行为按照合同与协议的约定实施惩罚，如除名或取消资格、加入失信名单、罚交违约金、提前缴纳风险金等。前三种措施是在违约发生后采取的惩罚，提前缴纳风险金相当于将违约成本先行支付，即使是当违约实际发生才得以兑现，但这部分提前投入的成本对经营主体具有比较强的约束能力。

5.2.3.2　激励机制介入提高预期收益

农业产业化联合体内部对经营主体实施激励的措施一般有发放奖励金、进行保底收购、发挥理事会成员决策权等。发放奖励金是最直接的激励方式；以不低于市场的保底价收购农产品一方面为生产者面对市场提供保障，另一方面也对生产者按约定进行农事生产形成激励作用；充分发挥理事会成员对集体事务的决策权力提高经营主体的责任意识和参与能力，既有助于集体的组织决策，也有助于增强成员对组织的依赖性，将个人的利益目标与集体的利益目标相统一。另外，增加龙头企业对生产者的专用性投资能够明显降低生产者的成本支付，如良种培育、优质肥料、仓储保鲜等对生产者的积极参与同样具有正向的促进作用，同时能够增强彼此之间的信任关系和依赖性。本书将这一因素纳入龙头企业合作行为积极性的概念当中，不作为激励机制再次引入。

5.2.3.3 关系治理介入增加社会资本

从当前阶段的发展现状来看，单一进行关系治理的农业产业化联合体非常少也不太切合实际，对要求相对紧密利益联结的农业产业化联合体来说是比较难以实施的。而关系治理与层级治理或契约治理共同作为农业产业化联合体组织治理结构正逐渐被越来越多的经营主体尝试。关系治理包含的信任沟通和声誉机制等非正式制度的应用为守约合作的经营主体积累了更多的社会资本，相应地，违约的经营主体将会损失这部分社会资本。

5.3 农业产业化联合体利益联结影响因素的理论逻辑

5.3.1 利益联结紧密程度的衡量

利益联结紧密程度体现了经营主体分工协作对产业链各环节价值互补性的影响（张贺和张涛，2019）。经营主体间是否建立了契约进行交易合作是利益联结是否紧密的首要考虑（代云云和徐翔，2011）。前文已经提到，学者将农业经营主体的利益联结模式分为买断式联结、合同（契约）式联结、合作式联结和股份制联结，或口头协议型、投入控制型和中介联结型（王莉和陈洁，2009），或市场约束型、合同契约型和产权关系型等，具有相似的含义。直接划分为松散型、半紧密型和紧密型利益联结。买断型联结其实并没有进行主体的联结，交易双方不签订合同只是价格随行就市进行一次性自由买卖，交易完成后并无任何利益关系和约束，没有真正意义上的合作联结，主体独立且非常松散。在合同型联结中，企业与农户签订订单并界定权利义务关系，随即产生支配与从属关系，契约内容相对更多且决定了主体联结的紧密程度。仅涉及农产品数量质量相对还是松散；涉及产业链要素交易则认为具有比较紧密的联结；涉及二次分配及利益返还则属于紧密型联结（闫玉科，2006）。合作式联结由多方主体以契约确定分工及合作关系，具有紧密的利益联结机制。股份制联结要求主体以生产要素等入股，经营主体组成真正共享收益的利益共同体，最大化地将主体利益分享和风险承担统一起来。

但就农业产业化联合体来看，内在地包含着多种利益联结方式、利益分配方式和利益保障措施的组合，其利益联结的紧密程度依赖于经营主体的具体执行及其规范程度。针对龙头企业与农户利益联结紧密程度或稳定性及其影响因素的研究，从微观主体的角度展开分别探讨双方主体的各自特征和行为表现的作用。也有研究将合作组织作为统一的整体，更多关注主体互动关系和制度因素的多重影响。如产权制度和治理结构、熟人信任和制度信任（陈东平和宋文华，2008）。以上研究成果对本章对农业产业化联合体利益联结紧密程度及其影响因素的研究均具有重要的参考价值。在针对本章核心问题进行理论分析与实证检验之前，首先对农业产业化联合体利益联结紧密程度的衡量作一说明。

其他衡量利益联结紧密程度的指标选用主要集中为三种：一是考察龙头企业带动主体的数量；二是考察利益联结内容的多元性；三是将经营主体的主观感受或评价作为参考标准。根据新修订的《农业产业化国家重点龙头企业认定和运行监测管理办法》（农经发〔2018〕1 号），农业龙头企业一般通过合同、合作、股份合作等利益联结方式直接与农户紧密联系，且三种联结的紧密程度逐渐增强，利益和风险的均衡能力依次提高。刘晖等（2022）利用合作组织带动农户数量和带动新型经营主体的数量来表征主体间利益联结紧密程度。池泽新和汪固华（2011）选择带动农户数、基地原材料比例和带动合作社数量作为衡量龙头企业与其他主体利益联结紧密度的指标。申云和李京蓉（2020）将联结内容的实施个数分为五个维度，分别为生产资料、技术指导、农产品销售、保底收购、利润返还，依次作为衡量合作组织的利益联结紧密程度的指标，维度越高表示进行联结的内容越多，即代表利益联结越紧密。姜卓简等（2018）选取参与方式和主体需求程度等作为衡量利益联结紧密程度的指标，将个体的主观感受融入研究。通过借鉴已有研究成果，选择农业产业化联合体利益联结方式是否多元和农业产业化联合体是否解决利益主体经营困难这两个指标来衡量农业产业化联合体利益联结紧密性。本章通过对农业产业化联合体经营主体利益联结紧密程度影响因素的研究，试图解决哪些关键因素能够强化经营主体内在关系，以及这些关键因素的组合如何对农业产业化联合体利益联结紧密性加以影响的问题，最终为加强新型农业经营主体培育、农业产业链环节管理以及完善农业合作经营组织利益增收机制提供参考。

5.3.2　联合体利益联结影响因素的研究假说

5.3.2.1　公司治理理论对利益联结影响因素的基本支持

新制度经济学家为公司治理理论研究留下了丰富的文献资料，其影响最为深远的是"委托—代理"理论和利益相关者理论。在新制度经济学的范畴内，企业是多个利益相关的参与者通过一系列契约的联结而进行自愿合作的组织，其中最基本的行为关系就是"委托—代理"关系（胡乐明和刘刚，2014）。"委托—代理"关系在现实的经济生活中无处不在，甚至只要一个人对另一个人的行为产生依赖，这种"委托—代理"关系就会随之产生（Pratty 和 Zeckhauser，1985），在包括联合体在内的众多合作性组织中均普遍存在。农业合作组织如农民专业合作社和农业产业化联合体的相关研究逐渐开始借鉴公司治理中的"委托—代理"理论。广为接受的依靠组织内部化解"委托—代理"问题的一个方案是建立激励与约束机制，通过完善内部的治理结构、优化利益分配与风险分摊（伍晶晶，2020），规范组织成员的行为和合作组织的发展。

利益相关者理论经安索夫和弗里曼等形成了比较完善的理论框架。该理论认为利益相关者是组织生存发展的基本组成，彼此则是相互依赖的个体，可分为内部利益相关者和外部利益相关者，或直接利益相关者和间接利益相关者（李旭，2012）。农业产业化联合体的全体成员即该组织的内部利益相关者，本书仅关注组织内部主体关系与行为，暂未将外部利益相关者纳入进来。利益相关者理论认为为了实现合作组织的利益最大化，兼顾利益相关者的基本利益是非常必要的。农业产业化联合体不同于企业组织，它并非以资本联合为主而是强调经营主体的联合，是多种要素资源优化配置的复合体。农业产业化联合体具有组织参与者与惠顾者同一的特征，基于合作本质，组织内部成员行为的积极性、参与决策的程度和利益诉求的保障等，对维护各个利益相关者之间的利益联结关系具有关键性作用，进而影响合作组织整体的成长（许黎莉和陈东平，2019）。

5.3.2.2　农业产业化联合体利益联结影响因素的假说提出

主体行为与利益联结紧密度的关系研究。"机制—行为"分析框架常被引入产业组织理论当中，很多学者研究产业组织发现，利益联结机制选择决定了合作经济组织的行为特征，即行为特征的组合是利益联结机制的函数（孙太清，2009）。也有些学者提出在农业合作经营组织中，经营主体的行为表现与合作意愿对产业链利益联结机制具有显著的积极作用，其中，行为表现具有直接和间接影响（葛鹏飞等，2017）。合作愿望和动力不足导致合作主体之间的利益关系比较脆弱，从而影响合作组织的稳定发展。结合农业产业化联合体经营主体参与合作行为与利益联结机制，提出以下研究假说。

H_{5-1}：农业产业化联合体内部经营主体行为积极性对利益联结紧密度具有促进作用。

激励约束机制对利益联结紧密度的影响研究。利益联结在农业产业化组织的研究领域中是讨论的热点。利益联结机制具有利益创造、利益分配、利益约束、利益保障等多方面的内涵（王宏，2013）。组织运行依靠利益联结机制和约束机制共同作用（张瑜，2004）。建立契约的形式和内容、奖罚机制和利益联结方式的多元化等因素对强化农业产业化经营利益联结程度具有促进作用。差异化的收益分配机制能够强化对组织成员的监督，加深其对利益联结关系的服从度（李云新和王晓璇，2017）。农业合作经营组织发展过程中应兼顾利益共享和风险共担，注重完善风险防范机制（陈丽等，2018）。利益联结的不同联结内容，如订单联结、股份联结、要素服务联结等，不同利益联结内容组合对利益联结的有效实施具有不同影响（颜华和冯婷，2015）。经营主体之间通过订单契约形式进行土地流转和保底价收购的利益联结方式对产业链条各个主体利益联结的紧密性具有促进作用（崔红志和刘亚辉，2018）。企业类型最大程度上影响了企业进行利益联结的紧密性，龙头企业选择更加紧密利益联结的倾向最大。对于龙头企业来说，从生产者方面收购的农产品比重越大，意味着对生产者的依赖性越大，这对于龙头企业选择紧密的利益联结方式的影响也就越强（何薇和朱朝枝，2018）。基于此提出以下研究假说。

H_{5-2a}：奖罚机制和风险金设置对利益联结紧密度具有正向影响。

H_{5-2b}：参与者决策对利益联结紧密度具有正向影响。

H_{5-2c}：保底价收购对利益联结紧密度具有正向影响。

治理结构与利益联结紧密度的关系研究。利益联结机制是产权制度和治理结构共同作用的结果，对利益联结紧密程度的考察有必要对现实中农业合作组织的产权安排和治理结构进行研究（宋言东等，2012）。正式契约的建立为减少交易过程的不确定性提供了一种机制（Lusch 和 Brown，1996）。层级治理通过组织管理层的强制方式对契约的履行进行严格把控（Joshi 和 Arnold，1998），对组织成员具有较强的威慑力，从而强化交易双方的联结关系（袁静和毛蕴诗，2011）。不少学者从社会学的视角研究关系治理对利益联结紧密度和契约稳定性的影响（徐忠爱，2011）。关系治理通过合作双方共同遵循的隐性规则对利益联结关系进行维持（Heide，1994）。许多学者认为契约治理与关系治理存在互补效应（胡新艳，2013），订单农业中运用契约治理与关系治理的二元治理机制能够有效提高农户的续约意愿并维持契约的稳定性，进而实现经营主体双方的合作共赢（韩振国等，2014；黄梦思等，2018）。基于此，针对农业产业化联合体内部治理结构和利益联结关系提出以下研究假说。

H_{5-3}：农业产业化联合体治理结构对利益联结紧密度有影响。

5.3.3 联合体利益联结影响因素分析的逻辑架构

以新制度经济学为基础，借鉴公司治理理论中的"委托—代理"理论和利益相关者理论，根据前面提出的研究假说，针对农业产业化联合体利益联结影响因素问题提出逻辑框架（见图 5-1）。基于利益相关者理论建立经营主体行为积极性和"激励—约束"机制对农业产业化联合体利益联结紧密度的作用关系，包含假说 H_{5-1} 和假说 H_{5-2}；基于"委托—代理"理论建立治理结构和"激励—约束"机制对农业产业化联合体利益联结紧密度的作用关系，包含假说 H_{5-2} 和 H_{5-3}。其中，"激励—约束"机制包括利益分配、奖惩措施、决策参与和风险防御措施等因素的设置，能够同时被利益相关者理论和"委托—代理"理论解释。

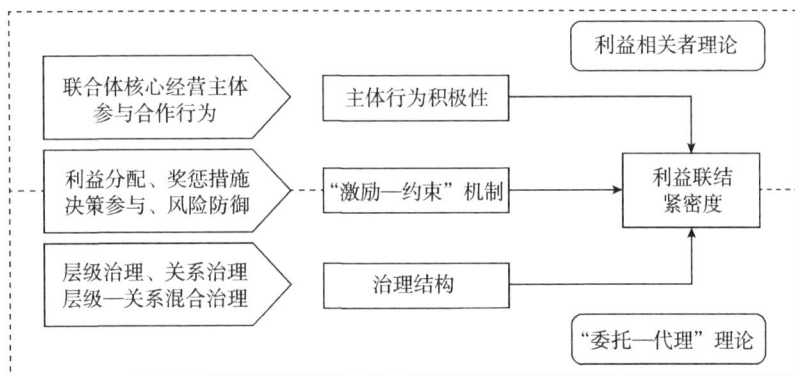

图 5-1　农业产业化联合体利益联结影响因素的逻辑框架

5.4　农业产业化联合体利益联结影响因素实证检验

5.4.1　联合体利益联结影响因素的模型构建

本章旨在从主体行为、利益联结方式选择和治理结构的视角研究利益联结紧密程度的影响因素，被解释变量即为农业产业化联合体利益联结的紧密程度。在农业产业化联合体或其他农业产业化经营组织中，由于涉及组织内部的多个利益相关主体，组织整体和单一主体最终利益目标的实现并非由某一主体的行为来决定，需要核心成员经过博弈最终得到有益于个人和组织的策略选择实现成员之间的分工合作。成员间的合作通过建立利益联结关系来开启，利益联结机制是农业产业化经营组织运转的核心，主体成员之间的利益联结紧密程度关系着合作组织经营情况的最终评价。前文已经提到，本章将农业产业化联合体利益联结紧密程度细化为两个具体的指标，一是利益联结的多元性，二是利益联结的有效性，且均以离散值0和1表示。一般地，可以利用两个独立的模型来分别研究相关因素对利益联结多元性和利益联结有效性的影响。利益联结的多元性和有效性并不是相互独立的，而是被一些未被观察到的因素同时影响着。如果不考虑它们之间的相关性而利用独立模型分别研究多元性和有效性的影响因素，则估计结果会发生偏误造成效率的损失（陶娅等，2021）。两个 Probit 方程扰动项之间可能存在相关性，故考虑采用双变量 Probit 模型进行回归分析。

双变量 Probit 模型在考虑被解释变量两个虚拟指标相关性的前提下同时对两个方程进行估计（Greene，1979），可以对两个虚拟变量同时考虑其发生的概率。在该模型的两个方程中，因变量是相关的，自变量可以相同也可以是不同的，且方程扰动项之间存在相关性（陈强，2014），即两个扰动项的协方差是一个固定的常数而非为0，意味着因变量之间相互影响（杨丹和高汉，2012）。双变量 Probit 模型基于 Probit 模型的基本形式为：

$$\text{Prob}(y = 1 \mid x) = F(x, \beta) = \int_{-\infty}^{x'\beta} \varphi(t)dt = \frac{e^{x'\beta}}{1 + e^{x'\beta}} \tag{5-1}$$

本章分别用 $Bond_1$ 和 $Bond_2$ 表示农业产业化联合体利益联结多元性和利益联结有效性，设定 $Bond_1 = 1$ 表示农业产业化联合体采用多种方式进行利益联结，$Bond_1 = 0$ 表示农业产业化联合体利益联结方式单一；$Bond_2 = 1$ 表示农业产业化联合体利益联结是有效的，$Bond_2 = 0$ 表示农业产业化联合体利益联结效果不明显。由此可以得到四种多元性和有效性的组合形式，即（0，0）、

（0，1）、（1，0）、（1，1）（许秀川等，2018）。针对农业产业化联合体利益联结紧密程度的影响因素研究，建立双变量 Probit 模型的具体形式如下：

$$
\begin{cases}
\text{Bond}_1^* = \beta_1 x_1' + \gamma_1 z_1' + \varepsilon_1 \\
\text{Bond}_2^* = \beta_2 x_2' + \gamma_2 z_2' + \varepsilon_2
\end{cases}
\tag{5-2}
$$

其中，Bond_1^* 和 Bond_2^* 表示不可观测的潜变量；x_1' 和 x_2' 分别表示利益联结多元性和利益联结有效性的影响因素向量，β_1 和 β_2 表示待估系数；z_1' 和 z_2' 表示一组控制变量；γ_1 和 γ_2 表示控制变量的待估系数；ε_1 和 ε_2 表示服从二元联合正态分布的随机扰动项，期望为 0，方差为 1，其相关系数为 ρ，且有：

$$
\begin{pmatrix} \varepsilon_1 \\ \varepsilon_2 \end{pmatrix} \sim N \left\{ \begin{pmatrix} 0 \\ 0 \end{pmatrix}, \begin{bmatrix} 1 & \rho \\ \rho & 1 \end{bmatrix} \right\}
\tag{5-3}
$$

可观测变量 Bond_1 和 Bond_2 由下面方程决定：

$$
\text{Bond}_1 = \begin{cases} 1 & \text{若} \text{Bond}_1^* > 0 \\ 0 & \text{若} \text{Bond}_1^* \leqslant 0 \end{cases}
$$

$$
\text{Bond}_2 = \begin{cases} 1 & \text{若} \text{Bond}_2^* > 0 \\ 0 & \text{若} \text{Bond}_2^* \leqslant 0 \end{cases}
\tag{5-4}
$$

当 $\text{Bond}_1^* > 0$，表示农业产业化联合体采用了多种利益联结方式，反之，则 $\text{Bond}_1^* = 0$；当 $\text{Bond}_2^* > 0$，表示农业产业化联合体采用的利益联结方式组合是有效的，反之，则 $\text{Bond}_2^* = 0$。

若 $\rho \neq 0$，Bond_1^* 和 Bond_2^* 之间存在相关性，运用双变量 Probit 模型对两者的取值概率进行最大似然估计。最后对原假设"$H_0: \rho = 0$"进行检验，根据结果判断是否需要使用双变量 Probit 模型估计，当拒绝原假设时，说明使用双变量 Probit 模型是有必要的。

5.4.2 变量选取与统计描述

本章数据来自对河北省省级示范性农业产业化联合体的实地调研，此次问卷调查涉及河北省 13 个地市 126 个县区。

5.4.2.1 被解释变量

根据前文分析，选择农业产业化联合体利益联结多元性和利益联结有效性这两个指标来衡量农业产业化联合体利益联结紧密性。其中，将农业产业化联合体实际采取的利益联结方式种类作为利益联结多元性变量，经数据筛选处理后，利益联结方式超过一种取值为 1，仅为一种取值为 0；对问题"利益联结是否有效解决主体困难[①]"作为利益联结有效性变量，对该问题的回答为"是"取值为 1，回答为"否"取值为 0。

5.4.2.2 解释变量

本书选取了主体行为、激励—约束、治理结构作为农业产业化联合体利益联结紧密程度的影响因素。"主体行为"变量与第 4 章相同，将龙头企业、合作社、家庭农场的参与行为归为一个指标，为衡量"主体参与行为是否都是积极的"，将三者参与行为取值均为 1 的情况赋值为 1，其他情况赋值为 0，即任一方参与行为是非积极的则认为经营主体的参与行为是非积极的。"激励—约束"因素涉及的具体问题包括"是否同时具有奖励和惩罚措施""是否设置了风险金""决策成员与理事会成员是否一致"和"经营主体之间是否存在保底收购"。被调查者对问题回答为"是"即赋值为 1，回答为"否"则赋值为 0。"治理结构"属于有序分类变量，仅采用关系治理取值为 1，仅采用层级治理取值为 2，进行关系治理和层级治理的混合治理取值为 3（见表 5-11）。

表 5-11　变量选取及说明

类别	指标	赋值说明	均值	标准差	符号
被解释变量					
利益联结紧密程度	利益联结方式是否多元	是 = 1，否 = 0	0.992	0.090	Bond$_1$
	利益联结是否有效解决主体困难	是 = 1，否 = 0	0.717	0.452	Bond$_2$

---

① 这里提到的困难主要指代经营主体在独自经营中可能遇到的较难解决的融资、土地利用及销路不畅等问题，在进行实地调研时对被访者进行了解释说明，该题项意在考察加入农业产业化联合体与其他经营主体形成的利益联结关系是否能够有效解决上述问题。

类别		指标	赋值说明	均值	标准差	符号
解释变量						
主体行为		主体参与行为是否都是积极的	是 = 1，否 = 0	0.834	0.373	V_1
"激励—约束"	奖惩措施	是否同时具有奖励和惩罚措施	是 = 1，否 = 0	0.814	0.667	V_2
	风险金	是否设置了风险金	是 = 1，否 = 0	0.401	0.491	V_3
	保底收购	经营主体之间是否存在保底收购	是 = 1，否 = 0	0.773	0.420	V_4
	参与者决策	决策成员与理事会成员是否一致	是 = 1，否 = 0	2.377	0.919	V_5
治理结构		组织内部采用的治理结构	关系治理 = 1，层级治理 = 2，混合治理 = 3	2.320	0.597	V_6
控制变量						
企业级别		核心龙头企业所属级别	市级 = 1，省级 = 2，国家级 = 3	2.121	0.550	$Cont_1$
成立年限		农业产业化联合体成立的年限	>5 年 = 1，≤5 年 = 0	0.462	0.500	$Cont_2$

注：在对"利益联结方式是否多元"指标赋值时，只有同时在"章程联结""契约联结""入股联结"代表的有形联结和"品牌联结""技术联结"代表的无形联结当中均至少采用一种的农业产业化联合体才被认为是具有多元利益联结方式的。

5.4.2.3　控制变量

本章选择核心企业级别与农业产业化联合体成立年限作为控制变量引入模型。核心企业的级别越高，越有可能带动经营主体组成多种的利益联结关系，并充分发挥利益联结的作用效力，实现主体之间的紧密联结。农业产业化联合体成立年限越久，越有可能在实践中积累丰富的经验，经过对非有效的利益联结进行不断完善使之能够加强主体合作关系，并且在时间较长的重复博弈过程中，越有可能形成多种的利益联结方式，形成联结方式彼此约束和促进的关系网络，加强联结的紧密程度。

5.4.3 实证检验与结果分析

5.4.3.1 基于双变量 Probit 模型的实证检验

运用 Stata15 进行双变量 Probit 模型回归，首先仅引入解释变量得到模型（5-1），其次将解释变量和控制变量同时放入模型作回归得到模型（5-2）（见表 5-12）。两个模型的估计结果显示，对原假设的沃尔德检验 p 值分别为 0.0000 和 0.0001，可认为 $\rho \neq 0$，即双变量 Probit 模型比两个单独的 Probit 模型更有效，联合体利益联结多元性和有效性是相互关联的，有必要使用双变量 Probit 模型。

表 5-12 双变量 Probit 模型检验的回归结果

变量	模型（5-1）		模型（5-2）	
	多元性	有效性	多元性	有效性
主体行为	8.602*** (0.512)	1.035*** (0.230)	8.817*** (0.627)	1.002*** (0.228)
奖惩措施	6.149*** (0.516)	0.290** (0.144)	7.459*** (0.760)	0.315** (0.145)
风险金	−1.100** (0.446)	0.563*** (0.202)	−1.378*** (0.515)	0.601*** (0.199)
保底收购	−1.156** (0.484)	0.138 (0.205)	−1.526*** (0.479)	0.133 (0.205)
参与者决策	0.610** (0.256)	−0.144 (0.102)	0.706*** (0.229)	−0.149 (0.103)
治理结构	1.113*** (0.268)	−0.010 (0.153)	1.164*** (0.262)	−0.011 (0.154)
核心企业级别	—	—	1.380*** (0.375)	0.235 (0.168)
成立年限	—	—	0.487* (0.281)	0.166 (0.181)

变量	模型 （5-1）		模型 （5-2）	
	多元性	有效性	多元性	有效性
常数项	-0.990* （0.576）	-0.407 （0.506）	-3.941*** （1.043）	-0.959 （0.586）
样本量	247			
Log Pseudolikclihood	-127.2063		-125.5379	
Prob>chi2	0.0000		0.0000	

注：***、**和*分别表示在1%、5%和10%的统计水平上显著；括号中的数值表示稳健标准误差。本章下同。

（1）主体行为对利益联结紧密程度的影响。

模型（5-1）和模型（5-2）的估计结果显示，"主体行为"对利益联结多元性和有效性均具有显著的影响，系数均为正数，且均在1%的统计水平下通过检验，说明龙头企业、合作社、家庭农场均采取积极的合作行为的农业产业化联合体更倾向于形成紧密的利益联结，该结果符合前文的研究假说。对河北省J市梨果产业化联合体的调研可以佐证这一观点。在实地调研中，本书比较了三个经营梨产业链的农业产业化联合体，这里分别表示为CC联合体、XH联合体和TY联合体。

1）CC联合体。

CC联合体成立于2016年，以种植、收购、储藏、出口优质鲜梨为主，以实力强大的龙头企业为带动，三家龙头企业分别负责外贸、内贸和电商，国内市场以大型超市和批发市场为主。龙头企业共建有66座冷库，年加工能力8万多吨，年出口优质鲜梨3万多吨，共带动农户2万户，可谓是联合体中的主角。龙头企业为了保证可靠加工原料来源和种植规模，与合作社、家庭农场和种养大户进行了多方面的利益联结。首先，通过签订合同进行价格补贴，以高于市场20%的价格收购合作社、家庭农场和种养大户的梨果；其次，CC联合体集体采购农资来降低生产成本并提供农资补贴，为生产主体提供生产资料优惠服务，如对每个提供的果袋补贴0.004元，此外，还有对农药和有机肥的补贴，按照交易量核算补贴额，如农药补贴额＝50×亩数×交果量/核算产量；再次，龙头企业以低于市场20%的价格提供果品储藏和运输等产后服务；复次，龙头企业每年拿出收购联合体外部主体产生的经营利润的30%按交易量对联合体内部的合作社、家庭农场、种植大户进行利润返还；最后，龙头企业聘请农业技术人员解决基地管理中的技术问题，加强原料采购过程中的质量控制，如合作社、家庭农场或种植大户严格按照龙头企业标准化流程进行农事操作，产品质量出现问题，损失由龙头企业承担。在龙头企业的积极带动下，合作社、家庭农场和种植大户非常愿意跟随龙头企业进行梨果种植合作，严格按照龙头企业规定的要求进行生产管理，参与的积极性和获得感均十分强烈，在CC联合体中真正实现了农业产业链有机衔接和利益的有效补充机制，主体之间利益联结非常紧密。

2）XH联合体。

XH联合体成立于2019年，从事梨果加工和销售，国内市场和国外市场销量基本持平。在成立农业产业化联合体初期，龙头企业为了获得稳定原料来源并卖出较高的市场价格，寻找合作社和种植大户进行合作；在发展中期，凭借可观的收益和紧密的利益联结在经营主体之间形成了良好的口碑，经过口口相传，更多的经营主体纷纷加入。XH联合体同样通过多种利益联结方式形成经营主体之间的交易关系网络。首先，龙头企业向联合体内部成员提供农药果袋和化肥（一半）等，外部成员提出需要时龙头企业只提供农药使用清单（配方）给经营主体自行寻找购买，且没有其他服务；其次，达到龙头企业质量标准的按高于市场的约定价格收购，未达标的按普通价格收购，在日益规范的管理下，追求更高收益的生产者自觉提高自身素质，努力生产满足龙头企业标准的产品；再次，龙头企业与技术机构进行合作，为生产主体提供技术指导和培训；最后，龙头企业通过入股合作社等方式建立经营主体间的利益联结关系，提升了农业产业化联合体合作效率并加强了信任关系。根据调研了解到，附近零散未经组织的梨农会出现"追高"的投机行为，而XH联合体内却不存在，经营主体之间的利益联结非常紧密。

3）TY 联合体。

TY 联合体成立于 2018 年，以鲜梨种植、初加工和销售为主，在产前环节，龙头企业向生产主体以优惠价格提供农药和化肥等农资，规模大的果园由龙头企业配送，规模较小的需农户自取；在产中环节，龙头企业除与科研机构合作外，也设立质检部和研发部，为生产者提供种植指导和农药化肥施用指导服务等；在产后环节，龙头企业以每斤高于市场 0.1~0.2 元的价格收购合作社与家庭农场（种植大户）的鲜梨，但由于龙头企业自身没有太大的需求量，梨农将鲜梨卖往市场的情况比较常见。TY 联合体中经营主体之间的利益联结方式为商品契约和要素契约，其中要素契约的联结是浅尝辄止的，利益分配在产后农产品交易完成即结束，合作的程度比较有限。整体来看，TY 联合体采用了一种比较松散的、经营主体对彼此要求相对宽松的利益联结关系，最终的利益联结紧密度也有所弱化。

（2）治理结构对利益联结紧密程度的影响。

表 5-12 中模型（5-1）和模型（5-2）的估计结果显示，"治理结构"对利益联结多元性具有显著的影响，系数为正且均在 1% 的统计水平下通过检验，说明将层级治理与关系治理结合而采取混合治理的农业产业化联合体更倾向于通过多种利益联结方式进行主体的合作，并在不同维度的合作中加深彼此之间的利益联结紧密度，该结果符合前文的研究假说。层级治理能够对经营主体之间的契约关系起到保障的作用，关系治理的引入在以契约为主导的基础上，考虑到经营主体间信任因素的作用，更加注重维系长期的关系价值（Macneil，1981）。在调研过程中发现，层级治理结构强而关系治理结构偏弱的农业产业化联合体规范性更强，龙头企业的主导作用和目标导向作用更加明显，更倾向于通过商品契约和要素契约进行合作，但相对缺乏灵活的互助手段，这种互助关系一般通过非正式的形式来表现。层级治理和关系治理并重的农业产业化联合体除正式契约建立的利益联结关系之外，还会建立非正式但可操作性强的利益联结关系。如实力较强的主体进行联保联贷，当某成员想银行贷款却没有抵押物的情况下，由符合

标准的几家核心企业共同担保贷出资金，借贷关系完成后转化为内部资金，在企业没有资金需求时，其他成员在联合体成员的担保下可借用，相关成员共同商定一个比银行略高的利率，实现资金的灵活流通。又如，在核心企业所持有的土地证暂没有实际用途时，经过协商后企业可以向没有土地证的合作社借用土地证，合作社支付少许利息即可。虽然农业产业化联合体经营主体关系也随之变得更加复杂，但在契约和信任的双重监督约束下，利益联结的紧密度也逐渐增加。

（3）"激励—约束"因素对利益联结紧密程度的影响。

奖惩措施、有无风险金、决策者与理事会成员是否一致以及是否进行保底收购均能够显著地影响农业产业化联合体利益联结的多元性，且均在1%的统计水平下通过检验。但"有无风险金"和"是否保底收购"两个变量的系数估计结果为负，是否保底收购与利益联结多元性呈反向关系的结果与现实并不相符；目前还没有设置风险金的农业产业化联合体属于多数，可能还没有与利益联结形成良好的互动机制。但有无风险金对利益联结有效性存在显著的正向影响，在1%的统计水平下通过检验。此外，奖惩措施在5%的统计水平下对利益联结有效性产生显著的正向作用。兼顾激励和约束也是对农业产业化联合体合作关系与利益获得的保障，经营主体对组织的信任感和责任感有所增加，自觉地维护与其他主体的利益联结关系。

5.4.3.2 不完全相同的解释变量估计

进一步地，针对两个被解释变量选择不同的解释变量再次运用双变量Probit模型进行估计。在模型（5-3）中，影响利益联结多元性的解释变量设置为主体行为、奖惩措施、参与者决策和治理结构四个因素，影响利益联结有效性的解释变量设置为主体行为、奖惩措施、风险金和保底收购四个因素。在影响利益联结多元性的解释变量中引入核心企业级别和成立年限，得到模型（5-4），结果如表5-13所示。主体行为和奖惩措施对利益联结紧密程度的两个测度指标影响分别在1%和10%的统计水平上显著。参与者决策和治理结构对利益联结多元性的影响分别在5%和1%的统计水平上

显著。控制变量中，核心企业级别也在5%的统计水平上对利益联结多元性
具有显著的正向影响，即核心企业级别越高，越具有带动联合体经营主体
通过多种方式进行利益联结的倾向。风险金对利益联结有效性的影响在1%
的统计水平上显著，保底收购的影响却未见显著。

表 5-13　解释变量不完全相同的模型估计结果

变量	模型（5-3）		模型（5-4）	
	多元性	有效性	多元性	有效性
主体行为	6.045*** (0.370)	1.029*** (0.233)	6.575*** (0.516)	1.028*** (0.233)
奖惩措施	5.085*** (0.647)	0.263* (0.143)	4.973*** (0.516)	0.263* (0.143)
风险金	—	0.556*** (0.204)	—	0.555*** (0.204)
保底收购	—	0.150 (0.204)	—	0.151 (0.205)
参与者决策	0.713** (0.326)	—	0.712** (0.291)	—
治理结构	1.391*** (0.459)	—	1.383*** (0.398)	—
核心企业级别	—	—	0.703** (0.315)	—
成立年限	—	—	0.013 (0.589)	—
常数项	-2.712*** (0.626)	-0.758*** (0.255)	-4.121*** (1.047)	-0.759*** (0.766)
样本量	247			
Log Pseudolikelihood	-128.5860		-128.5715	
Prob>chi2	0.0038		0.0000	

5.5 本章小结

本章首先按经营产业类别，对农业产业化联合体采用的利益联结类型、利益分配方式和利益保障措施进行了分类梳理，运用河北省省级示范性农业产业化联合体的实地调研数据，采用双变量 Probit 模型研究了农业产业化联合体利益联结紧密程度的影响因素。得到以下主要研究结论：

第一，在利益联结方式的选择上，农业产业化联合体更倾向于采取技术培训指导和签订订单/合同以正式契约形式进行联结，通过制定联合体章程和共享产品品牌进行联结的方式并没有得到农业产业化联合体的普遍应用，经营主体以传统要素入股的方式相对较多，对以创新方式进行股份制联结仍持观望态度；在利益分配方式上，农业产业化联合体采取的分配方式比较单一，集中于保底价收购的方式，缺乏创新性，除龙头企业外，其他经营主体并没有获得利润二次分配的有效且合理的渠道，如二次分红和奖励金，生产主体分享到产后环节增值收益的能力有限，在未来还有完善发展的空间；在利益保障措施上，农业产业化联合体通常会以龙头企业与合作社代表作为理事会成员，有些没有成为理事会成员的龙头企业在实际的经营管理当中依然具有无法替代的话语权，有些合作社虽然成为理事会的一员，但在组织管理当中并没有参与决策，家庭农场（种养大户）和上下游企业作为理事会成员的农业产业化联合体在半数左右，小农户和其他利益相关主体则几乎不被选作理事会成员进行组织治理；与成立初期相比，对风险金的重视度有所增加但有限，且风险金多由核心成员来承担。

第二，参与合作的龙头企业、合作社、家庭农场同时采取积极的合作行为的农业产业化联合体更倾向于形成紧密的利益联结，经营主体采取积极的行为选择能够促进农业产业化联合体内部形成多元化的利益联结方式，并充分发挥利益联结机制的有效作用；采取混合治理和层级治理的农业产业化联合体更倾向于通过多种利益联结方式实现主体合作，更容易建立关联更多联合体内部经营主体的利益联结网络，在不同维度的合作中加深彼此之间的利益联结紧密度，单独依靠主体关系进行治理的农业产业化联合体则较难实现紧密的利益联结；另外，建立"奖励+惩罚""激励—约束"机制能够激发经营主体依靠组织保障，在彼此之间形成更加复杂的利益联结网络，如果联合体中参与决策的主体与加入理事会成员的主体具有比较高的一致性，则农业产业化联合体进行多元利益联结的合作更容易实现，主要原因是组织内部具有相对稳定和权威性的管理团体；除经营主体参与合作积极性外，是否建立风险金制度能够显著地影响农业产业化联合体利益联结的有效性。

第6章　农业产业化联合体利益联结对绩效的影响研究：收益视角

自农业产业化联合体成立初期显现出带动新型农业经营主体和农业产业链发展的优势以来，国内学者纷纷对其实现主体和组织收益水平差异的内因进行研究，讨论的焦点集中在农业产业化联合体内在的利益联结机制。从松散型合作到紧密型联结，农业产业化联合体在分工的基础上，通过商品契约以低价供应、服务提成、优价收购、参股分红等多种利益联结方式的组合形成稳定的盈利模式。或者以要素契约为主，建立资金联结、资产联结、技术联结、品牌联结和服务联结的多种利益联结机制，经营主体间形成了互利共生的合作关系，实现农业产业化联合体利益共同体的一体化经营，共享产业链价值增值收益（张琴和郭红东，2017）。窦祥铭和李红波（2019）提到商品契约、要素契约和成员互助三个维度构成的利益联结机制降低了经营风险。成员间形成紧密型利益联结关系有助于按照实际的贡献度进行利益分配，使成员享受产业链增值收益（刘岩和任大鹏，2022）。已有研究多从理论角度出发解析利益联结机制对农业产业化联合体组织绩效的影响作用，并结合具体案例进行剖析。但具体有哪些影响农业产业化联合体绩效的利益联结因素，且这些因素是怎样产生促进或抑制作用的，对这些问题的解释还并不完善。本章以河北省省级示范性农业产业化联合体作为整体，选取能够客观地反映农业产业化联合体绩效的指标变量，主要探究影响农业产业化联合体绩效的利益联结因素有哪些，以及在利益联结与绩效的关系中，治理结构是否能够调节性地对上述关系产生影响，以期为新型农业经营主体创新多种利益联结机制、提升农业产业化联合体自身增效与带动农业产业链增值能力提供参考借鉴。

6.1　利益联结对收益水平影响的研究假说

6.1.1　利益联结与农业产业化联合体收益

本章将利益联结分为有形利益联结和无形利益联结两类变量，分别探究它们对农业产业化联合体收益增长的影响作用。模型预处理的检验结果表明，主体行为对农业产业化联合体收益增长方面的绩效并没有显著性影响，且主体行为与利益联结的交互作用对收益水平的作用关系不存在，故本章不再对相关内容进行赘述，特此说明。

6.1.1.1　有形利益联结与收益

（1）利益联结方式与收益。

利益联结紧密程度是影响合作组织经营绩效的重要因素，有些学者采用带动农户和新型经营主体数量作为衡量利益联结紧密度的指标。农民合作社联合体运行机制绩效也受到利益联结与分配机制的影响（郭瑞玮等，2018）。李灿等（2022）将利益联结分为契约型和股权型两种模式，契约型以订单合同为主要方式，股权型以资本投入为主要方式，深入分析农业龙头企业与农户的利益联结如何实现价值提升。结果显示股权型利益联结更有助于实现经济价值和社会价值，是未来稳定利益联结机制和经营主体增收的重要方式。很多企业与农户通过签订订单合同建立了长期稳定的产销关系，一些订单合同加入了关于要素服务交易的内容，以正式契约的方式安排生产并明确过程中交易双方的权利与义务（杨慧和蔡文著，2013）。订单合同式的交易能够使生产者借机获得新技术成果，提高产品质量和增收能力（蔡荣和蔡书凯，2013）。汤文华（2021）利用是否建立利益风险机制来表征农业产业化联合体利益联结机制，得出利益联结能够显著地促进农业产业化联合体绩效的结果。基于以上关于利益联结对组织绩效影响的研究成果，提出以下研究假说。

H_{6-1a}：利益联结方式多样性与农业产业化联合体收益具有正相关关系。

（2）利益分配方式与收益。

Sexton（1986）运用博弈论说明了按比例分享收益的分配方式可以使合作社得到稳定发展。利益分配机制的明晰度影响经营主体间合同稳定性和质量（杨浩雄等，2019）。完善利益分配机制是从根本上调动主体参与合作积极性的根本手段，也是合作组织健康运行并取得良好绩效的反映（张开华和张清林，2007）。是否提取盈余公积金、是否保护价收购、是否惠顾返还和是否股金分红均为反映利益分配方式的主要指标，其对组织绩效均具有显著的正向影响，农民专业合作社利益分配制度的健全程度显著影响组织绩效。具备合理的利益分配方式同时对社会绩效和成员间的凝聚力有显著影响（冯开文，2006），特别地，按资分配对提高合作组织经济绩效的作用尤其明显（田艳丽和修长柏，2014）。基于上述分析，本章为探讨农业产业化联合体利益分配方式对收益的作用提出以下假说。

H_{6-1b}：利益分配方式多样性对农业产业化联合体收益具有正向影响。

6.1.1.2 无形利益联结与收益

（1）农业社会化服务与收益。

根据农业部、国家发展改革委、财政部《关于加快发展农业生产性服务业的指导意见》（农经发〔2017〕6 号）和已有研究（孔祥智等，2009；庄丽娟等，2011），农业社会化服务是根据农业生产经营进行专业化分工后提供可交易的服务（龚道广，2000；夏蓓和蒋乃华，2016）。包括产前育种和农资供应，产中技术指导与培训、生产作业与管理，产后加工、仓储运输及销售、信息咨询等全过程（穆娜娜和钟真，2022）。培育新型农业经营主体有赖于农业社会化服务的发展。是否购买农业社会化服务（曲朦和赵凯，2021）和农业社会化服务程度将会影响农业生产经营绩效（杨子，

2020），主要通过三种途径实现：一是生产资料购买价格减少降低了生产成本；二是机械化生产、先进技术应用（张瑞娟和高鸣，2018）和信息的科学利用（王颜齐和郭翔宇，2018）提高了生产规模（穆娜娜等，2019）和农业生产率，从而提升了农产品产量和质量（周振等，2016）；三是稳定销售渠道和中间环节的减少，增加了农产品销售获得（郭斐然和孔凡丕，2018）。基于以上分析，本章探讨社会化服务覆盖率与农业产业化联合体绩效之间的关系，提出以下研究假说。

H_{6-2a}：社会化服务覆盖率对农业产业化联合体收益具有正向影响。

（2）农资配送率与收益。

调研时注意到在一些农业产业化联合体中，存在生产者向龙头企业或合作社取用农资和龙头企业或合作社向生产者进行农资配送两种现象。且在后一种情况下，不同利益联结程度的农业产业化联合体农资配送率存在差异。部分龙头企业向较大规模经营主体配送，较小规模的主体需要自己前来领取；部分龙头企业向所有生产者配送农资，配送到合作社再由合作社向成员农户发放。国内学者提到农资服务质量对农业生产绩效存在显著的正向作用（陈曲等，2011）。良好的农资服务质量意味着向农资使用者提供更好的指导，使其能够充分了解新技术和新产品信息（黄季焜等，2008）。孟庆国等（2021）以山东供销社为例，指出供销社系统整合的为农服务体系将服务项目拓展到智能配肥、农民培训、农资供应、烘干仓储加工等，提升农业生产托管且成效颇为显著。现有研究多从宏观视角入手，研究全国范围、省际范围内农资配送服务对农业发展和农民收入的影响作用。学者多选择农村固定资产投向交通运输、仓储和邮政业的资金作为农资配送服务水平的替代变量，检验结果显示农资配送服务对农业生产和农民收入的影响显著（兰晓红，2015），另有学者检验结果表示农资配送服务对农业生产与农民收入的提高的作用并不明显（郝爱民，2011）。合作社将农资配送到田间地头完善了配送系统且提高了配送服务质量，有助于实现助农增收（邹辉，2008）。基于以上分析，本章选取农资配送率作为衡量农资配送服务等代理变量，提出以下研究假说。

H_{6-2b}：农资配送率对农业产业化联合体收益具有正向影响。

（3）技术培训次数与收益。

分散小农为了更多地满足家庭粮食需求进行农业生产，对技术的敏感性并不高，通过新技术应用实现增收的效果非常有限。相比之下，进行规模经营的生产主体为了获取更多收益，当看到有助于提高产量并提升品质的先进技术时，更愿意采纳接受。有学者研究发现，对创新技术采纳意愿随土地经营规模的增加而增强（李容容等，2015）。诸位学者探讨农户参与农业技术培训对收入的影响，认为农技培训是提升农户人力资本的重要方式，有助于提高农户的生产经营能力（李文明等，2015）和收入水平（Ding 等，2011），农户人力资本水平的提高从长期看将会促进农业经济增长（Schultz，1961）。农技培训对提高农业技术效率和土地生产率有促进作用，且参加培训次数的增加显著地提高了农户的农业生产效率（谢文宝和刘国勇，2018）。研究发现，是否加入合作社及农户异质性对其进行技术培训有显著的影响（何安华等，2014）。技术培训对规模户农业生产效率的提高有显著作用，对小农户的作用并不显著（袁若兰等，2023）。当考虑到不可观测的因素造成的内生性问题以及能力较强的农户（本身收入水平就高）更容易参加技术培训带来的样本自选择问题时，参与技术培训对提高农民收入的作用会变小（潘丹，2014）。另有学者经过实证分析，指出农业技术培训对农户收入的促进作用还比较小（徐金海和蒋乃华，2009）。基于以上分析，针对农业培训次数对联合体绩效增长是否具有影响且作用是否显著的问题，本章提出以下研究假说。

H_{6-2c}：技术培训次数对农业产业化联合体收益具有正向影响。

6.1.2 治理结构在利益联结与收益关系中的调节效应

6.1.2.1 层级治理与关系治理

有效的治理结构能够帮助提高组织成员参与治理的积极性，带动成员实现增收。层级治理和关系治理分别是对市场治理的正式替代和非正式替代（张可云等，2022）。从"委托—代理"关系的角度比较"成员大会—理事会"和"普通成员—核心成员—理事会"这两种层级治理结构，前者治理效率优于后者，行为动机的趋同使成员之间更容易形成利益共同体。垂直型的层级治理最初源于企业边界和交易成本的研究（Coase，1937）。国内外学者指出层级治理对企业绩效具有提升作用（王宛秋和聂雨薇，2016），但也有学者认为对企业绩效带来负面影响（李青原和唐建新，2010）。社会关系学家认为在嵌入了社会关系的经济组织中，良好稳定的关系能够替代科层治理来规避交易中的潜在风险（Rooks 等，2006），对机会主义行为具有更加有效的约束作用（Stephen 等，2006）。基于信任关系的建立，交易双方通过隐性规则来协调管理组织合作（Heide，1994）。关系治理能够从经营效率等方面提高绩效水平（Anin 等，2016）。引入关系治理的二元治理机制会保障契约稳定且促进综合绩效提升，有助于交易双方实现共赢结果。在合作关系发展的不同阶段，关系治理的作用强弱也有差异，在合作关系建立的初期，关系治理因难以满足成员对利益保障的要求而有所淡化；合作成熟期则具有更加稳固的依赖信任关系，关系治理随之成为理性的选择（陈勇强和祁春节，2021）。

6.1.2.2　治理结构的调节效应

治理结构是组织内成员建立利益联结关系开展分工合作的重要情境因素。学者将治理结构作为调节变量检验对绩效的影响，所得研究结论不一。有些学者认为治理结构对绩效具有积极作用（Gill 等，2011），另有学者认为作用是消极的（Arbor，2007）。在治理结构对技术应用与绩效关系的调节作用研究中发现，治理结构对两者的正相关关系具有显著的正向调节作用（林心怡和吴东，2021）。企业绩效方面的研究成果发现，治理结构（独立董事比例）能够间接地通过促进财务松弛，将财务冗余转为研发投资来增加企业绩效（Ashwin 等，2016）。内部治理结构中的股权结构能够对政府补贴与企业绩效之间的关系起到调节作用（薛洲等，2021）或中介作用（周春应和张红燕，2019），对涉农企业经营绩效的影响具有调节作用，较高的股权集中度会抑制之后其政府补贴对涉农企业经营绩效的作用（李晓阳等，2021）。Ngatno 等（2021）研究认为只有委员会规模会调节性地增强资本结构和绩效的关系，而董事会规模和股权集中度则不会。在合作社治理中，理事会结构和理事长能力对合作社运行发展具有显著影响（李静，2013）。为了探究农业产业化联合体的治理结构是否会对利益联结与绩效增长的关系产生调节作用，本章提出以下研究假说。

H₆₋₃：层级治理会增强农业产业化联合体利益联结影响收益的作用效力。

6.1.3　利益联结影响收益水平的逻辑架构

基于以上分析，提出本书农业产业化联合体利益联结与收益关系的研究框架（见图6-1）。在农业产业化联合体中，利益联结可分为有形利益联结与无形利益联结，收益从联合体效益和主体效益两方面进行衡量，其中，主体绩效作为稳健性检验的替换变量。农业产业化联合体利益联结对收益水平具有促进作用，且有形利益联结与无形利益联结对收益的作用方向是一致的。其中，治理结构作为调节变量对利益联结与收益的关系具有调节作用，即利益联结作用于收益的过程受到来自治理结构产生的调节效应的影响。

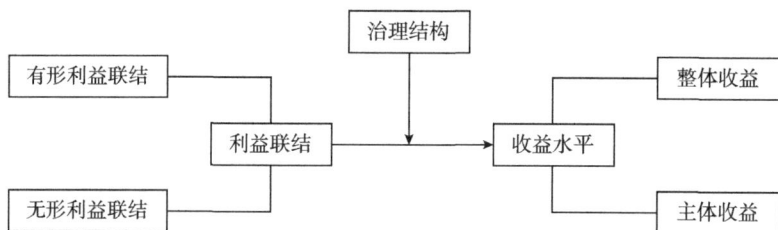

图6-1　利益联结影响收益的逻辑架构

6.2　利益联结影响效益的模型设定与变量选取

6.2.1　多元回归模型与调节效应模型

6.2.1.1　基准模型设定

为验证经营主体利益联结对农业产业化联合体效益的影响效应，本章构建如下多元回归模型：

$$\ln cz_i = \theta_0 + \theta_1 sfl_i + \theta_2 px_i + \theta_3 lj_i + \theta_4 fp_i + \theta_5 psl_i + \gamma_j ctrj_i + \varepsilon_i \tag{6-1}$$

其中，$\ln cz_i$（$i = 1, 2, \cdots, 200$）表示第 i 个农业产业化联合体年产值的对数；θ_0 表示模型中的常数项，θ_1、θ_2、θ_3、θ_4、θ_5 表示解释变量的待估参数，γ_j 表示控制变量的待估参数；$ctrj_i$（$j = 1, 2, 3, 4$）表示控制变量，即第 i 个农业产业化联合体的核心企业级别、带动农户数（取对数）、科研人员数量和科研机构数量；ε_i 表示随机误差项。

6.2.1.2　扩展模型设定

为了识别治理结构对利益联结影响效益的调节效应，本章借鉴调节效应检验方法，设定扩展后的调节效应模型如下：

$$\ln cz_i = \theta_0' + \theta_1' sfl_i + \theta_2' px_i + \theta_3' lj_i + \theta_4' fp_i + \theta_5' psl_i + \theta_6' zl_i + \theta_7' ljzl_i + \gamma_j' ctrj_i + \varepsilon_i' \tag{6-2}$$

其中，zl_i 表示调节变量，即农业产业化联合体治理结构；$ljzl_i$ 表示利益联结方式与调节变量的交互项；θ_0' 表示模型中的常数项，θ_1'、θ_2'、θ_3'、θ_4'、θ_5'、θ_6'、θ_7' 表示解释变量的待估参数，γ_j' 表示控制变量的待估参数；$ctrj_i$（$j = 1, 2, 3, 4$）表示控制变量，ε_i' 表示随机误差项；其余变量和符号与式（6-1）相同。

6.2.2　变量选取

6.2.2.1　样本选择

本章所用一部分数据来源于政府部门的统计数据和调研数据，对容量为 200 的子样本数据进行建模分析，覆盖了河北省 12 个地市 109 个县区。所选子样本的基本条件为：①同时被评选为 2020 年和 2022 年的省级示范性农业产业化联合体。②具有调研过程获得的有效问卷。③重要的指标变量在数值上不存在异常大幅增减状况。因样本信息与前文具有差异，在此对样本特征进行描述（见表 6-1）。所选样本中包括种植类、养殖类、种养混合类、加工类和流通类农业产业化联合体。其中，加工类农业产业化联合体 147 家，占样本总量的 73.5%；种植类、养殖类和种养混合类农业产业化联合体分别为 29 家、11 家和 10 家，约占样本总量的 25%。年产值在 5 亿元以下的农业产业化联合体有 128 家，占总数的 64%；80% 的农业产业化联合体具有省级及以上级别的龙头企业作为核心引领；近九成的农业产业化联合体拥有的研发与技术推广机构在 3 个以内；近 1/3 的农业产业化联合体带动农户数量大于万人。

表 6-1　样本特征描述　　　　　　　　　　　　　单位：%

变量名称	类别	频数	占比	变量名称	类别	频数	占比
产业类型	种植类	29	14.5	年产值	≤1 亿元	8	4
	养殖类	11	5.5		1~5 亿元	120	60
	种养混合类	10	5		5~10 亿元	30	15
	加工类	147	73.5		>10 亿元	42	21
	流通类	3	1.5	研发与技术推广机构数量	≤3 个	178	89
治理结构	层级治理	111	55.5		3~10 个	18	9
	其他	89	44.5		>10 个	4	2
核心企业级别	市级	12	6	带动农户数量	≤5000	97	48.5
	省级	148	74		5000~10000	45	22.5
	国家级	40	20		>10000	58	29

6.2.2.2　变量指标

（1）被解释变量。

本章选择能够直接反映农业产业化联合体经营效果的年产值作为绩效参考指标，为了适当压缩变量值域并减弱异方差性，将其进行取对数处理后得到年产值对数指标（lncz）作为被解释变量。

（2）解释变量。

根据理论推演和数据可得性原则，并经过准备阶段的试算整理，本章最终选择农业产业化联合体的社会化服务覆盖率、技术培训、利益联结方式多样性、利益分配方式多样性、农资配送率五个指标作为衡量利益联结对效益增长影响作用的核心解释变量。其中，技术培训是指农业产业化联合体平均每月对农户进行技术培训的次数，统计整理为分类变量；利益联结方式和利益分配方式分别是指农业产业化联合体内经营主体进行利益联结采用的方式种类数量和利益分配的方式种类数量，前者包括如要素入股联结、订单联结、风险基金联结等；后者包括如保底收购、二次分红、奖励金等，均为离散变量。

（3）控制变量。

根据已有研究，带动农户数量、科研人员数量、科研机构数量均可能会对农业产业化联合体效益增长产生影响。考虑到带动新型农业经营主体发展的核心龙头企业，其自身能力强弱关系到发挥"链主"作用的水平，必然对农业产业化联合体整体发展具有影响。因此，本章主要选取核心企业级别、带动农户数量、科研人员数量和科研机构数量作为模型的控制变量，以缓解因遗漏变量而产生的系数估计偏误。其中，带动农户数量进行了取对数处理。

（4）调节变量。

选择治理结构作为利益联结影响效益的调节变量，采用层级治理取值为 1，其他情况赋值为 0，是二元的分类变量。具体变量说明及描述性统计如表 6-2 所示。

表 6-2　变量说明及描述性统计

变量类型与名称		变量取值	均值	标准差	符号
被解释变量					
年产值		连续变量，取对数	10.595	1.270	lncz
解释变量					
有形利益联结	利益联结方式多样性	离散变量，具有利益联结方式的种类	2.700	0.833	lj
	利益分配方式多样性	离散变量，具有利益分配方式的种类	1.455	0.707	fp
无形利益联结	社会化服务覆盖率	连续变量	0.814	0.224	sfl
	技术培训	2 次以下/月 = 1；2~4 次/月 = 2；超过 4 次/月 = 3	1.560	0.677	px
	农资配送率	连续变量	0.803	0.238	psl

变量类型与名称	变量取值	均值	标准差	符号
控制变量				
核心企业级别	市级＝1；省级＝2；国家级＝3	2.140	0.492	ctr_1
带动农户数量	连续变量，取对数	5.919	1.699	ctr_2
科研人员数量	离散变量/人	39.660	59.965	ctr_3
科研机构数量	离散变量/个	2.195	3.187	ctr_4
调节变量				
治理结构	层级治理＝1；其他＝0	0.555	0.498	zl

6.3 联合体收益影响因素的实证检验

6.3.1 利益联结对收益的作用检验

首先利用 Stata15 软件，通过多元回归模型对利益联结和收益水平的关系进行基准回归分析，表 6-3 汇报了模型回归结果。模型（6-1）至模型（6-6）分别为逐个解释变量和加入所有解释变量来检验利益联结对绩效的作用结果。所有方差膨胀因子均小于 10，平均方差膨胀因子为 1.21，说明变量之间不存在多重共线性问题。所有模型 F 统计量均在 1% 显著性水平上拒绝原假设。以引入所有解释变量的模型（6-6）进行解释，结果显示，解释变量中的社会化服务覆盖率和技术培训在 1% 的统计水平上显著，利益联结方式在 5% 的统计水平上显著，且 F 统计量也在 1% 的统计水平上显著，模型成立。以上说明从基准回归模型结果来看，利益联结对效益水平具有显著的正向作用。

表 6-3　模型回归结果

变量	模型 (6-1)		模型 (6-2)		模型 (6-3)	
	系数	标准误	系数	标准误	系数	标准误
社会化服务覆盖率	1.157***	0.354	—	—	—	—
技术培训	—	—	0.409***	0.119	—	—
利益联结方式多样性	—	—	—	—	0.249**	0.094
利益分配方式多样性	—	—	—	—	—	—
农资配送率	—	—	—	—	—	—
核心企业级别	0.907***	0.162	0.840***	0.164	0.919***	0.163
带动农户数	0.084*	0.046	0.086*	0.046	0.099*	0.046
科研人员数量	0.004***	0.001	0.003**	0.001	0.004***	0.001
科研机构数量	0.051**	0.025	0.042*	0.025	0.051*	0.027
常数项	6.917	0.487	7.411***	0.434	7.096***	0.486
F 统计量	15.93***		16.21***		14.89***	
ΔR²	0.2758		0.2796		0.2616	

变量	模型 (6-4)		模型 (6-5)		模型 (6-6)	
	系数	标准误	系数	标准误	系数	标准误
社会化服务覆盖率	—	—	—	—	1.371***	0.396
技术培训	—	—	—	—	0.402***	0.117
利益联结方式多样性	—	—	—	—	0.271**	0.099
利益分配方式多样性	0.085	0.114	—	—	−0.132	0.120
农资配送率	—	—	0.193	0.341	−0.385	0.374
核心企业级别	0.932***	0.168	0.951***	0.166	0.789***	0.160
带动农户数	0.101**	0.047	0.100**	0.047	0.066	0.044
科研人员数量	0.004**	0.001	0.004**	0.001	0.004**	0.001
科研机构数量	0.050	0.025	0.050	0.025	0.043*	0.024
常数项	7.596***	0.451	7.528***	0.507	6.288***	0.541
F 统计量	13.21***		13.15***		12.01***	
ΔR²	0.2376		0.2366		0.3358	

注：***、**和*分别代表在1%、5%和10%的统计水平上显著，本章下同。

6.3.2　治理结构的调节效应检验

在实地调研中发现，有的农业产业化联合体以"成员代表大会—理事会"形式的层级结构进行组织内部治理，有的农业产业化联合体签订订单合同等契约并依靠成员间关系进行监督和约束，有的农业产业化联合体的内部治理综合以上两种方式实现。这些不同的治理结构在经营主体之间建立利益联结机制并对最终绩效产生影响的过程中发挥的作用也是不同的。通过调节效应模型，对计量模型（6-7）和模型（6-8）进行实证分析，以检验治理结构具有调节效应之假说的合理性。估计结果如表6-4所示，模型（6-7）为加入治理结构变量进行的回归，模型（6-8）分别为引入利益联结方式和治理结构交互项后，对变量未经标准化处理和进行标准化处理后的估计结果。在模型（6-7）中，利益联结方式变量和治理结构变量系数显著，但在模型（6-8）（未标准化）中不显著，且系数具有较大差异，考虑是数据非标准化引起的，标准化后再对交互项进行回归，最终得到可靠的估计结果。处理后，各变量方差膨胀因子均小于10，且平均方差膨胀因子为1.19。结果显示，标准化前后交互项系数和显著性不变。且加入调节变量后，模型的调整 R^2 有所提高。

表 6-4　调节效应结果

变量	模型（6-7）		模型（6-8）（未标准化）		模型（6-8）（标准化）	
	系数	标准误	系数	标准误	系数	标准误
社会化服务覆盖率	1.552***	0.391	1.528***	0.386	1.528***	0.386
技术培训	0.344**	0.115	0.319**	0.114	0.319**	0.114
利益联结方式多样性	0.290**	0.097	0.074	0.132	0.305**	0.096
治理结构	0.479**	0.150	−0.634	0.492	0.485***	0.149
利益联结方式多样性×治理结构	—	—	0.415***	0.175	0.415***	0.175
利益分配方式多样性	−0.172	0.118	−0.182	0.117	−0.182	0.117
农资配送率	−0.498	0.367	−0.544	0.363	−0.544	0.363
核心企业级别	0.776***	0.156	0.759***	0.154	0.759***	0.154

变量	模型（6-7）		模型（6-8）（未标准化）		模型（6-8）（标准化）	
	系数	标准误	系数	标准误	系数	标准误
带动农户数	0.067	0.043	0.065	0.043	0.065	0.043
科研人员数量	0.004***	0.001	0.004**	0.001	0.004**	0.001
科研机构数量	0.044*	0.023	0.043*	0.023	0.043*	0.023
常数项	6.067***	0.533	6.820***	0.612	6.198***	0.529
F 统计量	12.35***		12.02***		12.02***	
ΔR^2	0.3667		0.3821		0.3821	

6.3.3 稳健性检验

为了进一步检验回归结果的可靠性，本章采取三种方法对模型进行稳健性检验。一是替换解释变量法。首先选择联合体订单履约率替换利益分配方式变量进行回归，结果如模型（6-9）（lyl）所示；其次采用技术培训替换利益联结方式，将其与治理结构的交互项引入模型进行调节效应检验，结果如模型（6-9）（px×zl）所示。在回归结果中，订单履约率和替换后交互项的系数均通过了5%统计水平上的显著性检验。二是子样本替换法。选取本章原样本中类别为"加工类"的农业产业化联合体进行回归，即加入条件"IF lb=5"（lb 指类别），子样本容量占原样本容量的73.5%，结果如模型（6-10）所示，核心解释变量、调节变量、交互项系数均通过显著性检验。三是替换被解释变量法。将核心企业年销售额变量替代农业产业化联合体年产值变量重新对模型进行回归分析，核心解释变量、调节变量及交互项均有显著影响，但与模型（6-8）（标准化）回归结果相比，社会化服务覆盖率、技术培训、治理结构、交互项系数的显著性有所降低。将上述三种方法用于基准回归模型中进行回归得到结果依旧显著，表6-5只列出针对调节效应所做稳健性检验的回归结果。综合上述检验结果，稳健性检验支持基准回归和调节效应中关于核心解释变量对收益水平作用的假说，尤其是支持利益联结方式、治理结构、收益水平三者之间关系的实证结果。

表6-5 稳健性检验结果

变量	模型（6-9）（lyl）		模型（6-9）（px×zl）		模型（6-10）		模型（6-11）	
	系数	标准误	系数	标准误	系数	标准误	系数	标准误
社会化服务覆盖率	1.464***	0.384	1.480***	0.387	1.588***	0.425	0.760*	0.398
技术培训	0.300**	0.113	0.287**	0.116	0.176	0.131	0.216*	0.118
利益联结方式多样性	0.232**	0.086	0.264**	0.097	0.260**	0.112	0.246**	0.099
治理结构	0.431**	0.147	0.493***	0.149	0.537**	0.171	0.350**	0.153
利益联结方式多样性×治理结构	0.444**	0.174	—		0.356*	0.203	0.317*	0.180
技术培训×治理结构	—		0.558**	0.234	—		—	
订单履约率	0.017**	0.008	—		—		—	
利益分配方式多样性	—		-0.173	0.117	-0.093	0.143	-0.313**	0.120
农资配送率	-0.718**	0.364	-0.397	0.365	-0.376	0.421	0.029	0.372
控制变量	已控制		已控制		已控制		已控制	
常数项	4.867***	0.810	6.102***	0.527	6.582***	0.635	5.975***	0.544
F统计量	12.43***		12.03***		7.65***		9.46***	
ΔR^2	0.3907		0.3823		0.3353		0.3242	

6.4 联合体收益影响因素检验的结果分析

6.4.1 利益联结对收益的作用结果分析

模型（6-6）是反映利益联结的变量对农业产业化联合体年产值影响的

回归结果，模型整体拟合结果较好。回归结果显示，在其他条件不变的情况下，代表有形联结的利益联结方式多样性和代表无形联结的社会化服务覆盖率、技术培训对农业产业化联合体年产值具有显著正向作用，即随着利益联结方式的多样化、社会化服务覆盖率提高，以及技术培训次数增加，农业产业化联合体年产值呈现增长的特征。故假说 H_{6-1a}、假说 H_{6-2a} 和假说 H_{6-2c} 得到验证。从控制变量来看，核心企业级别越高、科研人员和科研机构数量越多，越能促进农业产业化联合体年产值提升。具体地，从有形联结和无形联结两方面因素分析对农业产业化联合体收益的作用结果。

6.4.1.1 利益联结方式多样性正向促进联合体年产值

本次问卷设置的利益联结方式主要有四种，分别是订立章程联结、签订合同/订单联结、要素入股联结和风险金联结。利益分配方式也有四种，分别是保底收购、按入股比例二次分红、奖励金和其他分配方式。利益联结方式的多样性有助于提升农业产业化联合体的年产值。其原因在于：第一，利益联结方式反映了加入农业产业化联合体的经营主体之间建立的利益关系，其中，订立章程和设置风险金的联结方式为应得利益提供了保障，签订合同和要素入股的方式为双方主体获取更多利益提供选择。各个利益联结方式互为依托、相互照应，多种联结方式组合起来能够发挥更好的作用。第二，利益联结，尤其是签订合同和要素入股的方式，更加直接地关系到价格，这与产后交易所得利益紧密相关。建立了这种利益联结方式意味着经营主体增加了一种获利渠道，毕竟农业产业化联合体内部成员享有"会员"待遇，投入成本或经营收入较外部主体都是占优的。第三，观察到利益联结方式对农业产业化联合体年产值的影响小于社会化服务覆盖率和技术培训。可能的原因是数值类型带来的；或者社会化服务覆盖率和技术培训这种无形的利益联结方式更多地提高了经营主体能力水平提升的内生潜力，通过自身生产经营水平和产品质量的提高带来整体产量和产值等收益的增加。

6.4.1.2 社会化服务覆盖率和技术培训正向促进联合体年产值

社会化服务覆盖率和技术培训分别在1%和5%的统计水平上显著，两个变量对农业产业化联合体年产值具有促进作用。对农业产业化联合体而言，经营主体各有分工，农民专业合作社或者农业社会化服务组织将农资供应、机械化作业、仓储运输、良种推广、病虫害防治等服务以高度组织化和专业化的方式提供给生产者，一方面降低了上游生产者在上述投入中需要支付的成本，另一方面依靠合理的、系统的要素投入和应用提高了自身经济收益。平均来看，培训次数的增加也会对农业产业化联合体年产值的增加做出贡献。在很多农业产业化联合体中，对生产者进行技术方面指导是随机发生的，即当生产经营者遇到种植或养殖相关的技术性问题时，技术专家在时间允许的情况下就会向生产经营者提供所需要的帮助。若将这种技术指导也计入技术培训次数当中，则比调研统计所得数据高得多。但通常这种技术指导未被农业产业化联合体记入故难以获得，这里只考虑有组织性的向生产经营者进行的群体性技术培训。经常性开展技术培训及时地解决生产经营者遇到的普遍性问题，更容易达到下游经营主体制定的农产品收购标准。间接性地提高了农产品品质和销售收入，也使得生产经营者收益。

6.4.2 治理结构的调节效应结果分析

6.4.2.1 主要回归结果分析

根据回归结果，对于单一进行层级治理的农业产业化联合体，其治理结构与利益联结方式的交互项对年产值具有正向促进作用，变量系数在1%统计水平上显著，假说 H_{6-3} 得到验证。在变量设置和数据梳理时，尝试将纯层级治理、纯关系治理、混合治理和其他治理的情况区分开来，以分类变量的形式引入模型进行回归，结果显示并不显著。将纯层级治理的农业产业化联合体与其他类型区分开再进行回归即得到模型（6-7）和模型（6-8）的结果，显示变量系数显著成立。这一结果与许多论证关系治理能够有效提高经营绩效的研究成果并不相同。究其原因可能有以下几个方面：一是在该问题上，学者并未选择农业产业化联合体作为主要对象进行研究，针对农民专业合作社或联合社等其他经营组织形式研究所得结果借鉴到对农业产业化联合体的具体问题加以讨论时，还需要参考其他指标；二是从实地调研中得知，农业产业化联合体经营主体，特别是龙头企业，对以契约为主的层级治理的认可度远大于以信任为基础建立的关系治理，对纯关系治理的方式接受度较低；三是以实力强大的加工业企业为龙头的农业产业化联合体，经营主体数量较多且彼此关系简单直接，组织上多以层级治理为主；四是在能力一般的龙头企业带动下发展的农业产业化联合体，经营主体种类较多且主体间关系更加复杂，且以较近范围内的主体为主要联结对象，已经具备一定的了解程度和信任感，自然而然地在契约治理中嵌入关系治理；五是尽管关系治理方式不断扩展，但其作用并不稳定。综合现实结果来看，层级治理对利益联结与收益关系的作用更为显著。

6.4.2.2　结果补充说明

另外，需要说明的是，本书粗略地检验了治理结构对利益联结影响收益的调节效应，但仅是将进行单一层级治理的农业产业化联合体与其他类型区分开来。这里所指的其他类型既包括单纯依靠关系治理的农业产业化联合体，也包括采取嵌入关系治理的混合治理的农业产业化联合体。在前期模型预处理中，曾尝试将治理指标按照层级治理、关系治理与混合治理设为分类变量，但检验结果显示，关系治理的引入对利益联结影响绩效的作用并不显著，所以在这里没有进行单独分析。究其原因可能在于：一是农业产业化联合体较大程度地受到处于初级阶段的限制，并没有形成嵌入关系到组织治理环节后与层级治理良好协调的机制，未能发挥其作用；二是利益联结紧密程度对联合体收益增长的作用并不需要关系治理的介入，即关系治理并不存在对这一关系的影响，层级治理通过一种强制的形式对利益联结方式起到保障作用，从而强化对收益的影响，这主要依靠组织本身内在机制的运行，关系治理对利益联结紧密程度具有更大的影响作用，一旦紧密的利益关系确定下来，利益联结方式对最终的收益实现也就基本确定，关系治理的影响有所减弱。另外，考虑到在农业产业化联合体中，关系治理更多地以一种辅助的角色进入组织治理当中，所以针对关系治理是否会通过影响层级治理的调节效应强度的方式对绩效产生影响这一复杂问题，本书并没有建立假说加以验证，这一考虑有可能在后续的研究中进行深入探讨。

6.4.3 控制变量回归结果分析

模型（6-6）、模型（6-8）和稳健性检验的模型回归结果显示，核心企业级别、科研人员数量、科研机构数量分别在1%、5%、10%的统计水平上显著地对农业产业化联合体收益产生促进作用。实力较强的龙头企业在要素配置、组织管理、品牌打造、新业态拓展等方面的发展水平比实力较弱的龙头企业更高。由实力强的龙头企业带动，其他经营主体也就获得了更加优惠的价格，且更能够分享产业链增值带来的额外收益。从龙头企业自身来看，依靠禀赋优势延长农业产业链并提升农业产业链价值，品牌竞争力带来更高的溢价，通过探索发展"农业+"新业态拓展增收渠道。作为核心的龙头企业，其较强的发展水平必定也会为农业产业化联合体的整体发展起到积极作用。科研人员和科研机构的投入基本上集中在农业产业化联合体中的龙头企业。结合数据来看，加工类农业产业化联合体研发与技术推广机构数量为320个，总的年产值达1836亿元。种植类、养殖类、种养混合类农业产业化联合体的研发与技术推广机构数量之和为112个，约为加工类的1/3，年产值约420亿元，约为加工类的1/5。加工类农业产业化联合体的核心龙头企业出于自身发展需要，内生性地需要较多地对科技与研发进行投入。科技研发投入一方面提高了企业生产技术和效率，降低了企业生产成本，对于实力更强的龙头企业来说，研发效率也相对更高，研发投入能够获得较高的回报率。另一方面增加了企业销售产品的附加值，利于龙头企业抢占更多的市场份额，为农业产业化联合体其他经营主体提供了更多增收的可能性。

6.5　本章小结

本章运用河北省省级示范性农业产业化联合体的实地调研数据，采用多元回归模型，从收益视角研究了农业产业化联合体利益联结对收益的影响作用，以及治理结构如何对农业产业化联合体内部经营主体利益联结与收益的关系进行调节。得出主要研究结论如下：

第一，新型农业经营主体之间的有形利益联结方式和无形利益联结方式能够不同程度地影响农业产业化联合体最终的绩效表现。有形的利益联结如要素入股、签订订单、设立风险基金等方式的增加，将从多个渠道建立经营主体之间的利益关系，形成农业产业化联合体内部以有形利益交易为主要内容的联结，既具有激励效果又能够产生约束的作用，有助于组织整体的绩效实现。

第二，无形的利益联结方式如社会化服务覆盖率和技术培训次数，可作为有形利益联结方式的有力补充，突出组织当中较强主体对较弱主体提供服务的特点，且较少地以契约约定的形式存在，虽然不直接表现为利益的获得或减少，但有效的供给能够增强组织成员分享利益的保障，并提高其自身生产经营水平，也可视为对经营主体具有滞后性的较为长远的投资。较高的社会化服务覆盖率意味着合作社与龙头企业为更多的生产主体提供生产资料集中采购、规模化机械作业和产品仓储等，降低农户生产成本并提高农业经营效率，进而促进产业链最终收益的增长。技术培训次数越多，体现了经营主体之间利益联结的紧密程度很高，且先进技术推广和普及的方式是比较灵活的，便于提高农业生产力，实现农产品质量和收益的双增长。

第三，单一地采用"成员大会—理事会"结构进行层级治理的农业产业化联合体，其有形利益联结的多样性对组织整体效益的促进作用有所增强，但增加培训次数的无形利益联结方式对效益增长的促进作用则有所减弱。当前发展阶段的农业产业化联合体普遍地以层级治理结构为主，仅采用关系治理或两者混合治理的农业产业化联合体占少数且内在的运行机制并不成熟。在层级治理结构下，农业产业化联合体组织内部建立的制度体系相对完善，激励机制与约束机制的相互作用能够更好地为合作经营提供保障。经营主体之间采取的有形利益联结受到管理层的讨论、决定和监督，组织成员的参与度提高同样有助于增强利益联结机制运行的规范性，使农业产业化联合体通过建立利益联结关系达到促进组织增效的目的更好地实现。

第7章 农业产业化联合体利益联结对绩效的影响研究：满意度视角

　　前文研究了影响农业产业化联合体客观绩效增长的主要因素，但农业产业化联合体除了追求整体经济效益的增长，还注重农业产业化联合体内部经营主体对组织的评价水平。有些学者提到，与政策支持相比，成员对组织的支持和满意度更有助于合作组织的发展，能够留住成员至关重要。成员的满意度对其未来在组织内采取的行为具有正向影响，例如是否继续参加技术培训、是否会推荐他人参加等；方蕊等（2019）在农业补贴政策的相关研究中验证了，农户对农业补贴政策的满意度越高，则种粮积极性越高，在农户未来参与意愿与种粮积极性关系中具有调节作用。农业产业化联合体作为一种由多个经营主体集合而成的合作经营组织，想要持久稳定地发展下去必然需要依靠各个主体的积极参与和承诺贡献，所以研究经营主体对农业产业化联合体的满意程度及其影响因素是非常必要的。

　　从已有成果来看，学者对农业产业化联合体满意度的研究还比较少，但以其他农业合作经营组织为研究对象的文献已经非常丰富且全面。综合来看，关于合作组织成员满意度的研究主要集中于两个方面，一是将成员满意度作为衡量组织绩效的重要指标，二是探究成员满意度影响因素的研究，本章主要对后者的相关文献进行了整理分析。从组织内部来看，社员对合作组织满意度大致受到个体或组织特征、经济效益和社会网络关系的影响。首先，反映个体特征的因素，如年龄、文化程度和参与时间（李居英，2016）、家庭农业生产人数和承包土地面积等基本特征（张笑寒和陈毓雯，2019）对满意度具有显著影响；反映组织特征的因素，如资金和信息等服务供给质量（王瑜等，2020）、牵头人类型与经营能力、制度规范（马凤才和陈帅，2020）等也能够影响成员满意度。其次，诸多学者认为成员收入对满意度是有影响的，但作用方向存在差异。崔彩贤等（2020）通过实证分析得到收入水平对满意度具有负向作用，他们用来衡量收入的变量是家庭人均收入水平，处于较高水平的家庭一般拥有更多的收入来源，对从土地上得到的经济收入依赖性较低，而处于较低水平的家庭则更加依赖农事生产获得的收入，倾向于做出更高评价。当收入变量用实质是衡量合作组织帮助农户提高收入能力的指标来表示时，则影响关系是正向的，即合作社带领农户获得的收入越高，农户对组织的满意度越高（肖友利和刘凤，2012）。张明月等（2017）的研究也验证了成员收入正向影响合作社满意度的假说，同时也验证了利益共享显著地影响合作社满意度，使成员获得利益分配的合作社能够获得更高的满意评价，且通过 ISM 模型的层级结构分析，发现利益分享和风险共担是影响满意度的深层因素。最后，对合作组织的信任（Hogeland，2006）、获得的丰富经验（Jerker 和 Svetlana，2009）、管理参与（Manna，2008）和组织决策方式（张超和吴春梅，2015）等不同程度地影响着成员满意度。其中，成员管理参与可能通过影响成员收益而间接地作用于满意度（邵科和黄祖辉，2014）。检验主体行为与利益联结的交互项对农业产业化联合体满意度影响的模型结果显示，两者的交互作用并未显著地影响农业产业化联合体满意度，故不在下文内容中具体展开。

基于以上对农业产业化联合体绩效评价维度和满意度影响因素的简要分析，借鉴其他形式的农业合作经营组织满意度评价标准及其影响因素分析框架和模型构建，本章从参与农业产业化联合体的经营主体的主观感受入手，运用多元有序选择模型和中介效应模型，重点研究经营主体对农业产业化联合体满意程度的影响因素，期望从经营主体自身及经营主体相互关系等角度探究提升农业产业化联合体发展潜力的可能路径。

7.1　基于社员满意理论的满意度因素的研究假说

7.1.1　满意度影响因素的理论分析

有一些学者从社会资本的角度研究合作社成员满意度的影响因素（廖媛红，2012），作为合作社理论研究的补充（王永龙，2012）。社会资本理论结合了经济学与社会学，嵌入了社会背景和人际关系，信任、规范、关系网络等社会资本促进了成员之间的合作频率和效果。有学者认为社会资本是影响组织成员满意度的重要变量（徐志刚等，2011）。社会资本可分为外部社会资本和内部社会资本，前者指组织外可加以利用的资源；后者指成员之间或成员与组织间的联系，反映了组织内部的社会网络关系，联系越紧密，则越有助于增强内部凝聚力，通过心理和行为上的变化影响成员对组织的满意程度（由卫红等，2011）。

许多学者关于合作经营组织满意度的相关研究借鉴了消费者满意理论，该理论以零售行业为研究对象，认为消费者满意是消费者对自身需求得到满足程度的感觉（Oliver 等，1997）。王丽佳和霍学喜（2016）将农户代入消费者的角色，以此建立关于农民专业合作社内部成员满意度的"社员满意理论"，并构建了合作社满意度影响因素的分析框架。社员满意以认可合作社并加入合作社为基本前提条件，是社员在农业生产过程中体验到合作社提供的各项服务后产生的自身需求得以满意的程度的感受或评价，体现了主观预期、客观事件发生和主观评价三者之间的关系。社员满意度主要涵盖了加入合作社的农户对服务情况和提高收入方面的满意程度。社员的满意程度能够进一步影响合作社持续发展的潜力，较高的满意度既是组织经营的目标之一，也是工具之一。

除个体或组织的特征因素外，以两者之间关系为对象的满意度研究更多地关注组织支持等影响因素（Wayne 等，2002）。基于社会交换理论与互惠理论，Eisenberger 等（1986）提出了组织支持理论，认为组织对成员形成的某种支持对成员对组织的满意度具有正向作用，即当成员认为组织能够给予的支持多于自己的付出时，对工作的满意度就会增强，从而更加努力地对待工作（Rhoades 和 Eisenberger，2002）。合作社当中同样具有类似于公司内存在的交换活动，组织支持理论同样能够用于解释合作社组织的满意度问题（张连刚，2014）。

从心理学视角来看，感知价值的概念起初产生于产品营销领域，是消费者使用产品与服务等之后进行购买行为的重要因素（王淇韬和郭翔宇，2020）。将感知价值引入计划行为理论框架，认为感知价值诱导个体产生行为意向，当感知价值大于心理预期时，行为意向随即产生（鄂施璇和王兆林，2022），也被用来作为判断农户经济行为发生的重要依据（王淇韬等，2021）。感知价值是一个多维度概念，根据研究内容的不同具有不同的内涵和效果（黄晓慧等，2019）。就农业产业化联合体而言，经营主体一般并不给予全面关注，而是对与自身直接相关要素的反映更为敏感。如农业产业化联合体内部成员要素是否低成本且容易获得、是否能够分享增效收益，以及是否能够有效降低风险等。

7.1.2　农业产业化联合体满意度因素的研究假说

第一，农业合作组织中成员之间的各种交易往来，既是经济交往又是社会交往。内部关系网络产生的联系越频繁、越广泛、越紧密，某个成员的行为越易于被其他成员发现（李冰冰和王曙光，2013），这种联系能够促进成员间的相互交流和学习，降低信息的交易成本并提升信息共享的效率（Jacobides，2006），成员之间的信任水平随之提升，进而使成员对组织产生更加满意的心理感受（Ahuja，2000）。张连刚和柳娥（2015）将合作社成员联系的紧密程度作为衡量社会网络的指标之一，经模型检验其对农业产业化联合体满意度具有显著的正向影响。基于以上研究，提出以下研究假说。

H_{7-1}：利益联结的紧密程度对农业产业化联合体满意度存在正向影响。

第二，根据社员满意理论，农户因需求对合作社产生的预期得到满足的程度受对经营水平感知的影响。成员经济效益的提升直接反映了组织整体的绩效水平，收益越高，成员对组织的满意度越高（郭红东等，2009）。农户将自己加入合作社前后生产的农产品销售价格进行比较，得到的结果对满意度评价有明显作用（杨夏林，2014）。Borgen（2004）认为合作社为农户带来实际收益的增加是提升成员满意度评价的重要影响因素。徐辉（2010）研究农民专业合作社人力资本团队成员对组织满意度的影响因素发现，团队是否能为成员带来显著的收益增长影响着成员满意度的水平。Peter 等（2009）指出更高的工作经验和更强的合作社盈利能力能够提高成员的满意度。Bruce 和 Brain（2005）从反方面研究发现，合作社较低的绩效水平使社员对合作社产生消极的态度。基于以上研究，提出以下研究假说：

H_{7-2}：经济效益在农业产业化联合体利益联结和满意度之间起到了中介作用。

第三，根据组织支持理论，组织支持是成员获得生产或生活需要的必需资源，组织对成员给予生产方面的支持能够增强成员对组织的情感承诺（文吉和侯平平，2018）。当组织成员感知到较多的物质支持时，会产生积极的心态并促进心理契约的建立和满足，增强回馈组织的动力和情感上的依赖，进而提高对组织的满意度（杨阳等，2015）。在企业中，员工组织支持感有助于工作满意度的提高，从而降低离职的意向（Allen 等，2003）。国内学者的相关研究也同样验证了员工的组织支持感对工作满意度具有显著的正向影响，而对离职意向具有显著的负向影响（孟祥菊，2010）。

H_{7-3}：组织支持感在农业产业化联合体利益联结和满意度之间起到了中介作用。

第四，理性小农学派将农户视为理性经济人，其进行决策产生行为的目的是追求经济利益。更多的产出和回报驱使农户产生投入意愿，利益获得的感知契合了农户获取经济收益的目标（李福夺和尹昌斌，2021）。如在进行土地流转中，对经济收入变化的感知对农户土地流转满意度具有显著的正向作用（牛星等，2020）。已有研究表明对利益的感知显著影响满意度，且与政府干预对满意度的影响存在交互效应（罗剑朝等，2022）。学者多从增收利益、社会利益和改善生态环境利益等方面讨论感知价值对行为决策的影响。农业产业化联合体的利益表达体现在通过农业产业链附加值的提高进而促进经营主体增收和产品增值。通过要素在经营主体之间高效流通实现资源的合理配置，当农业产业化联合体促使经营主体形成超过心理预期的利益共享感知后，满意度提升进而导致其良性合作行为决策的产生。风险感知强调行为主体面对潜在或正在发生的不确定事件进行直观判断（Baucer，1964），个体对于风险的感知显著影响其行为与态度（Covello等，2001）。张永强等（2016）在研究土地转出行为中发现，农户降低风险预期能够正向影响土地流转的满意度。而风险的出现是信任的前因，两者具有高度相关性（杨雪梅等，2018），经营主体组织起来面对风险的过程，增强了信任从而降低了对风险的感知程度，使经营主体重新审视共同体防范风险及应对风险的能力，产生风险防御能力感知，对个体行为产生影响。风险防御感知指经营主体对农业产业化联合体抱团抵御内外部风险的能力的认知。基于以上分析，提出以下研究假说。

H_{7-4}：感知价值在农业产业化联合体利益联结和满意度之间起到了中介作用。

H_{7-4a}：经营能力感知在农业产业化联合体利益联结和满意度之间起到了中介作用。

H_{7-4b}：利益分享感知在农业产业化联合体利益联结和满意度之间起到了中介作用。

H_{7-4c}：风险防御感知在农业产业化联合体利益联结和满意度之间起到了中介作用。

7.1.3　农业产业化联合体满意度因素的逻辑架构

根据利益联结紧密程度对农业产业化联合体满意度的影响机理及对其认可程度的多阶段动态过程，构建了本章的逻辑框架（见图7-1）。认为组建农业产业化联合体后违约情况得到了改善指调查对象对组建前的履约状况并不满意，认同组建农业产业化联合体能够有效转变以往信用风险发生的情况，这一阶段的决策是探究对农业产业化联合体联结成效是否满意和对满意程度认可的前提。农业产业化联合体模式形成以前，新型农业经营主体之间虽然建立了利益合作关系，但相对松散，随市场行情变化而变化，极易发生"道德风险"，不符合现代农业发展对经营主体的要求。而在农业产业化联合体模式下，新型农业经营主体从需求出发，彼此互补的要求更为迫切，以龙头企业为核心带动全产业链上的经营主体抱团经营，建立具有多重约束的利益联结机制，供需容易达到平衡状态，且关系更加紧密，最终实现经济效益、社会效益、生态效益的全面提高。因此，只有对农业产业化联合体利益联结机制和该机制下运行获得成效感到满意的基础上，体现了调查对象对农业产业化联合体模式的认同，才可能进一步考察满意程度的影响因素。

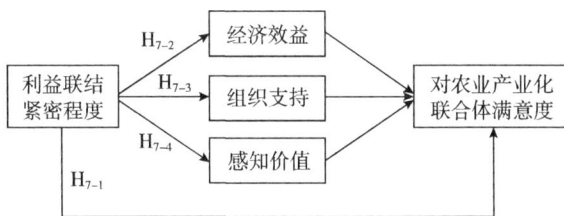

图7-1　利益联结紧密程度与满意度的逻辑架构

7.2　变量选取与统计描述

本章研究所用数据来源于2020年底对河北省省级示范性农业产业化联合体的问卷调查，涉及河北省13个地市126个县区，获得247个有效的问卷反馈。

7.2.1 变量选取

7.2.1.1 被解释变量

针对农业产业化联合体满意度问题，本章设置了"对农业产业化联合体组织成效是否满意"的问题，按照 Likert 5 点测量法从"非常不满意"到"非常满意"进行 1~5 的赋值，为有序分类变量。

7.2.1.2 核心解释变量

本章的核心自变量主要为经营主体的利益联结紧密程度。综合考虑"利益联结方式是否多元"和"利益联结是否有效解决困难"两个维度的回答，认为回答均为"1＝是"的归为利益联结是紧密的，只有一个维度回答为"1＝是"或均为"0＝否"的情况归为利益联结非紧密，得到衡量利益联结紧密程度的二分类变量。

7.2.1.3 中介变量

本章从经济效益、组织支持和感知价值三个方面探讨农业产业化联合体利益联结与满意度之间的中介效应。①在经济效益方面，将问卷中"是否同意经济效益有明显增加"这一问题作为衡量指标，按照 Likert 5 点测量法从"非常不同意"到"非常同意"进行 1~5 的赋值，为有序分类变量。②在组织支持方面，考察了农业产业化联合体对主体的技术支持、资金支持和品牌支持，分别设置的问题是"联合体提供技术支持是有力的""联合体能够解决资金问题"和"联合体成员能够获得品牌溢价好处"。利用 Cronbach's α 系数法得到组织支持的 α 值为 0.625，高于 0.60 的判别标准，信度水平比较好。③感知价值即经营能力感知、利益分享感知和风险防御感知。观测变量均采用 Likert 5 点测量法进行测量，数值越大表示程度越高。为验证变量选取的可靠性和有效程度，使用 SPSS22.0 对指标进行问卷的效度、信度检验。对问卷的效度分析采用探索性因子分析（EFA），得到各潜变量在观测变量上的载荷系数均高于 0.71，说明观测变量 50% 以上的方差都能够被潜变量反映，可以认为自变量的效度水平通过了检验。信度的分析采用 Cronbach's α 系数法，得到经营能力感知、利益分享感知两个潜变量和指标总体①的 α 值分别为 0.881、0.852 和 0.923，均高于 0.60 的判别标准，可以认为信度水平较高。

7.2.1.4　控制变量

首先，龙头企业作为农业产业化联合体的核心经营主体，其能力高低影响产业链上的"链主"地位，也对农业产业化联合体经营水平产生影响。其次，农业产业化联合体经营的主要产业类型对目标实现也有不同影响，一般来说，以加工企业为龙头进行农产品加工业为主的农业产业化联合体能产生更大的收益增长。最后，组建农业产业化联合体主动方不同，可能会影响其经营主体间的协同度和利益联结的有效性，进而影响到农业产业化联合体满意程度。

7.2.2　描述性统计分析

表 7-1 给出了各变量在模型中的代码和描述性统计分析结果，对观测变量所反映的潜变量的维度进行了归类整理。可以看出调查对象关于农业产业化联合体的平均满意度比较高，多数农业产业化联合体能够通过多元的利益联结方式有效解决经营主体的困难，经营主体对农业产业化联合体经营能力、利益分享和风险防御的感知比较强，但获得组织支持的感受还相对偏低，且个体之间具有较大的差异。

表 7-1　变量描述性统计分析

变量类别	变量名称	赋值说明	代码	均值	标准差
被解释变量					
满意程度	对联合体感到满意的程度	1=非常不满意，2=不太满意，3=一般，4=比较满意，5=非常满意	Y	4.502	0.649
解释变量					
利益联结紧密度（X）	利益联结方式是否多元	0=否，1=是	X_1	0.802	0.400
	利益联结是否有效解决困难	0=否，1=是	X_2	0.717	0.452

---

①　由于风险防御感知的观测指标只有一个，故这里未给出 α 值。

续表

变量类别		变量名称	赋值说明	代码	均值	标准差
中介变量						
	经济效益	是否同意经济效益有明显增加	1=非常不同意，2=不太同意，3=一般，4=比较同意，5=非常同意	M_1	4.417	0.687
组织支持	技术支持	联合体提供技术支持是有力的	1=非常不同意，2=不太同意，3=一般，4=比较同意，5=非常同意	M_{21}	3.765	0.856
	资金支持	联合体能够解决资金问题	1=非常不同意，2=不太同意，3=一般，4=比较同意，5=非常同意	M_{22}	3.789	0.824
	品牌支持	联合体成员能够获得品牌溢价好处	1=非常不同意，2=不太同意，3=一般，4=比较同意，5=非常同意	M_{23}	4.478	0.743
感知价值	经营能力感知	联合体总体经营能力是比较强的	1=非常不同意，2=不太同意，3=一般，4=比较同意，5=非常同意	M_{31}	4.551	0.635
	利益分享感知	联合体有利于成员获取利益	1=非常不同意，2=不太同意，3=一般，4=比较同意，5=非常同意	M_{32}	4.551	0.654
	风险防御感知	联合体有利于实现风险共担	1=非常不同意，2=不太同意，3=一般，4=比较同意，5=非常同意	M_{33}	4.530	0.748
控制变量		联合体核心企业级别	1=市级，2=省级，3=国家级	CT_1	2.101	0.504
		联合体所属类型	1=加工类，0=非加工类	CT_2	0.324	0.409
		联合体形成方式	1=政府推动，2=企业主动，3=其他主体主动，4=同时要求	CT_3	2.134	0.862

7.3 联合体满意度影响因素的模型设定

7.3.1 有序多值选择模型

为衡量经营主体对农业产业化联合体的总体满意度，针对被解释变量"您对农业产业化联合体感到满意吗"设置五个程度递进的回答，即非常不满意、不太满意、一般、比较满意和非常满意，取值分别为1~5，属于多元的有序分类变量。同时考虑到二元 Logistic 回归模型只包含两个结果可能带来结果的偏差，故本章采用 Ologit 模型探究造成经营主体对农业产业化联合体满意度产生差异的主要因素。结合本章的具体问题和所选变量，有序多值选择模型的形式设定为：

$$Y_i^* = X_i^T \beta + \varepsilon_i^* \tag{7-1}$$

其中，ε_i^* 表示独立同分布随机变量，向量 X 表示所有解释变量和控制变量，β 表示待估参数，Y_i^* 表示潜在变量，与可观测变量之间具有如下关系（徐济益和王晓静，2020）：

$$Y_i = \begin{cases} 1 & Y_i^* \leqslant a_1 \\ 2 & a_1 < Y_i^* \leqslant a_2 \\ 3 & a_2 < Y_i^* \leqslant a_3 \\ 4 & a_3 < Y_i^* \leqslant a_4 \\ 5 & Y_i^* \geqslant a_4 \end{cases} \tag{7-2}$$

其中，Y_i 取值为 1~5，分别代表非常不满意、不太满意、一般、比较满意和非常满意，$a_1 \sim a_4$ 在该模型中称为"切点"（周世军等，2017）。假设 ε_i^* 的分布函数为 F(x)，可得到以下概率：

$$P(Y_i = 1) = F(a_1 - X_i^T \beta)$$
$$P(Y_i = j) = F(a_j - X_i^T \beta) - F(a_{j-1} - X_i^T \beta)，j = 2，3，4 \tag{7-3}$$
$$P(Y_i = 5) = 1 - F(a_4 - X_i^T \beta)$$

Ologit 模型采用极大似然估计法（MLE），构建的极大似然函数和对数似然函数分别为：

$$L_i(\beta) = \prod_{j=1}^{5} \left[P(Y_i = j \mid X_i) \right]^{I(Y_i = j)} \tag{7-4}$$
$$\ln L_i(\beta) = \sum_{j=1}^{5} I(Y_i = j) P(Y_i = j \mid X_i)$$

其中，$I(\cdot)$ 为示性函数。最大化样本对数似然函数，通过 $\dfrac{\partial \ln L_i(\hat{\beta})}{\partial \hat{\beta}} =$

$\sum\limits_{j=1}^{5} I(Y_i = j) \dfrac{\partial P(Y_i = j \mid X_i)}{\partial \hat{\beta}} = 0$，得到系数估计值 $\hat{\beta}_{MLE}$。假定 $F(x)$ 为逻辑分

布的累积分布函数，由于解释变量的边际效应 $\dfrac{\partial P(Y_i = j \mid X_i)}{\partial X}$ 与 $\hat{\beta}_{MLE}$ 和解释

变量取值均有关，则参数估计结果 $\hat{\beta}_{MLE}$ 的大小并没有实际意义，但其正负方向却可以反映解释变量的正负影响，解释变量边际效应需通过 Ologit 模型的概率比来反映。

7.3.2　中介效应模型

本章选取中介效应模型研究经营主体利益联结紧密程度对农业产业化联合体满意度的影响路径。当利益联结紧密程度通过其他变量影响满意度时，则该变量被称为中介变量。本章中的中介变量为经济效益、组织支持和感知价值。参考以往学者的相关研究（温忠麟等，2004），中介效应的检验一般按照三个步骤进行：首先，将解释变量和被解释变量进行回归，检验系数 c 的显著性；其次，将解释变量和中介变量进行回归，检验系数 a 的显著性；最后，将解释变量、中介变量与被解释变量进行回归，考察前两者的系数 b 和 c' 的显著性。若 a、b 和 c 均显著，则认为存在中介效应。若 c' 不显著，则认为属于完全中介效应；若 c' 显著且小于 c，则表示属于部分中介效应。通常地，用 $a \times b / c$ 或 $a \times b / c'$ 来衡量中介效应效果量（温忠麟和叶宝娟，2014）。中介效应模型方程为：

$A = cB + \varphi_1$

$M = aA + \varphi_2$　　　　　　　　　　　　　　　　　　　　　　　　　　（7-5）

$B = c'A + bM + \varphi_3$

其中，A、B 和 M 分别表示解释变量、被解释变量和中介变量，a、b、c 和 c' 均为待估参数，φ_1、φ_2、φ_3 为随机扰动项。根据前文假说，经营主体的利益联结紧密程度除了对农业产业化联合体满意度具有直接的影响作用外，还会分别通过经济效益、组织支持和感知价值的传导机制间接地影响农业产业化联合体满意度。结合本章的逻辑框架，构建回归模型如下：

$$Y_i = cX_i + \sum_k^3 \theta_{ki}CT_{ki} + e_1$$

$$M_i = aX_i + \sum_k^3 \theta_{ki}CT_{ki} + e_2 \qquad (7-6)$$

$$Y_i = c'X_i + bM_i + \sum_k^3 \theta_{ki}CT_{ki} + e_3$$

其中，Y_i 表示第 i 个农业产业化联合体的满意程度，X_i 表示第 i 个农业产业化联合体利益联结的紧密程度，M_i 表示中介变量，CT_{ki} 表示控制变量，e 代表随机扰动项，a、b、c、c′、θ_{ki} 均表示待估参数，k=1，2，3 表示控制变量的个数。本章首先检验利益联结紧密程度对满意度的总效应；其次检验利益联结紧密程度是否通过经济效益、组织支持和感知价值来影响满意度，包括紧密的利益联结能够提高经济效益水平、组织支持力度和感知价值评价，且确实有助于增强经营主体对农业产业化联合体的满意程度；最后验证利益联结紧密程度与满意度之间的中介效应传导机制。特别地，总效应 c=a×b+c′。

本章分别采用逐步检验回归系数法和 Bootstrap 检验法进行中介效应的检验。逐步检验回归系数法虽简单易懂，但检验力比较低，Bootstrap 检验法则具有较高的统计效力，是一种直接检验系数乘积的方法。Bootstrap 检验法将样本容量较大的样本作为整体进行有放回的重复抽样，以得到准确度更高的标准误。得到的所有系数乘积的估计值按由小到大的顺序依次排列，第 2.5 百分位点和第 97.5 百分位点构成 ab 的置信度为 95% 的置信区间，若该置信区间不包含 0，则表示应拒绝原假设 H_0：ab=0，认为系数乘积显著（陈铭昊等，2021）。

7.4 联合体满意度影响因素的检验结果分析

进行模型估计之前，为排除自变量之间可能存在的共线性问题，本章采用方差膨胀因子法对所有解释变量进行多重共线性检验。检验结果显示，最大的方差膨胀因子 VIF 为 1.85，小于 10，平均方差膨胀因子为 1.34，故可知自变量之间不存在多重共线性，具有一定的独立性，可进行下一步的回归分析。采用 Stata15.0 软件对模型进行估计，首先引入利益联结考察对联合体满意度的影响（见表 7-2），其次将中介变量逐个引入模型，分别运用逐步检验回归系数法和 Bootstrap 检验法进行中介效应的检验（见表 7-3 至表 7-8），并分别运用替换被解释变量与中介变量的方式进行两次稳健性检验（见表 7-9），最后根据不同收益水平、成立年限、形成方式和龙头企业级别对农业产业化联合体分组进行异质性的检验（见表 7-10 至表 7-13）。

7.4.1 基准回归结果

首先将表示利益联结的解释变量引入模型进行回归，基准回归结果显示，模型（7-1A）为只包括控制变量的回归结果，因前文将利益联结紧密程度细分为利益联结的多元性和有效性，故本章的模型（7-1B）至模型（7-1D）依次为仅将利益联结紧密程度、多元联结和有效联结作为解释变量进行回归得到的检验结果。模型（7-1E）为同时检验多元联结和有效联结影响作用的回归结果。利益联结紧密程度对农业产业化联合体满意度的影响在 1% 的置信水平上显著成立，且为正向影响，符合实际的经济意义。利益联结的有效性也在 1% 的置信水平上显著影响农业产业化联合体满意度，且引入利益联结多元性时不改变显著性，但利益联结多元性的影响作用不显著。控制变量对农业产业化联合体满意度均不存在显著的影响作用（见表 7-2）。

表 7-2　利益联结对满意度影响的回归结果

变量	模型（7-1A）	模型（7-1B）	模型（7-1C）	模型（7-1D）	模型（7-1E）
利益联结	—	**1.551*** **(0.275)**	—	—	—
多元联结	—	—	0.412 (0.318)	—	0.152 (0.345)

续表

变量	模型（7-1A）	模型（7-1B）	模型（7-1C）	模型（7-1D）	模型（7-1E）
有效联结	—	—	—	**2.347***** **（0.331）**	**2.333***** **（0.332）**
核心企业级别	-0.061 （0.247）	-0.084 （0.260）	-0.047 （0.248）	-0.316 （0.270）	-0.311 （0.271）
所属类别	-0.001 （0.271）	0.052 （0.286）	0.005 （0.272）	0.106 （0.296）	0.108 （0.295）
形成方式	0.107 （0.148）	0.052 （0.156）	0.095 （0.148）	0.005 （0.162）	0.001 （0.162）
样本量	247				
Chi 卡方值	0.60	34.52***	2.26	60.67***	60.86***
对数似然值	-216.920	-199.962	-216.090	-186.885	-186.788

注：***、**和*分别表示在1%、5%和10%的统计水平上显著，本章下同。

7.4.2　满意度影响因素的中介效应检验

为检验经济效益、组织支持和感知价值在利益联结与农业产业化联合体满意度的关系中是否作为中介因素影响满意度，本章分别运用逐步回归系数检验法和 Bootstrap 检验法对研究假说的中介效应进行检验。

7.4.2.1　经济效益对利益联结影响满意度的中介效应

与基准回归结果相同，当经济效益作为中介变量时，利益联结多元性对农业产业化联合体的直接效应和间接效应均不显著。利益联结紧密程度和利益联结有效性都能通过经济效益产生的中介效应最终影响农业产业化联合体满意度。利益联结紧密度影响农业产业化联合体满意度的直接效应和间接效应占比分别为21.1%和78.9%，效应之比约为1：4。利益联结有效性影响农业产业化联合体满意度的直接效应和间接效应占比分别为20.6%和79.4%，效应之比同样约为1：4，两者的间接效应均接近80%（见表7-3）。

表 7-3 经济效益对满意度的中介效应检验结果

变量	模型 (7-2A) (利益联结紧密度)		模型 (7-2B) (多元联结)		模型 (7-2C) (有效联结)	
X→M	**1.314***** (**0.266**)	—	0.356 (0.315)	—	**2.050***** (**0.317**)	—
解释变量	—	**0.998***** (**0.341**)	—	0.203 (0.392)	—	**1.450***** (**0.391**)
经济效益	—	**2.856***** (**0.297**)	—	2.972*** (0.291)	—	2.734*** (0.302)
核心企业级别	−0.120 (0.251)	−0.083 (0.313)	−0.115 (0.243)	−0.045 (0.309)	−0.297 (0.258)	−0.211 (0.316)
所属类别	0.159 (0.276)	−0.091 (0.346)	0.116 (0.268)	−0.145 (0.341)	0.202 (0.282)	−0.065 (0.348)
形成方式	0.140 (0.156)	−0.102 (0.186)	0.181 (0.150)	−0.061 (0.188)	0.120 (0.159)	−0.108 (0.189)
样本量	247					
LR chi2	27.47***	162.78***	3.25	154.40***	50.04***	168.58***
对数似然值	−221.010	−135.832	−233.121	−140.022	−209.728	−132.931

Bootstrap 检验法结果的显著性与逐步回归系数法是一致的，但在中介效应程度上略有差别。根据该方法计算得到的利益联结紧密度影响农业产业化联合体满意度的中介效应程度为 60.9%，利益联结有效性影响农业产业化联合体满意度的中介效应程度为 58.2%，两者的间接效应均超过直接效应，接近 60%（见表 7-4）。

表 7-4 基于 Bootstrap 法的经济效益中介效应检验

变量	模型 (7-3A) (利益联结紧密度)	模型 (7-3B) (多元联结)	模型 (7-3C) (有效联结)
间接效应值	**0.289*****	0.124	**0.402*****
标准误 (ind_eff)	0.069	0.092	0.083
置信区间	[0.1543, 0.4244]	[−0.0569, 0.3049]	[0.2390, 0.5649]
直接效应值	**0.188*****	0.066	**0.289*****

续表

变量	模型（7-3A） （利益联结紧密度）	模型（7-3B） （多元联结）	模型（7-3C） （有效联结）
标准误（dir_eff）	0.069	0.081	0.085
置信区间	[0.0528，0.3234]	[-0.0922，0.2238]	[0.1223，0.4564]
结论	中介效应程度为60.9%	不存在	中介效应程度为58.2%

7.4.2.2　组织支持对利益联结影响满意度的中介效应

与基准回归结果相同，当组织支持作为中介变量时，利益联结多元性对农业产业化联合体的直接效应和间接效应均不显著。利益联结紧密程度和利益联结有效性都能通过组织支持产生的中介效应最终影响农业产业化联合体满意度。利益联结紧密度影响农业产业化联合体满意度的直接效应和间接效应占比分别为24.6%和75.4%，效应之比约为1：3。利益联结有效性影响农业产业化联合体满意度的直接效应和间接效应占比分别为24.5%和75.6%，效应之比同样约为1：3，两者的间接效应均接近75%（见表7-5）。

表 7-5　组织支持对满意度的中介效应检验结果

变量	模型（7-4A） （利益联结紧密度）		模型（7-4B） （多元联结）		模型（7-4C） （有效联结）	
X→M	1.472*** (0.283)	—	0.115 (0.328)	—	2.362*** (0.323)	—
解释变量	—	1.002*** (0.308)	—	0.542 (0.354)	—	1.461*** (0.364)
组织支持	—	2.090*** (0.281)	—	2.289*** (0.275)	—	1.903*** (0.291)
核心企业级别	0.031 (0.269)	-0.193 (0.284)	0.049 (0.260)	-0.174 (0.281)	-0.215 (0.284)	-0.311 (0.286)
所属类别	-0.370 (0.286)	0.292 (0.314)	-0.375 (0.276)	0.292 (0.312)	-0.351 (0.300)	0.312 (0.316)
形成方式	0.188 (0.164)	-0.065 (0.168)	0.247 (0.159)	-0.054 (0.167)	0.130 (0.172)	-0.080 (0.170)

变量	模型（7-4A） （利益联结紧密度）		模型（7-4B） （多元联结）		模型（7-4C） （有效联结）	
样本量	247					
LR chi2	33.42***	104.95***	5.00	96.67***	64.97***	110.97***
对数似然值	−210.096	−164.747	−224.308	−168.885	−194.322	−161.735

Bootstrap 检验法结果的显著性与逐步回归系数法是一致的，但在中介效应程度上略有差别。根据该方法计算得到的利益联结紧密度影响农业产业化联合体满意度的中介效应程度为 50.5%，利益联结有效性影响农业产业化联合体满意度的中介效应程度为 48.0%，两者的间接效应均超过直接效应，接近 50%（见表 7-6）。

表 7-6 基于 Bootstrap 法的组织支持中介效应检验

变量	模型（7-5A） （利益联结紧密度）	模型（7-5B） （多元联结）	模型（7-5C） （有效联结）
间接效应值	**0.241*****	0.027	**0.332*****
标准误（ind_eff）	0.050	0.069	0.064
置信区间	［0.1428，0.3392］	［−0.1078，0.1624］	［0.2078，0.4572］
直接效应值	**0.236*****	0.163	**0.359*****
标准误（dir_eff）	0.069	0.102	0.100
置信区间	［0.1003，0.3726］	［−0.0370，0.3621］	［0.1632，0.5544］
结论	中介效应程度为 50.5%	不存在	中介效应程度为 48.0%

7.4.2.3 感知价值对利益联结影响满意度的中介效应

除经营能力感知外，当感知价值及其二次指标作为中介变量时，利益联结多元性对农业产业化联合体的直接效应和间接效应均不显著。利益联结紧密程度和利益联结有效性都能通过感知价值产生的中介效应最终影响农业产业化联合体满意度。利益联结紧密度通过感知价值、经营能力感知、利益分享感知和风险防御感知影响农业产业化联合体满意度的间接效应占比分别为 73.3%、66.9%、69.4% 和 68.6%。利益联结有效性通过感知价值、经营能力感知、利益分享感知和风险防御感知影响农业产业化联合体满意度的间接效应占比分别为 70.2%、61.4%、68.4% 和 64.9%。回归系数均在 1% 的置信水平上显著成立（见表 7-7）。

表 7-7　感知价值对满意度的中介效应检验结果

变量	模型（7-6A）（M_3 为中介变量）			模型（7-6B）（M_{31} 为中介变量）		
	X	X_1	X_2	X	X_1	X_2
X→M	**1.359*** **(0.270)**	0.467 (0.316)	**1.967*** **(0.307)**	**1.257*** **(0.274)**	**0.665** (0.316)**	**1.678*** **(0.298)**
解释变量	**1.026*** **(0.308)**	0.192 (0.355)	**1.590*** **(0.358)**	**1.160*** **(0.300)**	0.103 (0.348)	**1.826*** **(0.349)**
中介变量	**2.073*** **(0.261)**	**2.229*** **(0.253)**	**1.907*** **(0.267)**	**1.865*** **(0.254)**	**2.030*** **(0.249)**	**1.729*** **(0.260)**
控制变量	已控制					
样本量	247					
LR 卡方值	108.66***	97.81***	118.27***	96.58***	81.51***	110.94***
对数似然值	−162.891	−168.315	−158.087	−168.928	−176.467	−161.749
变量	模型（7-6C）（M_{32} 为中介变量）			模型（7-6D）（M_{33} 为中介变量）		
	X	X_1	X_2	X	X_1	X_2
X→M	**1.262*** **(0.274)**	0.088 (0.322)	**1.936*** **(0.306)**	**1.422*** **(0.282)**	0.141 (0.325)	**2.086*** **(0.307)**
解释变量	**1.098*** **(0.306)**	0.565 (0.353)	**1.628*** **(0.357)**	**1.014*** **(0.302)**	0.517 (0.343)	**1.572*** **(0.357)**
中介变量	**1.976*** **(0.254)**	**2.157*** **(0.249)**	**1.816*** **(0.261)**	**1.558*** **(0.222)**	**1.738*** **(0.216)**	**1.393*** **(0.230)**
控制变量	已控制					
样本量	247					
LR 卡方值	107.73***	97.23***	116.50***	93.35***	84.24***	102.24***
对数似然值	−163.353	−168.604	−158.970	−170.548	−175.102	−166.100

当感知价值为中介变量时，Bootstrap 检验法只对综合指标利益联结紧密

程度与满意度的关系进行中介效应的检验，结果的显著性与逐步回归系数法是一致的。综合上述结果可以得出，利益联结紧密程度通过感知价值影响农业产业化联合体满意度的效应程度最高，通过经营能力感知影响满意度的效应程度相对较低。可能的原因是利益联结越紧密，经营主体从整体对农业产业化联合体的价值进行感知，其次对获得利益和抵御风险的状况具有比较敏感的感知，最后做出对农业产业化联合体是否满意且满意程度的评价（见表7-8）。

表 7-8　基于 Bootstrap 法的感知价值中介效应检验

	模型（7-7A）	模型（7-7B）	模型（7-7C）	模型（7-7D）
间接效应值	**0.221*****	**0.183*****	**0.205*****	**0.205*****
标准误（ind_eff）	0.047	0.050	0.047	0.047
置信区间	[0.1280，0.3138]	[0.0860，0.2801]	[0.1131，0.2977]	[0.1125，0.2976]
直接效应值	**0.257*****	**0.294*****	**0.272*****	**0.272*****
标准误（dir_eff）	0.088	0.084	0.085	0.089
置信区间	[0.0840，0.4291]	[0.1292，0.4597]	[0.1049，0.4392]	[0.0971，0.4477]
结论	中介效应程度为46.2%	中介效应程度为38.4%	中介效应程度为43.0%	中介效应程度为43.0%

7.4.3　模型稳健性检验

为检验本章模型的稳健性，首先，选取"组建农业产业化联合体是有效的"作为新变量替换原模型中的被解释变量运用 Bootstrap 检验法再次回归，所得结果如表7-9中模型（7-4）所示。其次，选取"针对日常事务的讨论频率"作为描述利益联结紧密程度的解释变量进行回归，以此进行稳健性检验，所得结果如表7-9中模型（7-5）所示。将稳健性检验结果与原模型检验对照可以看出，除模型（7-5）以 M_3 为中介变量的回归结果不显著成立，其他模型中解释变量的影响方向和显著性程度基本一致，即可认为估计结果是比较稳健可靠的。

表7-9 稳健性检验结果

变量	模型（7-4）（替换被解释变量）			模型（7-5）（替换解释变量）		
	M_1 为中介	M_2 为中介	M_3 为中介	M_1 为中介	M_2 为中介	M_3 为中介
间接效应值	**0.243***	**0.262***	**0.188***	**0.091***	**0.059***	0.050
标准误（ind_eff）	0.061	0.058	0.053	0.039	0.030	0.031
置信区间	[0.123,0.362]	[0.147,0.376]	[0.084,0.291]	[0.015,0.167]	[0.001,0.118]	[−0.011,0.110]
直接效应值	**0.986***	**0.967***	**1.041***	**0.065***	**0.097***	**0.106***
标准误（dir_eff）	0.106	0.108	0.125	0.031	0.039	0.037
置信区间	[0.777,1.194]	[0.755,1.178]	[0.795,1.287]	[0.003,0.126]	[0.020,0.173]	[0.035,0.178]
结论	存在	存在	存在	存在	存在	不存在

7.4.4 异质性检验

对农业产业化联合体满意度影响因素的异质性检验将经济效益、组织支持和感知价值作为中介变量，不对其中的二级指标做进一步检验。

7.4.4.1 基于不同收益分组的异质性检验

将农业产业化联合体的年产值按下四分位数和上四分位数分为三段，低于下四分位数的归为低收益组，高于上四分位数的归为高收益组，其他则处于中等收益组。根据表7-10的检验结果，低收益的农业产业化联合体通过组织支持和感知价值影响满意度的效应是显著的，高收益的农业产业化联合体通过经济效益、组织支持和感知价值影响满意度的效应均显著，中等收益的农业产业化联合体利益联结紧密程度直接影响满意度或通过中介变量影响满意度的效应在1%的置信水平上均是显著的。

表 7-10   不同收益组别的联合体满意度影响因素检验

变量	低收益			中等收益		
	M₁	M₂	M₃	M₁	M₂	M₃
间接效应值	0.151	**0.204****	**0.164****	**0.289*****	**0.241*****	**0.221*****
标准误（ind_eff）	0.092	0.087	0.080	0.068	0.053	0.049
置信区间	[−0.03, 0.33]	[0.03, 0.37]	[0.01, 0.32]	[0.16, 0.42]	[0.14, 0.34]	[0.12, 0.32]
直接效应值	0.240	0.187	0.227	**0.188*****	**0.236*****	**0.257*****
标准误（dir_eff）	0.141	0.143	0.167	0.064	0.073	0.091
置信区间	[−0.04, 0.52]	[−0.09, 0.47]	[−0.10, 0.55]	[0.06, 0.31]	[0.09, 0.38]	[0.08, 0.44]
结论	不存在	存在	存在	60.6%	50.5%	46.2%

变量	高收益		
	M₁	M₂	M₃
间接效应值	**0.368*****	**0.270*****	**0.320*****
标准误（ind_eff）	0.097	0.084	0.105
置信区间	[0.18, 0.56]	[0.10, 0.43]	[0.11, 0.53]
直接效应值	0.101	0.200	0.149
标准误（dir_eff）	0.112	0.133	0.117
置信区间	[−0.12, 0.32]	[−0.06, 0.46]	[−0.08, 0.38]
结论	存在	存在	存在

7.4.4.2   基于不同年限分组的异质性检验

将农业产业化联合体按照成立年限是否超过 5 年分为两组，利用 Bootstrap 方法进行中介效应检验。当组织支持作为中介变量时，成立年限未超过 5 年的农业产业化联合体利益联结紧密程度通过组织支持影响满意度的效应是完全的，而成立年限超过 5 年的农业产业化联合体利益联结紧密程度对满意度影响的直接效应和间接效应都是显著存在的。当经济效益和感知价值作为中介变量时，成立年限超过 5 年的农业产业化联合体利益联结紧密程度通过组织支持影响满意度的效应是完全的，而成立年限不超过 5 年的农业产业化联合体利益联结紧密程度对满意度影响的直接效应和间接效应都是显著存在的（见表 7-11）。

表 7-11　不同年限组别的联合体满意度影响因素检验

变量	不超过 5 年			超过 5 年		
	M_1	M_2	M_3	M_1	M_2	M_3
间接效应值	**0.336*****	**0.361*****	**0.197****	**0.230*****	**0.145*****	**0.241*****
标准误（ind_eff）	0.123	0.111	0.080	0.077	0.046	0.066
置信区间	［0.0952，0.5764］	［0.1447，0.5781］	［0.0392，0.3544］	［0.0794，0.3813］	［0.0543，0.2355］	［0.1124，0.3694］
直接效应值	**0.248****	0.222	**0.387****	0.155	**0.240*****	0.144
标准误（dir_eff）	0.118	0.122	0.153	0.084	0.093	0.091
置信区间	［0.0155，0.4799］	［-0.0164，0.4606］	［0.0859，0.6875］	［-0.0106，0.3197］	［0.0582，0.4218］	［-0.0341，0.3220］
结论	57.5%	存在	33.7%	存在	37.7%	存在

7.4.4.3　基于不同形成方式分组的异质性检验

按照最初组建方式的不同，农业产业化联合体分为政府推动型、龙头企业带动型、其他成员带动型和其他类型，因其他成员带动型与其他类型方式组建的农业产业化联合体数量过少，这里不作为重点来考察。政府推动下成立的农业产业化联合体，其利益联结紧密程度对满意度的中介效应并不成立，但龙头企业带动成立的农业产业化联合体通过经济效益、组织支持和感知价值影响满意度的中介效应均显著成立，且利益联结紧密程度对满意度的直接效应在 1% 的置信水平上显著（见表 7-12）。

表7-12　不同形成方式组别的联合体满意度影响因素检验

变量	政府推动			龙头企业带动		
	M_1	M_2	M_3	M_1	M_2	M_3
间接效应值	0.258	0.141	0.233	**0.366***	**0.282***	**0.222***
标准误（ind_eff）	0.141	0.126	0.134	0.089	0.065	0.059
置信区间	[−0.0308, 0.5474]	[−0.1061, 0.3888]	[−0.0306, 0.4968]	[0.1916, 0.5406]	[0.1534, 0.4096]	[0.1069, 0.3378]
直接效应值	0.146	0.263	0.171	**0.251***	**0.336***	**0.395***
标准误（dir_eff）	0.140	0.153	0.162	0.090	0.091	0.120
置信区间	[−0.1281, 0.4206]	[−0.0372, 0.5636]	[−0.1463, 0.4893]	[0.0743, 0.4280]	[0.1579, 0.5136]	[0.1595, 0.6302]
结论	不存在	不存在	不存在	59.3%	45.6%	36.0%

7.4.4.4　基于龙头企业不同级别分组的异质性检验

按照农业产业化联合体核心龙头企业所属级别的不同，分为省级以下组和省级及以上级别组。核心龙头企业为省级以下级别的农业产业化联合体，其利益联结紧密程度对满意度的中介效应并不成立。核心龙头企业为省级及以上的农业产业化联合体通过经济效益、组织支持和感知价值影响满意度的中介效应均显著成立，且利益联结紧密程度对满意度的直接效应在1%的置信水平上显著（见表7-13）。

表7-13　龙头企业不同级别的联合体满意度影响因素检验

变量	省级以下			省级及以上		
	M_1	M_2	M_3	M_1	M_2	M_3
间接效应值	0.343	0.163	0.321	**0.279***	**0.241***	**0.196***
标准误（ind_eff）	0.213	0.225	0.382	0.075	0.055	0.054
置信区间	[−0.0751, 0.7602]	[−0.2779, 0.6036]	[−0.4281, 1.0693]	[0.1325, 0.4260]	[0.1331, 0.3480]	[0.0905, 0.3016]

变量	省级以下			省级及以上		
	M₁	M₂	M₃	M₁	M₂	M₃
直接效应值	0.382	0.562	0.404	**0.183***	**0.222***	**0.267***
标准误（dir_eff）	0.267	0.301	0.430	0.070	0.074	0.092
置信区间	[−0.1425, 0.9069]	[−0.0277, 1.1515]	[−0.4381, 1.2465]	[0.0455, 0.3213]	[0.0764, 0.3678]	[0.0858, 0.4474]
结论	不存在	不存在	不存在	60.4%	52.1%	42.3%

7.4.5　回归结果分析

7.4.5.1　利益联结紧密程度对农业产业化联合体满意度的影响

利益联结是农业产业化联合体的核心，产业链环节上的经营主体通过建立各种利益关系实现个人和集体的收益，紧密的利益联结依靠各个成员的共同努力来实现。以农产品加工为主的龙头企业希望与上游经营主体形成紧密且稳定的利益联结关系，以保证原料来源稳定与质量可控。合作社、家庭农场和农户在做出积极的合作行为后，同样希望以一种紧密互惠的共生方式达到降本增收的目的。本章考察的利益联结紧密程度涵盖了多元方式联结和利益联结有效两方面内容。从结果来看，兼顾两者的综合指标，即被解释变量利益联结紧密程度，能够更加显著地影响经营主体对农业产业化联合体的满意度评价。从二级指标来看，利益联结的多元性未能表现对满意度的明显作用，利益联结的有效性对满意度的影响是显著的。说明认为农业产业化联合体的利益联结紧密程度高的经营主体越倾向于做出较高满意度的评价，认为利益联结是有效的经营主体越倾向于产生对农业产业化联合体是满意的态度。农业产业化联合体并不具备法人资格，新型农业经营主体自愿加入或退出且独立经营，可以说，经营主体拥有较大的自主权和选择权，陷入集体行动困境的可能性是较大的，但紧密且稳定的利益联结的存在，增强了经营主体的情感承诺和心理预期，更能够对联合体发展成效给予认可。

7.4.5.2 农业产业化联合体满意度影响因素的中介效应

利益联结紧密程度除了直接地影响农业产业化联合体满意度，还通过经济效益、组织支持和感知价值间接地影响农业产业化联合体满意度。首先，认为农业产业化联合体具有比较紧密的利益联结的经营主体对经济效益的增长更加敏感，也从侧面说明了农业产业化联合体的确达到了增收的目的，这些经济主体对农业产业化联合体发展的信心更大，感受到的实际效益增长为其对农业产业化联合体发展成效的满意度产生正向影响。其次，农业产业化联合体是一种能够较好解决新型农业经营主体单打独斗闯市场的有效组织形式，在利益关系网络中进行紧密联结的经营主体，更容易利用集体优势得到来自农业产业化联合体的组织支持，经营主体从彼此之间得到资金互助、品牌共享和技术支撑的可能性越大且组织支持的力度越大，无论是龙头企业还是处于产业链上游的合作社与家庭农场，均可视为建立了互补性关系，极大限度地发挥了各自的优势并避免了自身劣势带来的低效率和高成本，使经营主体对农业产业化联合体感到满意的可能性越高。最后，加入农业产业化联合体的经营主体会不断地受到来自主观感受和判断的影响，在利益联结相对紧密的联合体中，经营主体对经营能力、利益分享能力和风险分担能力的感知都更容易给予较高的评价，说明这些农业产业化联合体能够保持较好的经营状况，使组织内部的经营主体在合理范围内分到应得的利益，并通过成员的互助共担防御或应对经营过程中的风险。经营主体对农业产业化联合体的价值感知向好的方向倾斜，则其参与到农业产业化联合体的过程一般是受益的，对联合体的总体评价更容易感到满意。

7.4.5.3 农业产业化联合体满意度影响因素的异质性表现

本章针对不同分组特征进一步探讨了农业产业化联合体满意度影响因素的异质性。首先，从收益角度来看，相对处于中等收益范围的农业产业化联合体，其利益联结影响满意度的直接效应和间接效应都是显著成立的。该收益范围的农业产业化联合体从数量上看是占比最高的，利益联结越紧密的农业产业化联合体，其经营主体越有可能具有更高的满意度，并且借由经济效益、组织支持和感知价值带来的中介作用向满意度传导。处于相对较低收益水平的农业产业化联合体年产值较低，经营主体对"经济效益有明显增加"的判断与满意度评价没有明显关系，更加注重加入组织的优势和价值，主要通过组织给予的支持水平和对组织价值的认知进而影响满意度。对处于较高收益水平的农业产业化联合体，利益联结紧密程度不是直接地影响满意度高低，说明他们并非将利益联结是否紧密作为满意度评价的考察因素，而是依靠利益联结能否带来明显的经济效益增加、成员是否得到组织给予的支持，以及组织的存在和经营是否具有多方面的价值。其次，成立年限是否超过五年对结果的影响不大，两组农业产业化联合体均存在利益联结紧密程度对满意度的直接影响，及中介变量对满意度带来的中介效应，分别考察两组样本利益联结对满意度的影响作用，回归模型结果显示均显著成立。说明利益联结紧密程度与满意度之间的关系并未在成立年限长短上有太大区别，本章建立的因素关系和理论框架基本上是适用的。再次，从形成方式角度来看，本章检验的影响机理对在政府推动下组建的农业产业化联合体并不具备解释能力，而对经龙头企业牵头带动形成的农业产业化联合体是符合的。龙头企业主动提出联合需求并组建农业产业化联合体是结合生产实际并跟随市场变化的客观结果，在所有的农业产业化联合体中占比最大。经营主体由供需出发进行联合，为解决自身难题或追求自身利益而首先为成员提供服务使集体获得利益增长，紧密的利益联结关系巩固了彼此之间的交易关系并增强了互惠共赢的能力，经济效益增长、组织积极提供支持和组织价值肯定都使得经营主体对农业产业化联合体的满意度增加带来更大的可能。最后，作为核心主体的龙头企业级别在省级及以上的农业产业化联合体也是可以被本章检验的影响机理所解释。结合实地调研经验可知，更高级别的龙头企业拥有更强的自我发展水平和带动潜力，当利益联结紧密程度比较高时，更容易获得较高的经济效益增长，也更易于为经营主体提供有力的要素支持，更有可能解决其他经营主体在生产过程中遇到的各种困难，强有力的龙头企业能够增强经营主体的发展信心，对组织的经营能力和利益分享、风险分担机制感受到更大的价值，从而对农业产业化联合体整体发展成效产生满意的态度。

7.5 本章小结

农业产业化联合体的稳定发展依靠新型农业经营主体的良性合作,利益联结的紧密程度是影响经营主体对农业产业化联合体满意度的重要因素。本章基于河北省农业产业化联合体调查数据,运用有序多值选择模型研究了利益联结紧密程度对农业产业化联合体满意度的影响,运用中介效应模型研究了经济效益、组织支持和感知价值在利益联结与满意度关系中的中介效应。得出的主要研究结论有如下几点:

第一,经营主体之间利益联结的紧密程度对农业产业化联合体满意度评价具有显著影响,从而注重并加强加入农业产业化联合体内的经营主体间利益联结紧密程度是非常有必要的。其中,利益联结紧密程度由其有效性表现的方面对满意度的影响是显著的,利益联结方式能够对农业产业化联合体增效产生有效作用是其存在的目的之一,能够让经营主体感受到显著的实际效果并促使其对组织感到满意的利益联结才是有意义的。同时,利益联结的多元性对满意度的影响并不显著,可能的原因有两个方面:一是只要是有效的利益联结就能够使经营主体认为是紧密的,与联结方式的多元性相比,经营主体更在意联结是否有效地实现增收目标;二是多种利益联结方式的组合尚未形成有助于提升满意度的内在机制,可能在于各方式之间的协调度还不高,或虽然存在多元的利益联结方式,但也存在名存实亡的情况。

第二,研究表明,经济效益因素、组织支持因素和感知价值因素在利益联结紧密程度与满意度关系中间起着显著的中介效应,从而明确地解释了利益联结对农业产业化联合体满意度的作用机制。为提高经营主体对产业化联合体的满意程度,经济效益的稳定持续增长、集体对个体的有力支持以及组织价值体现和感知是大有裨益的。既具有经济属性又兼具社会属性，强调组织整体目标的实现也注重组织和个体之间的协调关系，是联合体自我管理需要加强的重要方面。

第三，对中等收益、龙头企业带动、核心龙头企业级别较高的三类农业产业化联合体，经济效益因素、组织支持因素和感知价值因素在利益联结紧密程度与满意度关系中起到的中介效应是显著的。这一结果具有两方面的意义：一是需要加大培育农业龙头企业的力度，并且强化龙头企业在农业合作经营组织中的重要地位，鼓励其发挥潜力积极带动上游经营主体参与现代农业经营；二是政策指导和农业产业化联合体自身建设不能"一刀切"地统一对待，处于不同发展阶段、拥有不同禀赋条件、不同主体结构的农业产业化联合体需要差异化的激励手段和政策方案，发展较为成熟的农业产业化联合体可以提供经验但不能完全照搬，更加具体的差异化机制可能成为下一步的研究方向。

第8章 农业产业化联合体增效机制

8.1 农业产业化联合体绩效的主导因素

8.1.1 主体行为影响因素的作用机制

本书将农业产业化联合体核心主体的合作积极性综合为一个指标作为考察对象，基于感知价值理论的研究发现，行为的发生源于对农业产业化联合体经营能力和利益风险的两种感知。其中，经营能力感知和利益风险感知对最终主体行为的影响具有不同的作用机制。

8.1.1.1 "经营能力感知→社区效应→主体行为"

本书中反映主观规范的指标有三个，分别是外县市农业产业化联合体经营情况的影响、本县农业产业化联合体经营状况的影响、其他农业产业化联合体内经营主体态度的影响。某经营主体进行是否积极参与合作行为的抉择前，首先会对农业产业化联合体的经营能力进行主观的评价，如降成本能力、产业链增效能力、原料保供能力和质量管控能力等，评价内容的出发点往往在于对成本和收益的权衡。在对农业产业化联合体的经营能力进行一系列基本的评价后，基于一个基本的心理预期进一步与其他农业产业化联合体或经营主体进行比较，并将这些反馈作为参考来辅助行为选择的发生。例如，当经营主体认为农业产业化联合体有利于降低生产成本和交易成本，能够有效地帮助其获得稳定的原料来源且农产品质量能够得到保障，同时从周边其他农业产业化联合体获得明确的积极反馈时，经营主体更倾向于作出积极参与农业产业化联合体并与其他组织内成员进行协调合作的选择。反之，经营主体则更有可能采取消极的参与行为，或者产生怀疑从而保持观望的态度选择不作为的行为。

8.1.1.2 "利益风险感知→约束条件→主体行为"

除对农业产业化联合体经营能力的感知外，经营主体还将主观地对其利益获得和风险防御能力进行评价。感知的结果引导经营主体对自身所有的要素条件进行再评价，以考察其所凭借的条件能够有效用于分享更多收益与降低潜在风险。如现有资金是否支持或积极地参与农业产业化联合体是否能为其带来资金方面的便利以提升自身的资金运转状况、农业产业化联合体内部成员是否能够互补性地进行分工协作等。这些约束条件的评价结果导致主观规范因素和行为态度因素的变化，最终影响是否积极参与的行为选择。经营主体对约束条件的积极评价，一方面，有助于他们在接收到外部组织或主体的正向反馈后采取积极的合作行为，即影响主观规范因素的作用；另一方面，认为能够依靠自身所有的要素条件有助于经营主体对农业产业化联合体在宏观、中观和微观上产生的正向作用作出积极评价，即对该区域农业发展、主营产业发展和新型农业经营主体的发展是有利的。基于这样的认识和判断，经营主体采取积极参与农业产业化联合体的行为得到有力的促进。

8.1.1.3 "利益风险感知→行为态度→主体行为"

对获利能力和防御风险水平的感知能够直接对行为态度产生影响。直观来看，获利能力和抵御风险能力都比较高的农业产业化联合体，无论对区域农业和主要产业还是对微观经营主体，都有助于正向地促进其发展。基于这样的经验判断，认为农业产业化联合体在利益获得与风险防范两方面表现较好的经营主体，更倾向于认为其在促进区域农业发展、主要产业发展和新型农业经营主体发展等方面的作用是积极的。在上述评价复合叠加的结果下，经营主体希望积极地参与到联合体的合作当中，分享产业增值带来的好处。

8.1.2 "主体行为→利益联结"的发生机制

主体行为对利益联结紧密程度的不同影响路径。本书认为利益联结紧密程度可以从利益联结的多元性和有效性两个维度进行表达，主体行为影响利益联结紧密程度的作用由此可分为两条形成路径，激励约束在这两种影响路径中产生作用的主要因素有所区别。

第一，主体行为在治理结构与激励约束的共同参与下对利益联结多元性的影响。龙头企业、合作社和家庭农场在农业产业化联合体积极参与的合作行为是采取多种利益联结方式的主体基础，降低了经营主体要素交易或商品交易的成本，更容易接近适合各个经营主体的占优策略均衡。层级治理和关系治理混合的治理结构为合作行为赋予了秩序规范和声誉制约，激励约束的相关手段的应用同时加强了契约保障，核心经营主体进行多元利益联结的障碍较少但保障较强，更容易实现。该路径下的激励约束指具有奖惩措施与参与者决策。

第二，主体行为与激励约束对利益联结有效性的影响。农业产业化联合体经营主体积极参与合作的行为，即龙头企业积极带动、合作社积极作为和家庭农场积极按要求组织生产，反映了经营主体对现有的利益联结方式具有积极的态度和基本的认可，有助于利益联结机制有效地发挥作用。该路径下的激励约束指风险金制度，风险金或类似风险金性质的保证金的提取发生在生产行为前，当不利于农业产业化联合体其他经营主体或抑制整体绩效增长的行为出现时，已支付的风险金即能发挥作用，用以补偿农业产业化联合体因道德风险等造成的损失。与奖惩措施不同之处在于，惩罚手段发生在消极的生产行为之后，造成损失难以避免的同时，也较难对经营主体通过惩罚的方式追回。从短期或一次性博弈结果来看，上述情况发生得比较普遍，但在长期的重复博弈当中，参与博弈的经营主体会将长远利益当作重要的参考因素，从而影响前期的生产行为，使经营主体会选择积极参与的合作行为，以增加未来交易的保障。

8.1.3　"利益联结→绩效"的发生机制

8.1.3.1　利益联结多元性在治理结构的调节作用下实现效益方面的绩效增长

利益联结方式反映了加入农业产业化联合体的经营主体之间建立的利益关系，利益联结方式的多样性有助于提升农业产业化联合体的年产值。订立章程和设置风险金的联结方式为应得利益提供了保障，签订合同和要素入股的方式为双方主体获取更多利益提供选择。各个利益联结方式互为依托、相互照应，多种联结方式组合起来能够发挥更好的作用。利益联结，尤其是签订合同和要素入股的方式，更加直接地关系到价格，这与产后交易所得利益紧密相关。建立了这种利益联结方式意味着经营主体增加了一种获利渠道，毕竟农业产业化联合体内部成员享有"会员"待遇，投入成本或经营收入较外部主体都是占优的。单一地采用"成员大会—理事会"结构进行层级治理的农业产业化联合体，其有形利益联结的多样性对组织整体效益增长的促进作用有所增强，但增加培训次数的无形利益联结方式对效益增长的促进作用则有所减弱。

8.1.3.2　利益联结有效性在中介变量的参与下通过增强满意度实现绩效增长

以农产品加工为主的龙头企业希望与上游经营主体形成紧密且稳定的利益联结关系，以保证原料来源稳定与质量可控。合作社、家庭农场和农户在做出积极的合作行为后，同样希望以一种紧密互惠的共生方式达到降本增收的目的。农业产业化联合体的利益联结紧密程度越高的经营主体越倾向于做出较高满意度的评价，认为利益联结是越有效的经营主体越倾向于产生对农业产业化联合体是满意的态度。农业产业化联合体并不具备法人资格，新型农业经营主体自愿加入或退出且独立经营，可以说，经营主体拥有较大的自主权和选择权，陷入集体行动困境的可能性是较大的，但紧密且稳定的利益联结的存在，增强了经营主体的情感承诺和心理预期，更能够对农业产业化联合体发展成效给予认可。经济效益因素、组织支持因素和感知价值因素在利益联结紧密程度与满意度关系中起着显著的中介效应，从而明确地解释了利益联结对农业产业化联合体满意度的作用机制。为提高经营主体对农业产业化联合体的满意程度，经济效益的稳定持续增长、集体对个体的有力支持以及组织价值体现和感知是大有裨益的。既具有经济属性又兼具社会属性，强调组织整体目标的实现也注重组织和个体之间的协调关系，是农业产业化联合体自我管理需要加强的重要方面。

8.2 农业产业化联合体增效的两种路径

综合上述影响关系的发生机制，由主体行为触发的两种农业产业化联合体增效实现路径（见图8-1）可归纳如下。

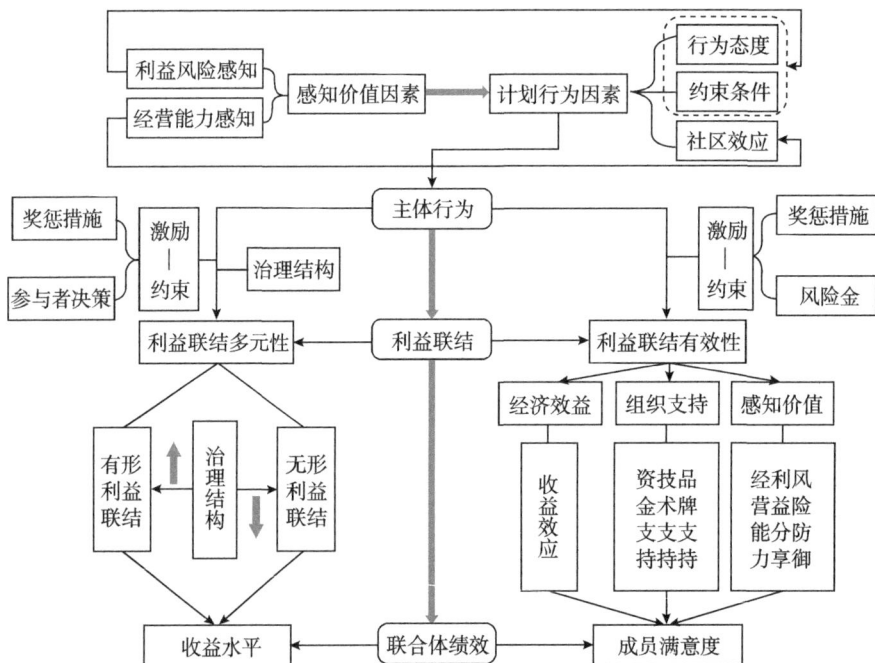

图8-1 农业产业化联合体增效机制

8.2.1 "主体行为→利益联结多元性→效益水平"

龙头企业、合作社和家庭农场采取积极参与的合作行为，意味着经营主体对农业产业化联合体的价值具有更高的感知评价，受到其他农业产业化联合体的积极影响较大而约束条件的抑制因素较弱，对整体具有比较积极的态度，成员之间更容易进行良好的交流沟通，加之奖罚措施和包含层级治理在内的制度规范作为保障，有助于经营主体以更多形式建立利益联结关系。进一步地，有形利益联结方式，如要素入股、签订订单、设立风险基金等方式的介入，将从多个渠道建立经营主体之间的利益关系，形成农业产业化联合体内部以有形利益交易为主要内容的联结，同时产生激励作用和约束作用，有助于组织整体的绩效实现；无形利益联结方式，如社会化服务覆盖率和技术培训次数，可作为有形利益联结方式的有力补充，突出以组织当中较强主体对较弱主体提供服务的特点，且较少地以契约约定的形式存在，虽然不直接表现为利益的获得或减少，但有效的供给能够增强组织成员分享利益的保障，并提高其自身生产经营水平，也可视为对经营主体具有滞后性的较为长远的投资。这个过程中，可通过治理结构对利益联结与效益增长的关系进行调节，进行层级治理的农业产业化联合体，其有形利益联结的多样性对组织整体效益增长的促进作用将会增强。

8.2.2 "主体行为→利益联结有效性→满意度提升"

在感知价值和积极态度与社会影响的共同推动下，农业产业化联合体成员积极地参与到组织的合作生产经营当中，新型农业经营主体在农业产业化联合体中的积极参与体现为集体行动的程度的增强，促进经营主体之间通过利益联结解决经营过程中的困难，意味着经过实践活动的验证利益联结是有效的。从农业产业化联合体整体的角度来看，交易成本降低且产品质量得到保证，间接地和直接地促进了农业产业化联合体的效益提升。对各个经营主体来说，利益联结的有效性体现在龙头企业产品来源稳定且质量归自己管控，通过商品契约对利益关系赋予保障；合作社服务对象在较长时间内是比较稳定的，且有些合作社的服务内容由龙头企业承担；家庭农场及其他农户能够获得更多的先进技术指导，以质量保产量，生产经营者的生产技能和收入水平较农业产业化联合体外的经营者具有显著提高。利益联结紧密程度及其有效性方面通过经济效益的增加、组织给予的强力支持和较高的感知价值影响经营主体对农业产业化联合体的满意度评价。经济效益增加是经营主体参与农业产业化联合体的终极目标，能够直接带来经营主体对参与组织和组织表现的满意。组织对经营主体的支持作用既是物质方面又是精神方面的，物质方面表现为生产资料低价格的直接供给或者以互助形式实现生产资料的获得；精神方面表现为在农业产业化联合体内部感受到的组织认同感。感知价值实际反映了经营主体对联合体的评价和信心，在利益联结与满意度关系中是起到中介效应的另一因素。

第9章　研究结论与政策建议

9.1　研究结论

本书提出的研究结论如下：

第一，农业产业化联合体处于我国农业产业化组织发展的规范期，自身又分化为具有不同发展程度的三个阶段，并呈现出各自典型的模式特征，整体来看，具有经营主体合作越积极、利益联结越紧密、最终的组织成效越显著的农业产业化联合体发展的基本规律。我国农业产业化组织发展阶段可大致划分为初创期、分化期和规范期，农业产业化联合体属于规范期内产业化组织创新的产物，在主体关系、要素资源利用、利益联结与合作效果等方面具有显著的组织优势。虽然已经取得了一些显著的成效，但仍然面临着一些问题，如组织成员的主动性不强反而对龙头企业具有较强的依赖性、经营主体进行联结的内容比较传统造成拓展的张力不足、利益联结紧密度偏低、要素配置效率低等制约了联合体的稳定发展和绩效提升。农业产业化联合体自身也发生了不同阶段的分化，成熟度由低到高的联合体分别形成了"定向合作型""多重网络型"和"聚点中心型"三种典型模式。具有"定向合作型"模式特征的联合体因经营主体出于各自降低成本与追求稳定的考虑而组建，还没有产生紧密利益联结机制的内在动力，组织形式相对简单且更加松散，绩效水平则相对较低；具有"多重网络型"模式特征的联合体经营多种产业或种养结合的主体出于抱团联合收益大于独立经营收益的考虑，组建联合体建立优势互补的合作关系，形成囊括多方主体的产业网络，各产业链成为闭合但非独立存在的循环链条，成员之间依赖性较强，一般具有良好的绩效表现；具有"聚点中心型"模式特征的联合体一般由一个实力较强的主体牵头，签订契约建立纵向一体化的全产业链共同体，通过内部统一的高质量管理和服务建立紧密的利益联结关系，一般具有较高水平的绩效表现。

第二，影响农业产业化联合体绩效实现的机制通过两条路径实现。一是"主体行为积极性→利益联结多元性→组织收益水平"。当龙头企业、合作社和家庭农场都能够采取积极的参与合作行为时，在激励约束机制和治理结构的共同影响下，经营主体能够通过更多的利益联结方式建立交易关系网络，增加利益联结的多元性；其中，有形的利益联结方式和无形的利益联结方式均能够促进农业产业化联合体效益水平的增加。利益联结对农业产业化联合体效益增长的促进会受到治理结构的调节作用的影响，农业产业化联合体的层级治理结构能够使有形利益联结对效益水平的影响作用增强。二是"主体行为积极性→利益联结有效性→成员满意度"。经营主体加入农业产业化联合体后的积极参与行为，加之激励约束机制的介入，能够促进主体间的利益联结关系发挥有效作用，帮助经营主体解决生产经营过程中的困难，增强利益联结的有效性从而加强经营主体间利益联结的紧密程度，利益联结的紧密程度能够直接地提高成员的满意程度，也可以通过经济效益增加、组织支持感提升和价值感知增强三种途径提高经营主体对农业产业化联合体的满意度评价。特别地，利益联结紧密程度对满意度的影响作用在收益水平中等、由龙头企业牵头成立、龙头企业级别较高三个组别中表现尤其明显。需要说明的是，主体行为和利益联结并没有共同影响农业产业化联合体绩效增长的作用，从另一方面验证了农业产业化联合体增效机制表现为线性的作用关系，主体行为和利益联结的影响具有逻辑层次上的递进性。

第三，农业产业化联合体内部经营主体是否选择积极的合作行为，既受到其自身对组织态度判断的影响，也受到由外部主体带来的效应影响，是内外部环境共同作用的结果。经营主体首先最直接地感受到农业产业化联合体经营能力的好坏，以及自身是否能够在组织内部获得利益分享，并享受风险发生率降低带来的稳定发展。其中，对经营能力的感知影响了经营主体对外界认知影响的判断，即经营能力感知是良好的，则更容易积极地面对他人或组织对农业产业化联合体的评价；利益风险感知则影响经营主体对农业产业化联合体影响力的态度和约束条件的判断。越强的利益分享能力和风险防御能力越容易促使经营主体认可农业产业化联合体的影响力，越容易认为要素等约束条件对农业产业化联合体运行发挥着关键性作用。进一步地，加入农业产业化联合体的经营主体通过参考其他农业产业化联合体实施效果及参与农业产业化联合体的其他经营主体反馈意见，并结合自身对农业产业化联合体价值、作用以及发展前景的态度，进而做出行为选择。自身要素资源等条件对合作行为的实施是否支持，制约着经营主体对其他主体的意见做出反应或对联合体作用价值进行判断，但不是直接发挥作用的关键因素。在进行层级治理和混合治理的农业产业化联合体中并无太大差别，对通过政府推动或龙头企业推动组建而成的农业产业化联合体具有较强的解释能力。经营主体共同推动下组建的农业产业化联合体成员实力相对较弱，还未形成较强的内生合作动力。

第四，经营主体共同的积极合作、组织对主体采取的激励约束手段及组织治理结构，能够从多样性和有效性两个维度强化联合体利益联结的紧密程度。经营主体同时积极地参与合作，加之激励约束机制和治理结构的共同作用，能够显著地增加成员之间利益联结的多元性并强化利益联结的有效性，从而实现利益关系的紧密联结。农业产业化联合体利益联结的紧密程度可以通过利益联结是否具有多元性和利益联结方式是否有效两个方面来衡量。参与合作的龙头企业、合作社、家庭农场同时采取积极的合作行为的农业产业化联合体更容易形成紧密的利益联结，一方面，经营主体的积极性提高，与其他主体合作的意愿较强烈且动力较大，更容易与其他主体建立更多的利益联结关系从而获得帮助或者分享收益；另一方面，主体能够进行积极的合作具有一种为组织服务的观念，愿意为其他成员解决问题以增强互助性，从而充分发挥利益联结方式的有效作用。惩罚手段和激励手段的介入有助于利益联结由非稳态向稳态合作转变，兼顾激励和约束能够形成一种保障和监督的作用，既有助于主体增加利益联结方式，也有助于利益联结发挥其内在作用。参与者和组织决策者的一致性更强能够帮助建立一个相对稳定且具有权威性的管理团队，从而增加利益关系的多元联结。设置风险金的方式一方面能够对经营主体的行为产生一种警示的作用，规范其合作行为；另一方面能够在风险发生后发挥它的补偿作用以减少组织的损失。进行层级治理的联合体具有更加明确的目标导向，通过正式制度加强合作的规范性；进行混合治理（加入关系治理）的联合体通过正式制度和非正式制度对经营主体进行双重监督，能够以更加灵活的方式促进经营主体以更多的方式进行利益联结，从而促进利益联结的多元性。

第五，经营主体利益联结的紧密程度影响农业产业化联合体收益方面的绩效表现，利益联结方式有助于提升农业产业化联合体的收益水平，层级治理在其中发挥了正向的调节作用。考察农业产业化联合体绩效增长应同时关注效益指标和满意度指标，效益层面的增长主要受到利益联结多元性的影响，有形利益联结方式的增加可以将更多的经营主体囊括到利益网络当中，一方面通过彼此制衡达到约束的目的，另一方面可以使经营主体开展更加充分的合作；无形利益联结作为有形利益联结的有力补充，体现了较强主体对较弱主体的支持作用，虽然不表现为利益的直接增加或减少，但可视为对合作主体进行的长远投资，是极为重要的。其中，层级治理强化了利益联结方式对农业产业化联合体效益水平的影响作用。

第六，紧密的利益联结能够直接或间接地影响联合体满意度，经济效益增长、有力的组织支持和联合体价值认可具有中间的过渡作用，在不同类型的联合体中具有异质性表现。农业产业化联合体应较好地协调经营主体之间的社会关系和经济关系，巩固经营主体之间的利益联结网络关系，保证各经营主体的应得份额使其具有明显的获得感，才会受到经营主体更高的满意度评价。收益水平较低的农业产业化联合体通过经济效益明显增长来提高成员满意度的作用并不显著，这是显而易见的，且收益水平较高的农业产业化联合体能够较好地利用这一因素实现更高的成员满意度；龙头企业推动组建的农业产业化联合体应当充分发挥核心企业的带动作用，形成紧密的利益联结机制，增强经营主体的信心和认可度。依靠政府组建的农业产业化联合体较大程度地受到政策因素的影响，不容易通过内生的动力机制来达到经营主体的满意；核心龙头企业级别较高的农业产业化联合体因龙头企业实力较强，能够带动其他生产主体实现经济收益的增加，也能够为经营主体提供较大力度的组织支持服务，解决其遇到的困难，使经营主体能够感受到农业产业化联合体的价值和作用，提高他们的认可度，而核心龙头企业实力较低的联合体在上述方面的功能还比较薄弱，所以作用并不显著；成立年限较短的联合体，其经营主体对联合体价值的认知还比较少，更多关注短期的经济收益的获得和能够从集体中得到的支持力度，成立年限较长的联合体已经形成了组织支持的有力机制，是否获得明显的经济收益增加以及联合体是否能够发挥作用和它的前景如何是经营主体主要关注的方面。

9.2 政策建议

河北省农业产业化联合体形成与发展的实践说明，政府在不同的历史阶段发挥的作用不同，对处于不同发展阶段的农业产业化联合体及其内部各类经营主体来说，需要政府介入的程度也有所差异。首先，最早组建的农业产业化联合体是在特定的时代背景下由发展到一定程度的新型农业经营主体互相选择的结果。这个阶段需要政府参与的程度并不高，相比选择合作经营的农业主体，政府对农业产业化联合体的内在运行规律的掌握还比较少，并不能及时且全面地为农业产业化联合体的组建和经营进行指导，过多的介入甚至有可能产生负面影响，这时市场能够发挥更加积极的作用，此时需要的是"小政府"和"大市场"。其次，在农业产业化联合体发展的中期，其发展程度和政策需求均存在差别，但发展程度高低与成立年限长短并非完全一致。进入成熟阶段的农业产业化联合体更加要求利益联结的紧密型，更多地关注组织内在联结机制的完善以加强成员之间的共生关系；发展经验不足，特别是核心龙头企业实力较弱的农业产业化联合体，资金积累少且基地建设过程遇到的困难较多，需要政府在政策上给予资金和项目支持，如生产性投入方面需要政策的优先补贴、需要建立和完善土地流转机制。根据调研情况发现，没有联合要求且条件尚不具备的农业产业化联合体几乎尚未产生对政府介入的需求，有联合要求但无经验的经营主体对政府指导和政策倾斜的要求都比较高，急需在"是什么"和"怎么联"两方面进行指导。虽然农业产业化联合体经营的产业类型和成长条件存在较大差异，且经营主体合作方式及运行模式不同，有些联合体的外在形式比较松散，但内部紧密的利益联结和稳定的收益来源是成员共同追求的目标。为激发经营主体的内生动力进而实现农业产业化联合体创新发展，本书提出以下政策建议。

9.2.1 优化政府引导性作用，政策供给需有的放矢

首先，政策对农业产业化联合体的顶层设计应充分结合实际情况进行科学的合理布局，明确农业产业化联合体在实现乡村产业兴旺中的重要地位，为新生的农业合作经营组织提供广阔的发展空间。目前各地对联合体的认识程度不一甚至存在偏差，联合体的概念和优势应从国家层面继续向下深入，一方面打造试点省份的精品联合体典型案例，另一方面尊重农业生产经营的客观需求差异，避免一些不具备带动能力和组建实力的龙头企业、合作社等为获取项目支持，盲目包装一些空有形式但并不符合本质特征的联合体。其次，应不断完善现代农业农村的建设，优化吸引投资于农业的大环境，为农业产业化联合体培养肥沃的生存土壤。政府层面应出台更有针对性的扶持政策，联合银行等金融机构为农业产业化联合体发展提供要素保障，实现现代农业全产业链的顶层赋能。如通过贷款贴息、增信资金和项目补贴资金等方式提供资金支持，尤其是对于带动能力强的龙头企业可提高增信资金额

度；利用省级政府资金撬动银行贷款，通过资金配套等方式解决融资难题；另外，鼓励联合体利用自身特殊的组织架构探索灵活的资源共享方式来激发内生动力也有必要。最后，推广典型农业产业化联合体，充分发挥发展成熟的农业产业化联合体产生的正轨作用和示范带动作用，形成良好积极的社会氛围，增强经营主体对农业产业化联合体的信任感和信心。

9.2.2 提高经营主体能动性，强化"主力军"长效协同基础

现代农业经营范围扩大和农业商品化程度持续提高，使得农业产业链条不断延长且分工逐步深化，从产前农资供应、农机服务等分化成为专业服务部门，到产后农产品加工、运输及餐饮等环节，专业化生产成为提高经营效率的主要方式，形成高度社会化的分工体系。各个生产环节上经营主体素质和能力的提升是农业产业链高效运行的基础，提升各类经营主体自身的综合素质水平极为关键。首先，提升新型农业经营主体的"专业素质"。继续大力培育新型农业经营主体，尤其是加工型龙头企业发挥"链主"作用，增强自身实力的同时带动其他经营主体融入现代农业的发展当中；充分发挥县级政府对农业生产者技术培训的组织作用，依托农村实用人才和技能培训等项目，将农民合作社负责人、家庭农场主和种养大户作为重点培训人群开展农技培训，提升农业经营者的科学知识素养；完善农业产业化联合体的农技服务制度，鼓励责任农技员做到主动入户、及时入户和随时入户，为经营主体提供全面的技术支持。其次，提升新型农业经营主体的"合约素质"。政府应充分发挥对规范运行农业产业化联合体的引导作用，强化经营主体的法制观念以提高合同履约率，尤其是发展程度较低、联结比较松散的联合体；农业产业化联合体应不断完善利益分配机制，提高生产经营者在农业产业化联合体中的参与感和获得感，使其对组织的经营管理能力、利益分享和风险防御能力产生更加积极的感知，以规范成员的参与行为并提升自主履约水平。最后，提升新型农业经营主体的"管理素质"。一是经营主体的自身管理。政府层面应分层分类地对农业企业和新型农业经营主体带头人进行经营管理培训，提高农民合作社服务支持能

力和小农户基本职业能力，提升农业产业化龙头企业创新研发和质量管控能力。二是农业产业化联合体的组织管理。尤其是经营种植业和养殖业的联合体，龙头企业或其他经营主体实力还不太强，政府应指导农业产业化联合体管理团队强化治理机制，包括组织管理的规范性、成员关系的协调性和组织行为的统一性等多个方面，增强组织对各个成员单位的约束效力，完善成员之间的互信机制以保障信息的有效交换。

9.2.3　创新利益联结机制，发挥"共同体"合力效能

农业产业化联合体涉及龙头企业、合作社、家庭农场、农业社会化服务组织等多种主体，建立和完善利益联结机制是打开共同富裕的"开关"。固有的传统利益联结方式不可避免地对发展阶段的农业产业化联合体实践造成制约，创新多种利益联结方式组合机制的运用，建立关系紧密且稳定的利益共同体，实现共同体内利益相关者的共同富裕。第一，农业产业化联合体应增加有形利益联结方式的多样性。除传统形式的订单联结和股份联结外，探索进行互助式联结和自偿式联结等创新形式，支持龙头企业为农业产业化联合体成员提供贷款担保、资金垫付等服务，以农民合作社为依托，稳妥开展内部信用合作和资金互助，缓解经营主体生产资金短缺难题。农业产业化联合体也可以尝试向各经营主体按比例收取一定金额，用作面对外部自然风险和内部道德风险的风险保障金，起到预防成员违约行为的作用，以此完善自我管理和以丰补歉等机制，提高一定的抗风险能力。另外，可以探索更高程度的集团化形式，农业产业化联合体向集团化形式发展的前提首先是组织的法人化，从目前的发展状况来看，法人化的必要性受到较大的争议，且演变的条件尚不具备。农业产业化联合体整体发展到更为成熟阶段，再继续向集团公司形式演变是未来一个可能的方向。第二，农业产业化联合体应注重采取有效的无形联结方式。一方面，增加农业产业化联合体内部经营主体的农业社会化服务覆盖率，围绕农业生产的全过程、全要素，积极拓展服务领域，充分发挥党支部、村集体经济组织和农民合作社的组织作用，提供生产资料、农机作业、统防统治等农事服

务；另一方面，强化实用技术培训指导，依托基层农技推广体系对农业生产经营者进行技能培训，打造高素质农业生产经营队伍，运用灵活创新的培训方式，将技术知识与跟踪指导服务相结合、线上线下培训相结合，提升农村劳动力技能水平。

9.2.4 增强组织支持力度，鼓励"相关者"多维度赋能

首先，发挥组织优势优化传统要素配置。新型农业经营主体应善于利用农业产业化联合体的组织特征，充分发挥内部成员的不同作用，例如根据主体需要建立互担互保的资金借贷机制，纾解实力较弱的其他经营主体的资金困难；或通过有偿借用土地证的方式帮助内部成员解决土地使用困难等。以农业产业化联合体为合作交流平台，吸引科技研发机构、社会化服务组织、产业协会和电商平台等各类主体融入现代农业全产业链，由农业产业化联合体优化配置到各个新型农业经营主体。其次，龙头企业带动创新要素融合增加组织支持深度。引导人才和科技等现代要素聚焦农业产业化联合体，多领域人才向农业产业化联合体汇聚，包括企业科技研发人员、合作社技术指导团队、经营管理人才、高素质的农村信息化人才等，实现现代农业全产业链知识赋能；加快农业产业链数字化转型升级，推动物联网、大数据、云计算、人工智能等信息技术与农业产业链深度融合，通过更加多元的渠道切实强化数字经济支撑效能，让更多的科研成果和集成技术在扩链扩容中施展效力，实现现代农业全产业链科技赋能。最后，激发新业态来拓展组织支持维度。围绕农业产业化联合体经营的核心产业，一方面促进产业链上具有竞争关系的农业产业化联合体的协同发展来细化农产品市场分工；另一方面促进具有互补关系的农业产业化联合体的协同发展来提升农业产业链价值，以农业产业化联合体为载体激发新业态，形成创新产业协同发展机制促进全产业链向中高端跃升。

9.2.5 探索融合治理机制，激励"参与者"共治与自治

联合体治理结构并不一定是非此即彼的，依据不同发展阶段主体间关

系程度，尝试层级治理与关系治理相结合，形成适应性更强的治理结构，可提高不同经营体的组织化程度。第一，强化层级治理对利益联结关系的保障作用。根据前文对农业产业化联合体增效机制的研究可以看出，层级治理在主体行为影响利益联结多元性进而作用于农业产业化联合体效益增长的路径中一直发挥着作用。鼓励农业产业化联合体制定章程并有效执行，明确规定各成员权利和义务，完善农业产业化联合体的监督机制和内部制衡机制，提高联合体自我治理能力，为生产经营活动和利益联结建立制度基础。农业产业化联合体的组织形式极大程度上有效地抵御了外部市场风险，但内部经营主体的失信行为时有发生，兼顾利益和风险亦尤为重要。通过建立"要素互助—利益分享—风险分担"相互制约的模式，把控联合体内部运营风险，可设立价格风险基金，以分主体、按品种、有比例等方式进行缴纳，并对上下游经营主体进行信用监督与评价，防范违约行为。第二，探索嵌入关系治理的融合治理机制。相近区域内或经过多次交易的经营主体已具备的熟络关系，对彼此信用评价的高低是关系稳定性或交易是否继续进行的关键因素。尤其是发挥关系治理强化经营主体利益联结紧密程度的作用，利用农业产业化联合体成员之间的信任关系，建立内部的信用信息与评价网络，建立有效的成员间的自发性监督，从而提高成员的自我监督意识，降低主体间交易成本和机会主义行为发生。

9.3　研究展望与不足

9.3.1　研究展望

农业产业化联合体经营主体的有效分工合作、利益与风险制衡机制和组织治理的综合作用使新型农业经营主体建立起紧密联结的共同体，利益相容、差异化最优分工、利益与约束的协调机制是其内在机制的创新之处，农业产业化联合体具有向广度和深度持续发展的潜力。

第一，从我国未来农业产业化联合体和农业经营组织发展的视角来看，加工型龙头企业的"链主"作用势必增强，以加工型农业企业为龙头牵引的农业产业化联合体更容易利用新技术与新设备进行专业化、标准化生产，具有更好的规模经济效益，供产销各环节紧密衔接，经过长期的演变，更有可能较快地发展成为集团化经营的公司农场。

第二，从带动小农户作用来看，农业产业化联合体并不直接带动处于农业产业链生产端的小农户，而是通过龙头企业联合合作社的方式联动地带动了合作社成员，即小农户。但这与小农户以更多方式融入现代农业并不矛盾，甚至是小农以土地经营权入股由管理层经营的农业股份公司，由农民转变为农工，享受分红收益，从而改变小农经营状态是可期的途径。通过农业产业化联合体的合作社完成小农户的再组织化，改造小农户的生产方式来适应现代农业发展要求，使之成为农业生产环节有主动性、有组织、有质量的价值创造者。

第三，从空间范围来看，农业产业化联合体走向成熟阶段后，组织架构更加完善、经营管理更加高效、利益联结更加紧密，相关的经营主体已经显现出跨区域联合的趋势，不局限于本地及周边村镇，一些外地的基地也加入到农业产业化联合体中来，以便享受"会员制"的优惠待遇，在核心龙头企业的带领下加入现代农业产业链当中。

第四，从政府介入方面来看，现阶段农业产业化联合体的经营者对支持政策的需求比较强烈，一些地区的政府部门对农业产业化联合体给予了项目支持，但项目的落实情况和支持效果还需要时间去表现。目前，较为普遍实施的是指导性政策，从全国范围看，农业产业化联合体的发展整体上处于初级阶段，共性问题的反映和出台政策及其调整措施必然会经过更长的探索来表现。所以，政策因素与农业产业化联合体绩效增长的关系研究是未来研究的一个重要方向。

9.3.2 研究存在的不足

本书关于核心研究对象的讨论还存在不足之处：

第一，本书没有针对不同模式的农业产业化联合体发展水平和影响因素进行研究，也没有对农业产业化联合体各类新型农业经营主体作分类的讨论，后续如果能够针对上述两个方面的异质性开展研究，将会对本书成果进行丰富和完善。

第二，本书并没有对农业产业化联合体自身发展阶段的分化作更加深入的分析探讨，对后续不同演化过程绩效变化的影响因素的作用程度和显著性未作区分，随着今后研究的进一步深入，将会对其做更深层次的分析。

第三，根据前文的研究框架，本书主要探究了农业产业化联合体绩效增长的整体机制，但在研究过程中，结合理论和实地调研观察来看，农业产业化联合体的效益增长和满意度提升存在影响主体行为的可能机制，即在农业产业化联合体经营主体的重复博弈中，以主体行为作为出发点，经过利益联结紧密程度最终作用于组织绩效的结果，可能会影响下一轮博弈的行为决策结果。本书并未将这一机制纳入研究，而是采取简化处理的方式仅研究了线性发生的对农业产业化联合体绩效增长的作用机制，从整体来看还是不全面的。

参考文献

［1］ Abate, G. T. , Francesconi, G. N. , & Getnet, K. Impact of Agricultural Cooperatives on Smallholders' Technical Efficiency: Empirical Evidence from Ethopia ［J］. Annals of Public and Cooperative Economics, 2014, 85 （02）: 257-286.

［2］ Abebaw, D. , & Haile, M. G. The Impact of Cooperatives on Agricultural Technology Adoption: Empirical Evidence from Ethiopia ［J］. Food Policy, 2013 （38）: 82-91.

［3］ Abebe, E. A. Determinants of Smallholders' Preference to Hybrids Prospect for Upgrading to High-value Food Chains ［J］. Journal of Agribusiness and Rural Development, 2016, 3 （41）: 237-247.

［4］ Ahuja, G. The Duality of Collaboration: Inducements and Opportunities in the Formation of Interfirm Linkages ［J］. Strategic Management Journal, 2000, 21 （03）: 317-343.

［5］ Ajzen, I. Perceived Behavioral Control, Self-efficacy, Locus of Control, and the Theory of Planned Behavior ［J］. Journal of Applied Social Psychology, 2002 （32）: 665-683.

［6］ Ajzen, I. The Theory of Planned Behavior: Frequently Asked Questions ［J］. Human Behavior and Emerging Technologies, 2020 （02）: 314-324.

［7］ Ajzen, I. The Theory of Planned Behavior ［J］. Organizational Behavior and Human Decision Processes, 1991 (50): 179-211.

[8] Allen, D. G. , Shore, L. M. , & Griffeth, R. W. The Role of Perceived Organizational Support and Supportive Human Resource Practice in the Turnover Process [J]. Journal of Management, 2003, 29 (01): 99-118.

[9] Altman, M. Cooperative Organizations as an Engine of Equitable Rural Economic Development [J]. Journal of Co-operative Organization and Management, 2015, 3 (01): 14-23.

[10] Andrea, M. V. L. , & Xia, X. L. Organizational Innovation on the Growth of Farmers' Income in Ecuador [J]. Evropejskij Issledovatel, 2012, 25 (07): 1050-1055.

[11] Anin, E. K. , Essuman, D. , & Sarpong, K. O. The Influence of Governance Mechanism on Supply Chain Performance in Developing Economies: Insights from Ghana [J]. International Journal of Business and Management, 2016, 11 (04): 252-264.

[12] Ansoff, I. Corporate Strategy [M]. New York: McGraw Hill, 1965.

[13] Arayesh, B. , & Hosseini, S. J. Regression Analysis of Effective Factor on People Participation in Protecting, Revitalizing, Developing and Using Renewable Natural Resources in Llam Province from the View of Users [J]. American Journal of Agricultural and Biological Sciences, 2010, 5 (02): 228-234.

[14] Arayesh, B. Identifying the Factors Affecting the Participation of Agricultural Co-operatives' Members [J]. American Journal of Agricultural and Biological Sciences, 2011, 6 (04): 560-566.

[15] Arayesh, B. , & Mammi, S. Prioritization Role of Psychological Factors in the Process of Popular Participation Groups to Preserve, Revival, Develop and Using Natural Resources (Case Study: Iran. Ilam Province) [J]. Procedia-Social and Behavioral Sciences, 2010 (05): 174-177.

[16] Arbor, J. Debt Policy and Performance of SMEs: Evidence from Ghanaian and South African Firms [J]. The Journal of Risk and Finance, 2007, 8

(04): 364-379.

[17] Ariyarantne, C. B., Featherstone, A. M., Langemeier, M. R., et al. Measuring X-efficiency and Scale Efficiency for a Sample of Agricultural Co-operatives [J]. Agricultural Resource Economics Review, 2000, 29 (02): 198-207.

[18] Ashwin, A. S., Krishnan R. T., & George, R. Board Characteristics, Financial Slack and R&D Investments [J]. International Studies of Management & Organization, 2016, 46 (01): 8-23.

[19] Axelrod, R. The Evolution of Co-operation [M]. New York: Basic Books, 1984.

[20] Bamberg, S., Hunecke, M., & Blobaum, A. Social Context, Personal Norms and the Use of Public Transportation: Two Field Studies [J]. Journal of Environmental Psychology, 2007 (27): 190-203.

[21] Baucer, R. Consumer Behavior as Risk Taking Dynamic Marking for a Changing World [C]. Proceedings of the 43th Conference of the American Marketing Association, 1964.

[22] Bergen, M. V., Michiel, S., & Matthew, R. Supply Chain Finance Schemes in the Procurement of Agricultural Products [J]. Journal of Purchasing and Supply Management, 2019, 25 (02): 172-184.

[23] Bergevoet, R. H. M., Ondersteign, C. J. M., Saatkamphw, H. W., et al. Entrepreneurial Behavior of Dutch Dairy Farmers under a Milk Quota System: Goals, Objectives and Attitudes [J]. Agricultural Systems, 2004, 80 (01): 1-21.

[24] Bhuyan, S. The 'People' Factor in Co-operatives: An Analysis of Members' Attitudes and Behavior [J]. Canadian Journal of Agricultural Economics, 2007, 55 (03): 275-298.

[25] Bhuyan, S., & Leistritz, F. An Examination of Characteristics and Determinants of Success of Cooperatives in the Non-agricultural Sectors [J]. Jour-

nal of Co-operatives, 2001 (16): 118-130.

[26] Birchall, J., & Simmons, R. What Motivates Members to Participate in Co-operative and Mutual Businesses? [J]. Annals of Public and Co-operative Economics, 2004 (75): 465-495.

[27] Borgen, S. O. Rethinking Incentive Problems in Cooperative Organizations [J]. The Journal of Socio-Economics, 2004, 33 (04): 383-393.

[28] Bruce, L. A., & Brain, M. H. What Gives Agricultural Co-operatives a Bad Name? [J]. International Journal of Co-operative Management, 2005, 2 (02): 183-193.

[29] Campion, M. A., Papper, E. M., & Medsker, G. Relations between Work Team Characteristics and Effectiveness: A Replication and Extension [J]. Personnel Psychology, 1996, 49 (02): 229-252.

[30] Chibanda, M., Ortmann, G. F., & Lyne, M. C. Institutional and Governance Factors Influencing the Performance of Selected Smallholder Agricultural Cooperatives in KwaZulu-Nata [J]. Agrekon, 2009, 48 (03): 293-306.

[31] Churchill, G. A., & Surprenant, C. An Investigation into the Determinants of Customer Satisfaction [J]. Journal of Marketing Research, 1982, 19 (04): 491-504.

[32] Coase, R. H. The Nature of the Firm [J]. Economica, 1937, 4 (16): 386-405.

[33] Conner, M., & Armitage, C. J. Extending the Theory of Planned Behavior: A Review and Avenue for Further Research [J]. Journal of Applied Social Psychology, 1998 (18): 33-39.

[34] Cook, M. L. The Future of U. S. Agriculture Co-operatives: A Nel-Institutional Approach [J]. American Journal of Agricultural Economics, 1995 (77): 1153-1159.

[35] Cook, M. L. The Role of Management Behavior in Agricultural Co-operatives [J]. Journal of Agricultural Cooperation, National Council of Farmer Co-

operatives, 1994 (09): 1-17.

[36] Covello, V. T., Peters, R. G., Wojtecki, J. G., et al. Risk Communication, the West Nile Virus Epidemic, and Bioterrorism: Responding to the Communication Challenges Posed by the Intentional or Unintentional Release of a Pathogen in an Urban Setting [J]. Journal of Urban Health, 2001, 78 (02): 382-391.

[37] Ding, S., Meriluoto, L., Reed, R., et al. The Impact of Agricultural Technology Adoption on Income Inequality in Rural China: Evidence from Southern Yunnan Province [J]. China Economic Review, 2011 (22): 344-356.

[38] Eisenberger, R., Huntington, R., Hutchison, S., et al. Perceived Organizational Support [J]. Journal of Applied Psychology, 1986, 71 (03): 145-165.

[39] El-Adly, M. I. Modelling the Relationship between Hotel Perceived Value, Customer Satisfaction, and Customer Loyalty [J]. Journal of Retailing and Consumer Services, 2019 (50): 322-332.

[40] Erul, E., Woosnam, K. M., & Mcintosh, W. A. Considering Emotional Solidarity and the Theory of Planned Behavior in Explaining Behavioral Intentions to Support Tourism Development [J]. Journal of Sustainable Tourism, 2020, 28 (08): 1-16.

[41] Fama, E. F. Agency Problems and the Theory of the Firm [J]. The Journal of Political Economy, 1980, 88 (02): 288-307.

[42] Fischer, E., & Qaim, M. Linking Smallholders to Markets: Determinants and Impacts of Farmer Collective Action in Kenya [J]. World Development, 2012, 40 (06): 1255-1268.

[43] Flint, D. J., Woodruff, R. B., & Gardial, S. F. Exploring the Phenomenon of Customers' Desired Value Change Business-to-Business Context [J]. Journal of Marketing, 2002, 66 (04): 102-117.

[44] Fuchs, M., Abadzhiev, A., Svensson, B., et al. A Knowledge

Destination Framework for Tourism Sustainability—A Business Intelligence Application from Sweden [J]. Tourism, 2013, 61 (02): 121-148.

[45] Gao, L., Wang, S. Y., Li, J., et al. Application of the Extended Theory of Planned Behavior to Understand Individual's Energy Saving Behavior in Workplaces [J]. Resources, Conservation and Recycling, 2017 (127): 107-113.

[46] Ghani, W., Omair, H., & Junaid, A. Business Groups' Financial Performance: Evidence from Pakistan [J]. Global Journal of Business Research, 2011, 5 (02): 169-183.

[47] Gill, A., Biger, N., & Mathur, N. The Effects of Capital Structure on Profitability?: Evidence from United States the Effect of Capital Structure on Profitability: Evidence from the United States [J]. International Journal of Management, 2011, 28 (04): 3-15.

[48] Grashuis, J. Spatial Competition in the Iowa Corn Market: Informing the Pricing Behavior of Corporate and Cooperative Grain Merchants [J]. Sustainability, 2019, 11 (04): 1-13.

[49] Greene, J. M. A Method for Determining a Stochastic Transition [J]. Journal of Mathematical Physics, 1979, 20 (06): 1183-1201.

[50] Gronroos, C. Value-driven Relational Marketing: From Product to Resource and Competences [J]. Journal of Marketing Management, 1997, 13 (05): 407-409.

[51] Haistead, D., Hartman, D., & Schmidt, S. L. Multisource Effects on the Satisfaction Formation Process [J]. Journal of the Academy of Marketing Science, 1994 (22): 114-129.

[52] Hamilton, G. G., & Biggart, N. W. Market Culture and Authority: A Comparative Analysis of Management and Organization in the Far East [J]. American Journal of Sociology, 1988 (94): 52-94.

[53] Hassan, Z. S., Muhammad, S. S. J., & Muhammad, A. Bringing

More Value to Small Farmers: A Study of Potato Farmers in Pakistan [J]. Management Decision, 2020 (02): 829-857.

[54] Heide, J. Inter-organizational Governance in Marketing Channels [J]. Journal of Marketing, 1994 (58): 115-120.

[55] Heide, J. Inter – organizational Governance in Marketing Channels [J]. Journal of Marketing, 1994 (58): 126-143.

[56] Hinder, R. A., & Groebel, J. Cooperation and Prosocial Behavior [M]. New York: Cambridge University Press, 1991.

[57] Hogeland, J. A. The Economic Culture of U. S. Agricultural Co-operatives [J]. Culture & Agriculture, 2006, 28 (02): 67-79.

[58] Jöreskog, K., & Sörbom, D. Lisrel 8: Structural Equation Modeling with the Simplis Command Language [M]. Chicago, IL: Scientific Software International Inc., 1993.

[59] Jackson, A. L., Olsen, J. E., Granzin, K. L., et al. An Investigation of Determinants of Recycling Consumer Behavior [J]. Advances in Consumer Research, 1993 (01): 481-487.

[60] Jacobides, L. G. The Architecture and Design of Organizational Capabilities [J]. Industrial and Corporate Change, 2006, 15 (01): 151-171.

[61] Jerker, N., & Svetlana G. Difficulties for the Development of Agricultural Cooperatives in Russia: The Case of the Kurgan Region [J]. Journal of Rural Cooperation, 2009, 37 (01): 52-70.

[62] Joshi, A., & Arnold, S. J. How Relational Norms Affect Compliance in Industrial Buying [J]. Journal of Business Research, 1998 (41): 105-114.

[63] Kean, J. Marketing Consortia: A Plan for the Small and Medium Sized Firm [J]. Management Decision, 1967, 1 (02): 21-25.

[64] Khanna, T., & Palepu, K. Why Focused Strategies May Be Wrong for Emerging Markets [J]. Harvard Business Review, 1997, 75 (04): 41-51.

[65] Kiatkawsin, K., & Han, H. Young Travelers' Intention to Behave

Pro-environmentally: Merging the Value-belief-norm Theory and the Expectancy Theory [J]. Tourism Management, 2017 (59): 76-88.

[66] Kraft, P., Rise, J., Sutton, S., et al. Perceived Difficulty in the Theory of Planned Behaviour: Perceived Behavioural Control or Affective Attitude? [J]. British Journal of Social Psychology, 2005 (44): 479-496.

[67] Kreps, D., & Wilson, R. Reputation and Imperfect Information [J]. Journal of Economic Theory, 1982 (27): 253-279.

[68] Lin, H., & Gursoy, D. Impact of Nonverbal Customer-to-customer Interactions on Customer Satisfaction and Loyalty Intentions [J]. International Journal of Contemporary Hospitality Management, 2020, 32 (05): 1967-1985.

[69] Lin, J. Y. An Economic Theory of Institutional Change: Induced and Imposed Change [J]. Cato Journal, 1989, 9 (01): 1-13.

[70] Lusch, R. F., & Brown, J. R. Interdependency, Contracting, and Relational Behavior in Marketing Channels [J]. Journal of Marketing, 1996 (60): 19-38.

[71] Lyndon, N., Er, A. C., Selvadurai, S., et al. Bidayuh World View on Participation and Empowerment in Community Development [J]. Advances in Natural and Applied Sciences, 2012 (06): 10-18.

[72] Macneil, I. R. The New Social Contract: An inquiry into Modern Contractual Relations [M]. New Haven: Yale University Press, 1981.

[73] Manna, D. R. Strategic Aspects of the Importance of Employee Management [J]. Journal of Diversity Management, 2008, 3 (01): 1-6.

[74] Miles, S., & Mangold, G. The Impact of Team Leader Performance on Team Member Satisfaction: The Subordinate's Perspective [J]. Team Performance Management, 2002 (08): 113-121.

[75] Mohr, J., & Spekman, R. E. Characteristics of Partnership Success: Partnership Attributes, Communication Behavior, and Conflict Resolution Techniques [J]. Strategic Management Journal, 1994 (15): 135-152.

[76] Mujawamariya, G., D'Haese, M., & Speelman, S. Exploring Double Side-selling in Cooperatives: Case Study of Four Coffee Cooperatives in Rwanda [J]. Food Policy, 2013, 39 (01): 72-83.

[77] Nerkar, A. A., McGrath, R. G., & Macmillan, I. C. Three Facets of Satisfaction and Their Influence on the Performance of Innovation Teams [J]. Journal of Business Venturing, 1996 (11): 167-188.

[78] Ngatno, Apriatni, E. P., & Youlianto, A. Moderating Effects of Corporate Governance Mechanism on the Relation between Capital Structure and Firm Performance [J]. Cogent Business & Management, 2021, 8 (01): 1-22.

[79] Nordlund, A. M., & Garvill, J. Value Structures Behind Pro-environmental Behavior [J]. Environment and Behavior, 2002, 34 (06): 740-756.

[80] Oliver, R. L., Rust, R. T., & Varkis. Customer Delight: Foundations, Findings, and Managerial Insight [J]. Journal of Retailing, 1997, 73 (03): 311-336.

[81] Ostrom, E. A Behavioral Approach to the Rational Choice Theory of Collective Action: Presidential Address, American Political Science Association, 1997 [J]. The American Political Science Review, 1998, 92 (01): 1-22.

[82] Ostrom, E. Collective Action and the Evolution of Social Norms [J]. Journal of Economic Perspectives, 2000, 14 (03): 137-158.

[83] Ostrom, E., & Ahn, T. The Meaning of Social Capital and its Link to Collective Action [A]//Svendsen, G. T., & Svendsen, G. L. H. Handbook of Social Capital: The Troika of Sociology, Political Science and Economics. Northampton: Edward Elgar Publishing, 2009.

[84] Ostrom, V., & Feeny, D. Rethinking Institutional Analysis and Development: Issues, Alternatives and Choices [M]. San Francisco: ICS Press, 1993.

[85] Pellino, T. A. Relationships between Patient Attitudes, Subjective

Norms, Perceived Control, and Analgesic Use Following Elevtive Orthopedic Surgery [J]. Research of Nurse Health, 1997, 20 (09): 97-105.

[86] Peter, L., Karin, H., & Jerker, N. Members' Perception of Their Participation in the Governance of Cooperatives: The Key to Trust and Commitment in Agricultural Cooperatives [J]. Agribusiness, 2009, 25 (02): 181-197.

[87] Pierre, B. Multinational Companies and National Development: Miferma and Mauretania [J]. Review of African Political Economy, 1975, 2 (02): 89-109.

[88] Pratty, J., & Zeckhauser, R. Principals and Agents: The Structure of Business [M]. Boston: Harvard Business School Press, 1985.

[89] Pulfer, I., Mohring, A., Dobricki, M., et al. Success Factors for Farming Collectives [C]. The 12th Congress of the European Association of Agricultural Economists, 2008.

[90] Rhoades, L., & Eisenberger, R. Perceived Organizational Support: A Review of the Literature [J]. Journal of Applied Psychology, 2002, 87 (04): 253-265.

[91] Ronald, O. A. Economic Development Through Agribusiness Consortia [J]. American Journal of Agricultural Economics, 1968, 50 (05): 1345-1350.

[92] Rooks, G., Raub, W., & Tazelaar, F. Ex Post Problems in Buyer-supplier Transactions: Effects of Transaction Characteristics, Social Embeddedness, and Contractual Governance [J]. Journal of Management and Governance, 2006, 10 (03): 239-276.

[93] Schultz, T. W. Investment in Human Capital [J]. The American Economic Review, 1961, 51 (01): 1-17.

[94] Schultz, T. W. Transforming Traditional Agriculture [M]. New Haven, CT: Yale University Press, 1964.

［95］ Scrimgeour, F. , McDermott, A. , Saunders, C. , et al. New Zealand Agribusiness Success: An Approach to Exploring the Role of Strategy, Structure and Conduct on Firm Performance ［C］. New Zealand Agricultural and Resource Economics Society, 2006 Conference, August 24－25, 2006, Nelson, New Zealand 31948.

［96］ Sexton, R. J. The Formation of Cooperatives: A Game-theoretic Approach with Implications for Cooperative Finance, Decision Making and Stability ［J］. American Journal of Agricultural Economics, 1986, 68 (02): 214-225.

［97］ Sholeh, G. , Mojtaba, T. , Ali, M. , et al. Estimates of (co) variance Components for Production and Reproduction Traits with Different Models in Fars Native Fowls ［J］. Livestock Science, 2013, 151 (2-3): 15-123.

［98］ Sones, K. R. , Oduor, G. I. , Watiti, J. W. , et al. Communicating with Smallholder Farming Families-a Review with a Focus on Agro-dealers and Youth as Intermediaries in Sub-Saharan Africa ［J］. CAB Reviews, 2015, 10 (30): 125-135.

［99］ Staatz, J. M. Farmer Cooperative Theory: Recent Developments ［R］. United States Department of Agriculture, Rural Development Business and Co-operative Programs, 1989.

［100］ Staatz, J. M. Recent Developments in the Theory of Agricultural Cooperatives ［J］. Journal of Agricultural Co-operation, 1987 (02): 74-95.

［101］ Stephen, J. C. , Madhok, A. , & Wu, T. Uncertainty, Opportunism, and Governance: The Effects of Volatility and Ambiguity on Formal and Relational Contracting ［J］. The Academy of Management Journal, 2006, 49 (05): 1058-1077.

［102］ Sweeney, J. C. , & Soutar, G. N. Consumer Perceived Value: The Development of a Multiple Item Scale ［J］. Journal of Retailing, 2001 (02): 203-220.

［103］ Tahanisaz, S. Evaluation of Passenger Satisfaction with Service Quality: A Consecutive Method Applied to the Airline Industry [J]. Journal of Air Transport Management, 2020 (83): 101764.

[104] Telser, L. G. A Theory of Self-Enforcing Agreements [J]. The Journal of Business, 1980, 53 (01): 27-44.

[105] Valette, J., Amadieu, P., & Sentis, P. Cooperatives Versus Corporations: Survival in the French Wine Industry [J]. Journal of Wine Economics, 2018 (02): 1-27.

[106] Vandeplas, A., Minten, B., & Swinnen, J. Multinationals Versus Cooperatives: The Income and Efficiency Effects of Supply Chain Governance in India [J]. Journal of Agricultural Economics, 2013, 64 (01): 178-190.

[107] Verhofstadt, E., & Maertens, M. Smallholder Cooperatives and Agricultural Performance in Rwanda: Do Organizational Differences Matter? [J]. Agricultural Economics, 2014 (45): 39-52.

[108] Wadsworth, J. Keep the Co-op Candle Burning [J]. Rural Co-operatives, 2012, 79 (03): 38-39+46.

[109] Wan, C., Shen, G., & Choi, S. The Place-based Approach to Recycling Intention: Integrating Place Attachment into the Extended Theory of Planned Behavior [J]. Resources, Conservation and Recycling, 2021 (169): 105549.

[110] Wang, H., Gui, H., Ren, C., et al. Factors Influencing Urban Residents' Intention of Garbage Sorting in China: An Extended TPB by Integrating Expectancy Theory and Norm Activation Model [J]. Sustainability, 2021, 13 (23): 12985.

[111] Wang, S. Y., Wang, J. P., Yang, S., et al. From Intention to Behavior: Comprehending Residents' Waste Sorting Intention and Behavior Formation Process [J]. Waste Management, 2020 (113): 41-50.

[112] Wayne, S. J., Shore, L. M., Bommer, W. H., et al. The Role of Fair Treatment and Rewards in Perceptions of Organizational Support and Leader-

member Exchange [J]. Journal of Applied Psychology, 2002, 87 (03): 174-190.

[113] Williamson, O. E. Credible Commitments: Using Hostages to Support Exchange [J]. The American Economic Review, 1983, 73 (04): 519-540.

[114] Williamson, O. E. Transaction Cost Economics Meets Posnerian Law and Economics [J]. Journal of Institutional and Theoretical Economics, 1993, 149 (01): 99-118.

[115] Xu, X. P., Wang, S. Y., & Yu, Y. G. Consumer's Intention to Purchase Green Furniture: Do Health Consciousness and Environmental Awareness Matter? [J]. Science of the Total Environment, 2019 (704): 135275.

[116] 蔡海龙, 李静媛. 小农户衔接现代农业的关键是要融入现代农业价值链 [J]. 农村经营管理, 2021 (06): 16-18.

[117] 蔡海龙, 炎天尧. 正确认识农业产业化联合体: 本质特征与理论依据 [J]. 中国农民合作社, 2019 (07): 8-10.

[118] 蔡海龙. 农业产业化经营组织形式及其创新路径 [J]. 中国农村经济, 2013 (11): 4-11.

[119] 蔡荣, 蔡书凯. 粮食主产区农户订单参与行为及交易绩效研究——以安徽省水稻种植户为例 [J]. 财贸研究, 2013, 24 (02): 29-36.

[120] 常明. 农业合作经济组织问题 [J]. 理论视野, 2012 (07): 72-74.

[121] 陈定洋. 供给侧改革视域下现代农业产业化联合体研究——产生机理、运行机制与实证分析 [J]. 科技进步与对策, 2016, 33 (13): 78-83.

[122] 陈东平, 宋文华. 农民与新型农业经营主体利益联结稳定性: 信任的作用——基于多个案例的分析 [J]. 农村经济, 2018 (03): 99-105.

[123] 陈华彬. 乡村振兴视阈下农业产业化联合体研究——产生机理、运营机制和实证分析 [J]. 重庆理工大学学报 (社会科学版), 2019, 33

（03）：36-45.

［124］陈丽，李崇光，张俊．农民合作社农户风险共担认知和行为分析［J］．农业现代化研究，2018，39（02）：293-299.

［125］陈铭昊，刘强，吴伟光，高一江，潘灵强，周凯，秋植炜．新型林业经营主体对小农增收的影响路径与效果研究——基于浙江、福建、江西3个省的调查［J］．林业经济，2021，43（09）：42-54.

［126］陈楠，郝庆升．基于 TPB 的龙头企业牵头合作经济组织的行为动力分析［J］．中国农机化学报，2013，34（06）：64-68.

［127］陈楠．龙头企业牵头合作经济组织行为意向的实证分析——基于 TPB 理论与吉林省龙头企业微观调查数据［J］．中国农机化学报，2013，34（05）：38-43.

［128］陈念东．农业产业化生产经营模式中利益主体的行为博弈及优化策略［J］．理论探讨，2013（02）：79-83.

［129］陈强．高级计量经济学及 Stata 应用［M］．北京：高等教育出版社，2014.

［130］陈曲，杨凡，余艳．农资服务质量对农户生产绩效影响研究［J］．天津农业科学，2011，17（03）：63-65+73.

［131］陈潭．集体行动的困境：理论阐释与实证分析——非合作博弈下的公共管理危机及其克服［J］．中国软科学，2003（09）：139-144.

［132］陈祥碧，刘晓鹰．长江上游少数民族地区农业产业化发展问题研究——以重庆石柱土家族自治县生态畜牧业为例［J］．贵州民族研究，2015，36（10）：168-172.

［133］陈勇强，祁春节．农产品供应链合作关系治理机制动态演化研究［J］．江西社会科学，2021，41（02）：209-217.

［134］成灶平．农业产业化联合体管理协同机制研究［J］．北京农业职业学院学报，2021，35（01）：23-29.

［135］池泽新，汪固华．基于农户视角的农业龙头企业绩效评价研究——以江西为例［J］．江西农业大学学报（社会科学版），2011，10（03）：26-33.

［136］崔宝玉，程春燕．农民专业合作社的关系治理与契约治理［J］．西北农林科技大学学报（社会科学版），2017，17（06）：40-47.

［137］崔彩贤，边丽瑾，赵晓峰．农民合作社信用合作满意度实证研究——基于内部社会资本分析视角［J］．西北农林科技大学学报（社会科学版），2020，20（01）：42-51.

［138］崔红志，刘亚辉．我国小农户与现代农业发展有机衔接的相关政策、存在问题及对策［J］．中国社会科学院研究生院学报，2018（05）：34-41+145.

［139］崔民，夏显力．感知价值、政策激励对农户退耕成果维护意愿与行为的影响［J］．干旱区资源与环境，2022，36（08）：28-37.

［140］崔照忠，刘仁忠．三类农业产业化模式经营主体间博弈分析及最优选择［J］．中国人口·资源与环境，2014，24（08）：114-121.

［141］达洲．介绍南斯拉夫两个农工联合体［J］．国际经济评论，1978（01）：31-33.

［142］代云云，徐翔．基于收购方角度的农户道德风险分析——以江苏省安全蔬菜种植户生产行为为例［J］．现代经济探讨，2011（07）：69-73.

［143］道格拉斯·C.诺思．经济史中的结构与变迁［M］．陈郁，罗华平，译．上海：上海人民出版社，1994.

［144］道格拉斯·C.诺思．制度、制度变迁与经济绩效［M］．杭行，译．上海：格致出版社，2014.

［145］窦璐．旅游者感知价值、满意度与环境负责行为［J］．干旱区资源与环境，2016，30（01）：197-202.

［146］窦祥铭，陈晨，彭莉．推进农村一二三产业融合发展的典型模式探讨——以安徽省宿州市现代农业产业化联合体为例［J］．陕西行政学院学报，2018，32（02）：106-110.

［147］窦祥铭，李红波．培育发展农业产业化联合体的实践与思考——以安徽省宿州市为例［J］．西昌学院学报（自然科学版），2019，33（02）：31-38+50.

[148] 窦祥铭. 多维视阈下农业产业化联合体发展问题探讨——来自安徽省宿州市的调查 [J]. 通化师范学院学报，2018，39（09）：74-81.

[149] 鄂施璇，王兆林. 感知利益对农户宅基地发展权转移行为意向的影响研究——基于成渝地区宅基地改革试点区的实证 [J]. 中国土地科学，2022，36（07）：43-52.

[150] 方蕊，安毅，刘文超. "保险+期货"试点可以提高农户种粮积极性吗？——基于农户参与意愿中介效应与政府补贴满意度调节效应的分析 [J]. 中国农村经济，2019（06）：113-126.

[151] 冯根福. 双重委托代理理论：上市公司治理的另一种分析框架——兼论进一步完善中国上市公司治理的新思路 [J]. 经济研究，2004（12）：16-25.

[152] 冯娟娟，霍学喜. 合作社利益分配、治理行为与产权结构安排——基于苹果种植户合作社的经验证据 [J]. 农村经济，2017（12）：100-107.

[153] 冯开文. 合作社的分配制度分析 [J]. 学海，2006（05）：22-27.

[154] 冯开文. 论中国农业合作制度变迁的格局与方向 [J]. 中国农村观察，1999（03）：18-24.

[155] 弗里曼. 战略管理：利益相关者方法 [M]. 王彦华，梁豪，译. 上海：上海译文出版社，2006.

[156] 伏耀祖，李西林，严纲. 农村经济联合体性质和意义初探 [J]. 社会科学，1981（04）：12-17.

[157] 高阔，甘筱青. "公司+农户"模式：一个文献综述（1986-2011）[J]. 经济问题探索，2012（02）：109-115.

[158] 高圆圆，陈哲. 农业产业化经营组织模式演化逻辑、效益比较与未来发展取向 [J]. 贵州财经大学学报，2022（05）：102-111.

[159] 格兰诺维特. 镶嵌：社会网与经济行动 [M]. 罗家德，译. 北京：社会科学文献出版社，2015.

[160] 葛鹏飞，党亚男，吕萍，杨洵，罗海燕. 草原畜牧业产业链利

益联结机制影响因素研究——基于草原牧区四省区的调查 [J]. 草业科学，2017，34（12）：2591-2602.

[161] 龚道广. 农业社会化服务的一般理论及其对农户选择的应用分析 [J]. 中国农村观察，2000（06）：25-34+78.

[162] 顾政. 关于农村经济联合体的调查报告 [J]. 广西大学学报（哲学社会科学版），1983（01）：65-71+64.

[163] 桂玉，徐顽强. 农民合作经济组织治理结构变革的动因分析 [J]. 社会科学战线，2010（05）：75-79.

[164] 郭铖. 农业共营制效率及其利益相关者筛选、激励机制——基于崇州市的经验分析 [J]. 湖南农业大学学报（社会科学版），2017，18（06）：7-12.

[165] 郭斐然，孔凡丕. 农业企业与农民合作社联盟是实现小农户与现代农业衔接的有效途径 [J]. 农业经济问题，2018（10）：46-49.

[166] 郭红东，袁路明，林迪. 影响社员对合作社满意度因素的分析 [J]. 西北农林科技大学学报（社会科学版），2009，9（05）：32-36.

[167] 郭清卉，李世平，李昊. 基于社会规范视角的农户化肥减量化措施采纳行为研究 [J]. 干旱区资源与环境，2018，32（10）：50-55.

[168] 郭庆科，李芳，陈雪霞，王炜丽，孟庆茂. 不同条件下拟合指数的表现及临界值的选择 [J]. 心理学报，2008（01）：109-118.

[169] 郭瑞玮，李瑞芬，郑婧媛. 北京市农民合作社联合社运行机制绩效评价 [J]. 北京农学院学报，2018，33（03）：99-102.

[170] 郭文君. 农业全产业链合作的多经营主体博弈及行为选择均衡 [J]. 产业创新研究，2022（11）：87-90.

[171] 郭晓岩，王桂云. 公司与农户建立产销联合体的产业化经营之路 [J]. 科技进步与对策，2000（03）：77-78.

[172] 郭振宗. 试论我国农业产业化的演进特征 [J]. 农业经济，1999（04）：16-17.

[173] 国鲁来. 合作社制度及专业协会实践的制度经济学分析 [J]. 中

国农村观察，2001（04）：36-48.

[174] 韩建民，韩旭峰，刘小英. 甘肃农业产业化经营利益联结机制问题研究——兼议"公司+农户"的缺陷 [J]. 发展，2007（08）：125-127.

[175] 韩旭东，李德阳，王若男，郑风田. 盈余分配制度对合作社经营绩效影响的实证分析：基于新制度经济学视角 [J]. 中国农村经济，2020（04）：56-77.

[176] 韩瑜. 制度变迁与中国新型农民合作经济组织的发展动力研究 [J]. 经济问题探索，2010（04）：35-40.

[177] 韩振国，刘启明，李拾娣，汪力斌. 社会资本与治理视角下"公司+农户"养殖模式契约稳定性分析 [J]. 农村经济，2014（08）：41-46.

[178] 郝爱民. 农业生产性服务业对农业的影响——基于省级面板数据的研究 [J]. 财贸经济，2011（07）：97-102+136.

[179] 何安华，刘同山，孔祥智. 农户异质性对农业技术培训参与的影响 [J]. 中国人口·资源与环境，2014，24（03）：116-123.

[180] 何薇，朱朝枝. 多元利益视角下福建农民创业园利益联结的影响因素研究 [J]. 福建农业学报，2018，33（09）：1003-1007.

[181] 何秀荣. 公司农场：中国农业微观组织的未来选择？[J]. 中国农村经济，2009（11）：4-16.

[182] 何秀荣. 农业合作社的起源、发展和变革 [J]. 社会科学战线，2022（10）：66-75.

[183] 何悦，漆雁斌. 农户绿色生产行为形成机理的实证研究——基于川渝地区 860 户柑橘种植户施肥行为的调查 [J]. 长江流域资源与环境，2021，30（02）：493-506.

[184] 贺敏. 新型农业经营主体与小农户利益联结问题研究 [J]. 农业经济，2020（10）：15-17.

[185] 侯博，应瑞瑶. 分散农户低碳生产行为决策研究——基于 TPB 和 SEM 的实证分析 [J]. 农业技术经济，2015（02）：4-13.

［186］侯佳君，曾以宁，刘云强. 自生能力、交易环境与农民专业合作社绩效——基于四川省 321 家农民专业合作社的实证研究［J］. 农村经济，2020（11）：113-120.

［187］胡乐明，刘刚. 新制度经济学原理［M］. 北京：中国人民大学出版社，2014.

［188］胡新艳. "公司+农户"：交易特性、治理机制与合作绩效［J］. 农业经济问题，2013，34（10）：83-89+111.

［189］胡野鹤. 经济联合体的利润分配问题［J］. 上海经济研究，1981（02）：1-4.

［190］胡银根，杨春梅，董文静，齐琪，张也，林书达. 基于感知价值理论的农户宅基地有偿退出决策行为研究——以安徽省金寨县典型试点区为例［J］. 资源科学，2020，42（04）：685-695.

［191］黄季焜，齐亮，陈瑞剑. 技术信息知识、风险偏好与农民施用农药［J］. 管理世界，2008（05）：71-76.

［192］黄梦思，孙剑，陈新宇. "农业龙头企业+农户"模式中治理机制与农户续约意愿［J］. 华中农业大学学报（社会科学版），2018（04）：81-88+169-170.

［193］黄如金. 农业产业化的组织制度创新路径选择［J］. 经济管理，2003（23）：8-12.

［194］黄胜忠，伏红勇. 公司领办的农民合作社：社会交换、信任困境与混合治理［J］. 农业经济问题，2019（02）：53-62.

［195］黄胜忠，徐旭初. 成员异质性与农民专业合作社的组织结构分析［J］. 南京农业大学学报（社会科学版），2008（03）：1-7+43.

［196］黄胜忠. 利益相关者集体选择视角的农民合作社形成逻辑、边界与本质分析［J］. 中国农村观察，2014（02）：18-25+93.

［197］黄晓慧，王礼力，陆迁. 农户水土保持技术采用行为研究——基于黄土高原1152户农户的调查数据［J］. 西北农林科技大学学报（社会科学版），2019，19（02）：133-141.

[198] 黄晓慧，王礼力，陆迁. 农户水土保持技术采用行为研究——基于黄土高原1152户农户的调查数据 [J]. 西北农林科技大学学报（社会科学版），2019，19（02）：133-141.

[199] 黄祖辉，扶玉枝，徐旭初. 农民专业合作社的效率及其影响因素分析 [J]. 中国农村经济，2011（07）：4-13+62.

[200] 黄祖辉，徐旭初. 基于能力和关系的合作治理——对浙江省农民专业合作社治理结构的解释 [J]. 浙江社会科学，2006（01）：60-66.

[201] 季晨，贾甫，徐旭初. 基于复衡性和绩效视角的农民合作社成长性探析——对生猪养殖合作社的多案例分析 [J]. 中国农村观察，2017（03）：72-86.

[202] 贾蕊，陆迁，何学松. 龙头企业与农民专业合作经济组织对接的经济分析 [J]. 西南农业大学学报（社会科学版），2006（01）：43-46.

[203] 姜长云. 新时代创新完善农户利益联结机制研究 [J]. 社会科学战线，2019（07）：44-53.

[204] 姜卓简，范静，黄婧玉. 农户参与农村产业融合的意愿及其影响因素——基于集安市人参产业融合的调查分析 [J]. 湖南农业大学学报（社会科学版），2018，19（06）：37-42.

[205] 蒋永穆，高杰. 我国农业产业化经营组织的形成路径及动因分析 [J]. 探索，2012（03）：105-109.

[206] 晋荣荣，李世平，南灵. 资本禀赋、感知价值、政府补贴对农户清洁取暖采纳行为的影响 [J]. 资源科学，2022，44（04）：809-819.

[207] 康云海. 农户进入农业产业化经营的行为分析 [J]. 云南社会科学，1998（01）：36-42.

[208] 孔祥智，徐珍源，史冰清. 当前我国农业社会化服务体系的现状、问题和对策研究 [J]. 江汉论坛，2009（05）：13-18.

[209] 寇平君，卢凤君，沈泽江. 构建我国农产品市场流通模式的战略性思考 [J]. 农业经济问题，2002（08）：13-17.

[210] 兰斯·E. 戴维斯，道格拉斯·C. 诺思. 制度变迁与美国经济增

长［M］. 张志华，译. 上海：格致出版社，2019.

［211］兰晓红. 农业生产性服务业与农业、农民收入的互动关系研究［J］. 农业经济，2015（04）：41-43.

［212］兰勇，周艺珮，蒋黾. 家庭农场与农业企业利益联结机制综合评价研究［J］. 农业现代化研究，2021，42（05）：805-814.

［213］李彬，范云峰. 我国农业经济组织的演进轨迹与趋势判断［J］. 改革，2011（07）：88-95.

［214］李冰冰，王曙光. 社会资本、乡村公共品供给与乡村治理——基于10省17村农户调查［J］. 经济科学，2013（03）：61-71.

［215］李灿，丁琳，阳荣凤. 差异化利益联结模式下农业龙头企业的价值实现比较［J］. 财会月刊，2022（01）：125-134.

［216］李翠霞，孙新瑶. 制度安排对畜牧业专业合作社绩效的影响——以黑龙江省152家合作社为例［J］. 农业经济与管理，2018（02）：57-68.

［217］李福夺，尹昌斌. 农户绿肥种植意愿与行为悖离发生机制研究——基于湘、赣、桂、皖、豫五省（区）854户农户的调查［J］. 当代经济管理，2021，43（01）：59-67.

［218］李鸿儒，张宁. 新经济联合体是农业剩余劳动力转移的重要途径［J］. 农村经济，1984（08）：18-19+27.

［219］李静. 农民专业合作社法人治理结构及其规范运行分析［J］. 经济问题，2013（03）：114-116.

［220］李居英. 农民专业合作社社员满意度影响因素分析——以江西省南昌县为例［J］. 中国集体经济，2016（34）：64-65.

［221］李明贤，刘宸璠. 农村一二三产业融合利益联结机制带动农民增收研究——以农民专业合作社带动型产业融合为例［J］. 湖南社会科学，2019（03）：106-113.

［222］李明月，陈凯. 农户绿色农业生产意愿与行为的实证分析［J］. 华中农业大学学报（社会科学版），2020（04）：10-19+173-174.

[223] 李青原，唐建新．企业纵向一体化的决定因素与生产效率——来自我国制造业企业的经验证据 [J]．南开管理评论，2010，13（03）：60-69．

[224] 李容容，罗小锋，薛龙飞．种植大户对农业社会化服务组织的选择：营利性组织还是非营利性组织？[J]．中国农村观察，2015（05）：73-84．

[225] 李世杰，刘琼，高健．关系嵌入、利益联盟与"公司+农户"的组织制度变迁——基于海源公司的案例分析 [J]．中国农村经济，2018（02）：33-48．

[226] 李腾．农业产业化联合体融资模式研究 [J]．中国中小企业，2020（06）：187-188．

[227] 李天舒．"结构—行为—绩效"范式的理论演进与现实应用 [J]．改革与战略，2008（07）：109-111．

[228] 李文欢，王桂霞，栾申洲．参照群体、感知价值对养殖户环保投资行为的影响 [J]．湖南农业大学学报（社会科学版），2021，22（02）：18-25．

[229] 李文明，罗丹，陈洁，谢颜．农业适度规模经营：规模效益、产出水平与生产成本——基于1552个水稻种植户的调查数据 [J]．中国农村经济，2015（03）：4-17+43．

[230] 李晓阳，龙贝，李晓雪，肖桑梦．政府补贴、股权结构与涉农企业经营绩效——基于双固定效应模型的实证研究 [J]．农业技术经济，2021（12）：127-144．

[231] 李旭，戴蓬军．利益相关者与农民专业合作社成长：分析框架和影响机理 [J]．农业经济，2012（09）：78-80．

[232] 李旭．农民专业合作社成长的影响因素：基于利益相关者的视角 [D]．沈阳：沈阳农业大学，2012．

[233] 李云新，王晓璇．农民专业合作社行为扭曲现象及其解释 [J]．农业经济问题，2017，38（04）：14-22+110．

［234］练晓月，常平平．新时代农业产业化联合体培育的财税政策支持研究［J］．农业经济，2021（01）：97-99.

［235］梁巧，黄祖辉．关于合作社研究的理论和分析框架：一个综述［J］．经济学家，2011（12）：77-85.

［236］廖明扬．一个由农民组成的农技推广联合体［J］．农村经济，1983（09）：26.

［237］廖文虎，尚光辉．农户参与专业合作社意愿的影响因素研究——基于合作社自身运行机制的角度［J］．江汉学术，2017，36（02）：95-104.

［238］廖媛红．农民专业合作社内部社会资本对成员满意度的影响——以管理正规化程度为调节变量［J］．经济社会体制比较，2012（05）：169-182.

［239］林心怡，吴东．区块链技术与企业绩效：公司治理结构的调节作用［J］．管理评论，2021，33（11）：341-352.

［240］刘畅，高杰．基于共生理论的中国农业产业化经营组织演进［J］．农村经济，2016（06）：45-50.

［241］刘洪．集体行动与经济绩效——曼瑟尔·奥尔森经济思想评述［J］．当代经济研究，2002（07）：42-45.

［242］刘晖，彭柳林，余永琦，张敏芳，池泽新．基于熵权-TOPSIS模型的农业龙头企业绩效评价研究——以兴国县为例［J］．江西农业学报，2022，34（09）：190-196.

［243］刘洁，祁春节，陈新华．制度结构对农民专业合作社绩效的影响——基于江西省72家农民专业合作社的实证分析［J］．经济经纬，2016，33（02）：36-41.

［244］刘可，齐振宏，黄炜虹，等．资本禀赋异质性对农户生态生产行为的影响研究——基于水平和结构的双重视角分析［J］．中国人口·资源与环境，2019，29（02）：87-96.

［245］刘宁杰．龙头企业与农民利益联结机制：契约式研究［J］．调研

世界，2009（02）：24-26.

[246] 刘世定．嵌入性与关系合同 [J]．社会学研究，1999（04）：77-90.

[247] 刘威，马恒运．包容性视域下农业产业化联合体共生关系的实证分析 [J]．农村经济，2020（11）：95-103.

[248] 刘岩，任大鹏．农业产业化联合体：产业经济组织共生系统的生成与模式探究 [J]．农村经济，2022（08）：117-124.

[249] 刘源，王斌，朱炜．纵向一体化模式与农业龙头企业价值实现——基于圣农和温氏的双案例研究 [J]．农业技术经济，2019（10）：114-128.

[250] 芦千文，刘子涵．农户利益联结机制问题研究述评 [J]．社会科学动态，2020（03）：61-67.

[251] 芦千文，张益．对现代农业产业化联合体发展的调查与思考——以安徽省宿州市为例 [J]．农业经济与管理，2017（02）：24-31.

[252] 芦千文．现代农业产业化联合体：组织创新逻辑与融合机制设计 [J]．当代经济管理，2017，39（07）：38-44.

[253] 罗必良，王玉蓉．农业经济组织的制度结构与经济绩效——一个理论框架及其应用分析 [J]．农业经济问题，1999（06）：11-15.

[254] 罗必良．"奥尔森困境"及其困境 [J]．学术研究，1999（09）：8-11.

[255] 罗必良．农地确权、交易含义与农业经营方式转型——科斯定理拓展与案例研究 [J]．中国农村经济，2016（11）：2-16.

[256] 罗必良．农业经济组织的效率决定——一个理论模型及其实证研究 [J]．学术研究，2004（08）：49-57.

[257] 罗剑朝，郭显，胡杰．感知价值和政府干预能提高农户农业信用担保贷款满意度吗？[J]．农业经济与管理，2022（04）：81-90.

[258] 马凤才，陈帅．社员对合作社服务满意度的影响因素分析 [J]．天津农业科学，2020，26（04）：19-23.

[259] 马俊岑，曾蔼祥．联合生产是发展多种经营的重要途径——江

西省高安县农村社队组织生产联合体的调查［J］. 经济问题探索，1981
（06）：43-44.

［260］马克思，恩格斯. 马克思恩格斯全集（第 1 卷）［M］. 北京：人
民出版社，1956.

［261］马克思. 政治经济学的形而上学［M］// 马克思，恩格斯. 马
克思恩格斯选集（第 1 卷）. 北京：人民出版社，1972.

［262］马彦丽，孟彩英. 我国农民专业合作社的双重委托—代理关
系——兼论存在的问题及改进思路［J］. 农业经济问题，2008（05）：55-
60+111.

［263］曼瑟尔·奥尔森. 集体行动的逻辑：公共物品与集团理论
［M］. 陈郁，郭宇峰，李崇新，等，译. 上海：格致出版社，上海人民出版
社，2018.

［264］孟庆国，董玄，孔祥智. 嵌入性组织为何存在？供销合作社农
业生产托管的案例研究［J］. 管理世界，2021，37（02）：165-184+12.

［265］孟祥菊. 员工组织支持感与工作满意度、离职倾向关系研
究——行业重组视角［J］. 工业技术经济，2010，29（05）：98-101.

［266］穆娜娜，钟真. 中国农业社会化服务体系构建的政策演化与发
展趋势［J］. 政治经济学评论，2022，13（05）：87-112.

［267］穆娜娜，周振，孔祥智. 农业社会化服务模式的交易成本解
释——以山东舜耕合作社为例［J］. 华中农业大学学报（社会科学版），
2019（03）：50-60+160-161.

［268］纳塔莉·塞邦斯，周林文. 合作是人类的本能［J］. 发现，2007
（05）：43-45.

［269］牛星，王超，吴冠岑. 流转特征、风险感知与土地流转满意
度——基于长三角地区 1008 个农户的调查［J］. 农业经济与管理，2020
（02）：45-55.

［270］欧阳俊斌，何天顺，裘康羽. 怎样看待农村新的经济联合体
［J］. 农业经济问题，1982（05）：21-25.

[271] 潘丹. 农业技术培训对农村居民收入的影响：基于倾向得分匹配法的研究 [J]. 南京农业大学学报（社会科学版），2014，14（05）：62-69.

[272] 潘荣根，韩兰华，汪桥. 我国农村合作组织融资模式研究——基于农业产业化联合体视角 [J]. 渤海大学学报（哲学社会科学版），2021，43（05）：67-71.

[273] 彭志红. 实施绿色营销，带动农村经济发展 [J]. 生态经济，2004（S1）：86-87+91.

[274] 秦愚. 利用新集体行动理论揭示农民合作社制度 [J]. 农业经济问题，2018（03）：33-45.

[275] 青木昌彦. 比较制度分析 [M]. 周黎安，译. 上海：上海远东出版社，2001.

[276] 曲朦，赵凯. 不同土地转入情景下经营规模扩张对农户农业社会化服务投入行为的影响 [J]. 中国土地科学，2021，35（05）：37-45.

[277] 尚旭东，吴蓓蓓. 农业产业化联合体组织优化问题研究 [J]. 经济学家，2020（05）：119-128.

[278] 尚旭东，叶云. 农业产业化联合体：组织创新、组织异化、主体行为扭曲与支持政策取向 [J]. 农村经济，2020（03）：1-9.

[279] 邵慧敏，秦德智. 内部信任对农民合作社绩效的影响分析 [J]. 农村经济，2018（03）：124-128.

[280] 邵科，郭红东，黄祖辉. 农民专业合作社组织结构对合作社绩效的影响——基于组织绩效的感知测量方法 [J]. 农林经济管理学报，2014，13（01）：41-48.

[281] 邵科，黄祖辉. 农民专业合作社成员参与行为、效果及作用机理 [J]. 西北农林科技大学学报（社会科学版），2014，14（06）：45-50.

[282] 邵科，朱守银，汪明. 农业产业化利益联结机制完善路径探析 [J]. 农村经营管理，2014（07）：16-19.

[283] 申静，渠美，郑东晖，张院霞. 农户对生活垃圾源头分类处理的行为研究——基于 TPB 和 NAM 整合框架 [J]. 干旱区资源与环境，

2020，34（07）：75-81.

[284] 申云，李京蓉. 农民合作社供应链金融信贷利益联结研究 [J]. 农业经济与管理，2020（01）：66-77.

[285] 沈贵银. 探索现代农业多元化规模经营制度——对十七届三中全会关于农村基本经营制度创新有关问题的思考 [J]. 农业经济问题，2009，30（05）：17-19.

[286] 石志恒，崔民，张衡. 基于扩展计划行为理论的农户绿色生产意愿研究 [J]. 干旱区资源与环境，2020，34（03）：40-48.

[287] 石志恒，张衡. 基于扩展价值—信念—规范理论的农户绿色生产行为研究 [J]. 干旱区资源与环境，2020，34（08）：96-102.

[288] 史恒通，王铮钰，阎亮. 生态认知对农户退耕还林行为的影响——基于计划行为理论与多群组结构方程模型 [J]. 中国土地科学，2019，33（03）：42-49.

[289] 史恒通，赵敏娟. 基于选择试验模型的生态系统服务支付意愿差异及全价值评估——以渭河流域为例 [J]. 资源科学，2015，37（02）：351-359.

[290] 史建民. 提高农业订单履约率的法学分析 [J]. 农业经济问题，2001（12）：48-52.

[291] 宋金田，祁春节. 农户合作行为形成与发展——基于新制度经济学视角的案例分析 [J]. 华中农业大学学报（社会科学版），2013（06）：44-52.

[292] 宋言东，蒋秀莲，张雪峰. 农民专业合作社利益机制的建构——基于江苏省85个农民专业合作社的问卷调查 [J]. 农村经济，2012（10）：121-124.

[293] 苏冬蔚，贺星星. 社会责任与企业效率：基于新制度经济学的理论与经验分析 [J]. 世界经济，2011，34（09）：138-159.

[294] 速水佑次郎，弗农·拉坦. 农业发展的国际分析 [M]. 郭熙保，张进铭，译. 北京：中国社会科学出版社，2000.

［295］孙崑，方柯钰，童杉杉，张社梅．农民专业合作社在推进三产融合中的利益联结机制研究——基于3家国家级示范社的调研［J］．浙江农业学报，2019，31（10）：1724-1733.

［296］孙太清．新型农业合作经济组织利益联结机制与行为特征分析［J］．经济研究参考，2009（69）：49-51.

［297］孙天合，马彦丽，孙永珍．农民专业合作社理事长提高社员有效参与的行为意向研究［J］．农业技术经济，2021（11）：130-144.

［298］孙亚范，余海鹏．农民专业合作社制度安排对成员行为及组织绩效影响研究［J］．南京农业大学学报（社会科学版），2012，12（04）：61-69.

［299］孙亚范．农民专业合作经济组织利益机制及影响因素分析——基于江苏省的实证研究［J］．农业经济问题，2008（09）：48-56.

［300］孙亚范．社员利益需求、行为激励与农民合作组织的制度分析——基于江苏社员农户的调研数据［J］．华东经济管理，2011，25（01）：31-35.

［301］孙正东．现代农业产业化联合体的理论分析和实践范式研究［D］．北京：北京交通大学，2016.

［302］孙正东．论现代农业产业化的联合机制［J］．学术界，2015b（07）：153-160.

［303］孙正东．现代农业产业化联合体理论分析和实践范式研究［M］．北京：人民出版社，2017.

［304］孙正东．现代农业产业化联合体运营效益分析——一个经验框架与实证［J］．华东经济管理，2015a，29（05）：108-112.

［305］汤吉军，戚振宇，李新光．农业产业化组织模式的动态演化分析——兼论农业产业化联合体产生的必然性［J］．农村经济，2019（01）：52-59.

［306］汤文华．农业产业化联合体合联机制绩效实证研究——基于冀、皖、赣等地的调查数据［J］．江苏农业科学，2021，49（01）：7-12.

［307］汤文华．农业产业化联合体合联机制研究——兼论江西"绿能"产业化联合体［J］．安徽农业科学，2020b，48（13）：214-216+220．

［308］汤文华．农业产业化联合体形成机理与合联机制研究［J］．北方经济，2019（09）：42-44．

［309］汤文华．现代农业产业化联合体研究文献综述［J］．老区建设，2019（06）：93-96．

［310］汤文华．乡村振兴战略视角下农业产业化联合体发展问题及对策［J］．安徽农学通报，2020a，26（12）：1-2+100．

［311］陶娅，盖志毅，王桂英．农户长期健康投资意愿和行为的影响因素研究——基于双变量 Probit 模型的分析［J］．财经问题研究，2021（12）：97-104．

［312］陶冶，王任，冯开文．制度变迁视角下中国农民合作经济的发展［J］．西北农林科技大学学报（社会科学版），2021，21（03）：54-63．

［313］田露，张越杰．中国肉牛产业链组织效率及其影响因素分析——基于 14 个省份 233 份调查问卷的分析［J］．农业经济问题，2010，31（06）：87-91．

［314］田艳丽，修长柏．牧民专业合作社利益分配机制与绩效的典型相关分析——以内蒙古自治区为例［J］．农业现代化研究，2014，35（06）：727-732．

［315］田艳丽，修长柏．牧民专业合作社利益分配机制与绩效的典型相关分析——以内蒙古自治区为例［J］．农业现代化研究，2014，35（06）：727-732．

［316］万俊毅．准纵向一体化、关系治理与合约履行——以农业产业化经营的温氏模式为例［J］．管理世界，2008（12）：93-102+187-188．

［317］汪建，周勤，赵驰．产业链整合、结构洞与企业成长——以比亚迪和腾讯公司为例［J］．科学学与科学技术管理，2013，34（11）：103-115．

［318］王爱群，夏英，秦颖．农业产业化经营中合同违约问题的成因与控制［J］．农业经济问题，2007（06）：72-76+112．

［319］王宏．福建农业产业化中农户与龙头企业利益联结机制研究［D］．福州：福建师范大学，2013.

［320］王俊龙，郭贯成，谈林沂．农户宅基地退出意愿及其影响因素研究——基于苏州、宿迁1292份农户调研数据［J］．农林经济管理学报，2023，22（01）：123-132.

［321］王乐君，寇广增，王斯烈．构建新型农业经营主体与小农户利益联结机制［J］．中国农业大学学报（社会科学版），2019，36（02）：89-97.

［322］王莉，陈洁．龙头企业与农户利益联结机制的比较研究——根据对四川省畜禽产业链的调查［J］．中国畜牧杂志，2009，45（12）：7-10+14.

［323］王丽佳，霍学喜．社员对合作社满意度影响因素研究［J］．华中农业大学学报（社会科学版），2016（01）：47-55+129.

［324］王丽媛，马莹，马佳．大都市区农业产业化联合体发展探究——以上海浦东新区为例［J］．中国农学通报，2022，38（14）：139-146.

［325］王淇韬，郭翔宇，刘二阳．基于感知价值的东北黑土区农户保护性耕作技术采用行为［J］．中国农业大学学报，2021，26（07）：172-181.

［326］王淇韬，郭翔宇．感知利益、社会网络与农户耕地质量保护行为——基于河南省滑县410个粮食种植户调查数据［J］．中国土地科学，2020，34（07）：43-51.

［327］王宛秋，聂雨薇．纵向一体化、市场化程度差异与并购绩效［J］．国际商务（对外经济贸易大学学报），2016（03）：150-160.

［328］王晓芹．基于利益联结机制视角下的江苏农业产业化联合体发展探索研究——安徽省宿州市淮河粮食产业化联合体调研［J］．市场周刊，2019（12）：77-78.

［329］王亚飞，唐爽．我国农业产业化进程中龙头企业与农户的博弈分析与改进——兼论不同组织模式的制度特性［J］．农业经济问题，2013，34（11）：50-57+111.

［330］王颜齐，郭翔宇．种植户农业雇佣生产行为选择及其影响效应分析——基于黑龙江和内蒙古大豆种植户的面板数据［J］．中国农村经济，

2018（04）：106–120.

［331］王英姿．国外农业价值链融资的经验分析及借鉴［J］．商业经济研究，2016（19）：177–179.

［332］王永龙．社会资本建构与农民合作经济组织互补性治理［J］．经济学家，2012（06）：80–84.

［333］王瑜，刘超，胡宝贵．社员视角下的西甜瓜合作社农业社会化服务——以北京市大兴区为例［J］．中国瓜菜，2020，33（08）：66–69.

［334］王真．合作社治理机制对社员增收效果的影响分析［J］．中国农村经济，2016（06）：39–50.

［335］王志刚，于滨铜．农业产业化联合体概念内涵、组织边界与增效机制：安徽案例举证［J］．中国农村经济，2019（02）：60–80.

［336］韦德贞，李冰．农业产业化联合体的范式结构、组织嬗变及增效机制探析［J］．农业经济，2021（09）：12–13.

［337］韦克游．农民专业合作社信贷融资治理结构研究——基于交易费用理论的视角［J］．农业经济问题，2013，34（05）：62–69+111–112.

［338］魏姗，王礼力，李鑫．果蔬类合作社与社员利益联结紧密程度的影响因素分析［J］．北方园艺，2014（14）：219–223.

［339］温涵，梁韵斯．结构方程模型常用拟合指数检验的实质［J］．心理科学，2015，38（04）：987–994.

［340］温铁军，朱守银．中国农村基本经营制度试验研究［J］．中国农村经济，1996（01）：26–32.

［341］温铁军．农民专业合作社发展的困境与出路［J］．湖南农业大学学报（社会科学版），2013，14（04）：4–6.

［342］温忠麟，侯杰泰，马什赫伯特．潜变量交互效应分析方法［J］．心理科学进展，2003（05）：593–599.

［343］温忠麟，侯杰泰．检验的临界值：真伪差距多大才能辨别？——评《不同条件下拟合指数的表现及临界值的选择》［J］．心理学报，2008（01）：119–124.

［344］温忠麟，叶宝娟．中介效应分析：方法和模型发展［J］．心理科学进展，2014，22（05）：731-745．

［345］温忠麟，张雷，侯杰泰，刘红云．中介效应检验程序及其应用［J］．心理学报，2004（05）：614-620．

［346］文吉，侯平平．酒店一线员工情绪智力与工作满意度：基于组织支持感的两阶段调节作用［J］．南开管理评论，2018，21（01）：146-158．

［347］翁越飞，刘德弟，沈泉．农民专业合作社社员满意度及其影响因素分析——以浙江省长兴县花卉苗木专业合作社为例［J］．福建农业科技，2021，51（01）：51-57．

［348］吴光芸，杨龙．超越集体行动的困境：社会资本与制度分析［J］．东南学术，2006（03）：11-16．

［349］吴欢，刘西川，扶玉枝．农民合作社二次返利的增收效应分析——基于浙江185家合作社的调查数据［J］．湖南农业大学学报（社会科学版），2018，19（04）：18-26．

［350］吴璟，王天宇，王征兵．社会网络和感知价值对农户耕地质量保护行为选择的影响［J］．西北农林科技大学学报（社会科学版），2021，21（06）：138-147．

［351］吴九兴，杨钢桥．农地整理项目农民参与行为的机理研究［J］．中国人口·资源与环境，2014，24（02）：102-110．

［352］吴林海，侯博，高申荣．基于结构方程模型的分散农户农药残留认知与主要影响因素分析［J］．中国农村经济，2011（03）：35-48．

［353］吴明隆．结构方程模型：AMOS的操作与应用［M］．重庆：重庆大学出版社，2010．

［354］吴翔宇，丁云龙．农民合作经济组织的制度演进研究［J］．重庆大学学报（社会科学版），2019，25（05）：60-70．

［355］吴雪莲，张俊飚，丰军辉．农户作物秸秆市场流通的参与意愿及其影响因素［J］．干旱区资源与环境，2017，31（02）：79-84．

［356］伍晶晶．内部治理对农民专业合作社与农户利益联结紧密程度

的影响研究 [D]．榆林：西北农林科技大学，2020．

[357] 仵希亮．农民专业合作社的利益相关者探析与共同治理结构构建 [J]．农村经济，2013（10）：126-129．

[358] 席悦，王承武．基于共生视角的农业产业化联合体培育策略探究 [J]．农业经济，2022（02）：30-31．

[359] 夏蓓，蒋乃华．种粮大户需要农业社会化服务吗——基于江苏省扬州地区 264 个样本农户的调查 [J]．农业技术经济，2016（08）：15-24．

[360] 肖友利，刘凤．社员对专业合作社满意度影响因素分析——基于对成都农民专业合作社调研的实证研究 [J]．经济与管理，2012，26（09）：29-32．

[361] 谢金华，杨钢桥，张进，王歌．长江经济带农户生态认知对其清洁能源利用行为的影响机制——基于 5 区市农户的实证分析 [J]．华中农业大学学报，2021，40（03）：52-63．

[362] 谢文宝，刘国勇．农业技术培训对农户甜瓜生产效率贡献研究 [J]．北方园艺，2018（13）：189-197．

[363] 熊磊．新型农业经营主体与小农户协同发展：现实价值与模式创新 [J]．当代经济管理，2020，42（09）：32-38．

[364] 徐辉．农民专业合作社型人力资本团队满意影响因素实证分析 [J]．长江大学学报（自科版）农学卷，2010，7（03）：77-79．

[365] 徐济益，王晓静．粮食主产区利益补偿满意度考察 [J]．华南农业大学学报（社会科学版），2020，19（02）：74-83．

[366] 徐金海，蒋乃华．"新型农民培训工程"实施绩效分析——基于扬州市的调查 [J]．农业经济问题，2009（02）：54-59．

[367] 徐旭初，吴彬．治理机制对农民专业合作社绩效的影响——基于浙江省 526 家农民专业合作社的实证分析 [J]．中国农村经济，2010（05）：43-55．

[368] 徐志刚，张森，邓衡山，黄季焜．社会信任：组织产生、存续和发展的必要条件？——来自中国农民专业合作经济组织发展的经验 [J]．

中国软科学，2011（01）：47-58+192.

[369] 徐忠爱. 关系性产权：公司和农户间契约关系稳定性的重要机制 [J]. 江西财经大学学报，2011（03）：67-71.

[370] 许黎莉，陈东平. 农民专业合作社内信用合作激励机制研究——基于联合利润增加值的案例比较分析 [J]. 内蒙古社会科学（汉文版），2019，40（04）：118-124.

[371] 许秀川，张卫国，刘新元. 农民工养老保险参与决策：一个OLG 模型的考察 [J]. 华中农业大学学报（社会科学版），2018（01）：88-98+160.

[372] 薛永基，白雪珊，胡煜晗. 感知价值与预期后悔影响绿色食品购买意向的实证研究 [J]. 软科学，2016，30（11）：131-135.

[373] 薛洲，耿献辉，曹光乔，吴萍. 定额补贴模式能够促进农机装备制造企业创新吗——以拖拉机制造行业为例 [J]. 农业经济问题，2021（02）：98-106.

[374] 亚里士多德. 政治学 [M]. 吴寿彭，译. 北京：商务印书馆，1965.

[375] 闫玉科. 农业龙头企业与农户利益联结机制问题探讨——以广东省为例 [J]. 农业经济，2006（08）：29-32.

[376] 颜华，冯婷. 农民专业合作社普通成员的利益实现及其保障机制研究：基于黑龙江省 25 家种植业合作社的调查 [J]. 农业经济问题，2015，36（02）：34-40+110-111.

[377] 杨丹，高汉. 信贷市场与农地使用权流转——基于双变量 Probit模型的实证分析 [J]. 世界经济文汇，2012（02）：60-73.

[378] 杨富云. 农业产业化经营组织的演进路径探析 [J]. 农业经济，2019（03）：54-55.

[379] 杨海滨，邵战林，高雅，杨焕焕. 新疆农业产业化联合体发展模式研究——以焉耆县辣椒产业为例 [J]. 安徽农业科学，2020，48（11）：225-229.

[380] 杨浩雄，孙祎琪，马家骥. "农超对接"过程中的订单违约问

题研究 [J]. 科研管理, 2019, 40 (06): 225-233.

[381] 杨慧, 蔡文著. 订单农业中龙头企业与农户合作关系研究的新进展 [J]. 河北学刊, 2013, 33 (02): 128-132.

[382] 杨柳, 万江红. 农业产业化中企业与合作社的关系结构研究 [J]. 学习与实践, 2018 (05): 107-114.

[383] 杨柳, 朱玉春, 任洋. 收入差异视角下农户参与小农水管护意愿分析——基于 TPB 和多群组 SEM 的实证研究 [J]. 农村经济, 2018 (01): 97-104.

[384] 杨龙. 西方新政治经济学的政治观 [M]. 天津: 天津人民出版社, 2003.

[385] 杨明洪. 农业产业化经营组织形式演进: 一种基于内生交易费用的理论解释 [J]. 中国农村经济, 2002 (10): 11-20.

[386] 杨明洪. 从"中心化模式"向"中间化模式": 农业产业化经营组织演化分析 [J]. 中州学刊, 2008 (05): 27-30.

[387] 杨夏林. 农户参与贫困村互助资金试点项目满意度的实证分析——基于对甘肃 399 户农户的调查 [J]. 农村金融研究, 2014 (04): 55-60.

[388] 杨雪梅, 王征兵, 刘婧. 信任、风险感知与合作社社员参与行为 [J]. 农村经济, 2018 (04): 117-123.

[389] 杨阳, 周玉玺, 周霞. 差序氛围、组织支持与农户合作意愿——基于小型农田水利建管护的调查 [J]. 南京农业大学学报 (社会科学版), 2015, 15 (04): 87-97+134.

[390] 杨子. 农业社会化服务对农户土地规模经营行为及绩效的影响研究 [D]. 南京: 南京农业大学, 2020.

[391] 姚柳杨, 赵敏娟, 徐涛. 经济理性还是生态理性? 农户耕地保护的行为逻辑研究 [J]. 南京农业大学学报 (社会科学版), 2016, 16 (05): 86-95+156.

[392] 由卫红, 邓小丽, 傅新红. 农民专业合作社的社会网络关系价

值评价体系与盈利绩效研究——基于四川省的实证分析 [J]. 农业技术经济, 2011 (08): 96-104.

[393] 于新恒, 郑宝荣, 彭浩生, 李凤发. 中国农业迎来产业化时代 [N]. 经理日报, 2003-09-16 (C02).

[394] 余文权, 孙威江, 吴国章, 赵丽红. 安溪县茶叶产业链运行绩效影响因素的实证研究 [J]. 中国农学通报, 2012, 28 (14): 164-171.

[395] 虞紫燕, 孙琛. 江西省水产龙头企业和农户利益联结机制的选择——基于农户的角度 [J]. 农业经济问题, 2007 (S1): 100-103.

[396] 袁静, 毛蕴诗. 产业链纵向交易的契约治理与关系治理的实证研究 [J]. 学术研究, 2011 (03): 59-67.

[397] 袁若兰, 廖文梅, 邱海兰. 农业技术培训、经营规模对农业生产效率的影响——以水稻栽培技术为例 [J]. 中国农业资源与区划, 2023, 44 (07): 216-226.

[398] 苑鹏. "公司+合作社+农户"下的四种农业产业化经营模式探析——从农户福利改善的视角 [J]. 中国农村经济, 2013 (04): 71-78.

[399] 张超, 吴春梅. 合作社公共服务满意度实证研究——基于290户中小社员的调查证据 [J]. 经济学家, 2015 (03): 15-22.

[400] 张贺, 张涛. 肉牛产业链利益联结程度分析 [J]. 黑龙江畜牧兽医, 2019 (20): 15-17.

[401] 张红, 张再生. 基于计划行为理论的居民参与社区治理行为影响因素分析——以天津市为例 [J]. 天津大学学报 (社会科学版), 2015, 17 (06): 523-528.

[402] 张开华, 张清林. 农民专业合作社成长的困惑与思考 [J]. 农业经济问题, 2007 (05): 62-66.

[403] 张可云, 丁思琪, 张峰. 垂直治理和关系治理对市场治理的替代效应——基于供应链视角的比较分析 [J]. 社会科学研究, 2022 (05): 1-13.

[404] 张连刚, 柳娥. 组织认同、内部社会资本与合作社成员满意

度——基于云南省 263 个合作社成员的实证分析 [J]. 中国农村观察，2015
（05）：39-50.

[405] 张连刚. 组织支持感对合作社成员满意度的影响研究——以成员参与为调节变量 [J]. 统计与信息论坛，2014，29（12）：84-91.

[406] 张明林，吉宏. 集体行动与农业合作组织的合作条件 [J]. 企业经济，2005（08）：18-20.

[407] 张明权，徐志连. 农业产业联合体释放乘法效应 [J]. 农村经营管理，2013（07）：39-40.

[408] 张明月，薛兴利，郑军. 合作社参与"农超对接"满意度及其影响因素分析——基于 15 省 580 家合作社的问卷调查 [J]. 中国农村观察，2017（03）：87-101.

[409] 张强强，霍学喜，刘军弟. 合作社农技服务社员满意度及其影响因素分析——基于 299 户果农社员的调查 [J]. 湖南农业大学学报（社会科学版），2017，18（04）：8-15.

[410] 张琴，郭红东. 农业产业化联合体：现代农业经营体系的创新——基于安徽宿州的调查 [J]. 新疆农垦经济，2017（01）：1-8.

[411] 张锐. 产业化：农业经营方式的重置与再造 [J]. 经济评论，1998（01）：58-62.

[412] 张瑞娟，高鸣. 新技术采纳行为与技术效率差异——基于小农户与种粮大户的比较 [J]. 中国农村经济，2018（05）：84-97.

[413] 张小雷. 肉鸡养殖联合体的利益机制探讨 [J]. 河南畜牧兽医，2001（04）：33-34.

[414] 张晓山. 农民专业合作社的发展趋势探析 [J]. 管理世界，2009（05）：96-103.

[415] 张笑寒，陈毓雯. 收入差异视角下农户对专业合作社的满意度研究——基于江苏省的农户调研数据 [J]. 农业现代化研究，2019，40（06）：945-953.

[416] 张笑寒，金少涵，周蕾. 内部治理机制视角下专业合作社对农

户增收的影响研究［J］.农林经济管理学报，2020，19（04）：431-438.

［417］张效榕，孔祥智.农户参与农业价值链的经济绩效分析——以茶产业为例［J］.农林经济管理学报，2020，19（05）：569-576.

［418］张延龙，王明哲，钱静斐，廖永松.中国农业产业化龙头企业发展特点、问题及发展思路［J］.农业经济问题，2021（08）：135-144.

［419］张永强，高延雷，王刚毅，李翠霞.黑龙江省土地转出行为分析——基于13个地市47个村的调研数据［J］.农业技术经济，2016（03）：68-74.

［420］张瑜.农业产业化经营利益联结机制问题研究［D］.哈尔滨：东北农业大学，2004.

［421］张照新.培育农业产业化联合体推动农业高质量发展［J］.中国农民合作社，2018（08）：22-23.

［422］张振华.当奥尔森遇上奥斯特罗姆：集体行动理论的演化与发展［J］.人文杂志，2013（10）：113-121.

［423］赵彩云，王征兵，邹润玲.农民专业合作社利益机制及其绩效实证分析——以陕西省为例［J］.农村经济，2013（10）：121-125.

［424］赵汀阳.博弈问题的哲学分析［J］.读书，2003（02）：77.

［425］赵晓峰.信任建构、制度变迁与农民合作组织发展—— 一个农民合作社规范化发展的策略与实践［J］.中国农村观察，2018（01）：14-27.

［426］赵晓颖，郑军，张明月，李画画.基于改进TPB框架的新型农业经营主体绿色生产决策机制研究［J］.中国生态农业学报（中英文），2021，29（09）：1636-1648.

［427］郑丹.农民专业合作社盈余分配状况探究［J］.中国农村经济，2011（04）：74-80.

［428］郑定荣.重新构建农村经营新体制——农业产业化联合体问题探讨［J］.广东经济，2003（10）：26-28.

［429］郑海航.论经济联合体的管理体制及其发展趋势［J］.东岳论丛，1981a（06）：30-34+94.

[430] 郑海航.浅谈经济联合体联合内容的发展 [J].经济问题，1981b（08）：30-31.

[431] 钟真，王舒婷，孔祥智.成员异质性合作社的制度安排与合作稳定性：以三家奶农合作社为例 [J].华中农业大学学报（社会科学版），2017（06）：1-8+148.

[432] 钟真，张琛，张阳悦.纵向协作程度对合作社收益及分配机制影响——基于 4 个案例的实证分析 [J].中国农村经济，2017（06）：16-29.

[433] 周冲，黎红梅.农业产业化联合体发展：三产融合视角——来自 GS 粮食产业化联合体的案例分析 [J].安徽行政学院学报，2019（01）：17-22.

[434] 周春应，张红燕.政府补助对林业上市公司绩效的影响——基于股权结构的中介效应 [J].林业经济，2019，41（10）：53-61.

[435] 周昊天.乡村振兴战略下农业产业化联合体创新发展研究——运营特征、发展困境和路径分析 [J].江苏农业科学，2019，47（17）：32-35.

[436] 周静，曾福生.利益联结、选择性激励与联合社的稳定性研究——基于隆平联社的案例研究 [J].湖南科技大学学报（社会科学版），2018，21（05）：70-74.

[437] 周立群，曹利群.农村经济组织形态的演变与创新——山东省莱阳市农业产业化调查报告 [J].经济研究，2001（01）：69-75+83-94.

[438] 周立群，曹利群.商品契约优于要素契约——以农业产业化经营中的契约选择为例 [J].经济研究，2002（01）：14-19+93.

[439] 周世军，童馨乐，邰伦腾.农民工的"平凡世界"与幸福感——兼对"Easterlin 悖论"的一个验证 [J].中央财经大学学报，2017（03）：68-78.

[440] 周新德.基于主体行为选择的优质农产品有效供给机制 [J].求索，2017（12）：54-62.

[441] 周艳丽.乡村振兴战略下农业产业化联合体的培育发展研究

[J]. 农业经济，2019（04）：27-28.

[442] 周艺珮，李松岸，兰勇. 农业产业化联合体利益链接机制效果评价研究 [J]. 农村经济与科技，2019，30（06）：192-195+219.

[443] 周勇，吴海珍，韩兆安. 企业转移模式、本地化嵌入行为与知识转移绩效——基于 SCP 范式的分析 [J]. 科技进步与对策，2019，36（18）：119-128.

[444] 周振，孔祥智. 盈余分配方式对农民合作社经营绩效的影响——以黑龙江省克山县仁发农机合作社为例 [J]. 中国农村观察，2015（05）：19-30.

[445] 周振，孔祥智. 组织化潜在利润、谈判成本与农民专业合作社的联合——两种类型联合社的制度生成路径研究 [J]. 江淮论坛，2014（04）：67-75.

[446] 周振，张琛，彭超，孔祥智. 农业机械化与农民收入：来自农机具购置补贴政策的证据 [J]. 中国农村经济，2016（02）：68-82.

[447] 朱红根. 农业龙头企业绿色创业与企业绩效——基于新制度经济学的理论与实证分析 [J]. 农业经济问题，2018（10）：121-131.

[448] 朱新华，蔡俊. 感知价值、可行能力对农户宅基地退出意愿的影响及其代际差异 [J]. 中国土地科学，2016，30（09）：64-72.

[449] 庄丽娟，贺梅英，张杰. 农业生产性服务需求意愿及影响因素分析——以广东省 450 户荔枝生产者的调查为例 [J]. 中国农村经济，2011（03）：70-78.

[450] 邹辉. 供销社构建农资物流配送中心可行性研究 [J]. 内蒙古农业大学学报（社会科学版），2008（02）：61-63.

附录 A

河北省农业产业化联合体调查问卷

您好!

为深入研究农业产业化联合体内在联结机制和发展模式,我们设计了这份调查问卷。所有数据仅用于统计分析,请您按实际情况放心填写,您的回答将对我们的研究更好地发挥农业产业化联合体提供帮助。感谢您的合作!

1. 联合体名称:_____;成立于_____年;位于_____市_____县;核心企业级别:_____(国家/省/市级重点龙头)

联系人_____联系方式_____

2. 该联合体主营产业是_____ [单选]

□畜禽养殖　　　□粮食种植　　　□油料作物　　　□果蔬种植

□乳品类　　　　□水产类　　　　□中药材　　　　□调味品类

□皮草类　　　　□饲料类　　　　□花卉类　　　　□商贸物流

□其他_____

3. 该联合体属于什么类型？_____［单选］

□种植类　　　　□养殖类　　　　□种养混合类　　□流通类

□加工类　　　　□其他_____

4. 该联合体是如何形成的_____［单选］

□政府推动　　　　　　　　　□龙头企业主动联系其他主体

□其他主体主动联系龙头企业　　□各主体同时要求联合

5. 联合体中参与决策的成员一般是_____［多选］

□龙头企业　　　□上下游企业　　□合作社

□家庭农场（专业大户）　　　　□小农户

□其他：_____

6. 联合体组建的理事会中成员来自于_____［多选］

□龙头企业　　　□上下游企业　　□合作社

□家庭农场（专业大户）　　　　□小农户

□其他：_____

7. 以下哪种类型更符合对该联合体治理形式的概括_____［单选］

□成员代表大会—理事会　　　□基于信任和关系的治理

□前两者综合　　　　　　　　□其他_____

8. 联合体成员平均多久针对具体事务讨论一次_____［单选］

□半年或以上　　　　　　　　□1 季度至半年

□1 个月至 1 季度　　　　　　□半个月至 1 个月

□半个月以下

9. 联合体是否建立了具有保障性质的风险金_____［单选］

□是　　　　　　□否

10. 建立风险基金的出资方及相应比例是_____［多选］

□主要成员单位_____　　　□每个成员单位_____

□其他：_____

11. 您对以下组建联合体有利作用的态度是_____

	非常不同意	不太同意	一般	比较同意	非常同意
组建联合体有利于低成本利用要素	□	□	□	□	□
组建联合体有利于高效衔接产业链	□	□	□	□	□
组建联合体有利于保证原料来源稳定	□	□	□	□	□
组建联合体有利于合理管控质量	□	□	□	□	□
组建联合体有利于实现各主体利益共享	□	□	□	□	□
组建联合体有利于风险共担	□	□	□	□	□
组建联合体有利于享受品牌溢价好处	□	□	□	□	□
组建联合体有利于强化主体聚合力	□	□	□	□	□

12. 您对以下观点的态度是_____

	非常不同意	不太同意	一般	比较同意	非常同意
如果知晓外县市联合体是成功的，我愿意尝试	□	□	□	□	□
如果知晓本县联合体是成功的，我愿意尝试	□	□	□	□	□
如果熟悉的主体认为联合体是有利的，我愿意尝试	□	□	□	□	□
地方政府的态度会影响我的行为	□	□	□	□	□

13. 您对以下观点的态度是_____

	非常不同意	不太同意	一般	比较同意	非常同意
组建联合体受政策或项目的影响	□	□	□	□	□
对主体所处区域农业发展有利	□	□	□	□	□
对主营产业发展有利	□	□	□	□	□
对新型农业经营主体有利	□	□	□	□	□
是否组建联合体受资金的影响	□	□	□	□	□

续表

	非常不同意	不太同意	一般	比较同意	非常同意
是否组建联合体受土地流转难易的影响	☐	☐	☐	☐	☐
是否组建联合体受成员异质性的影响	☐	☐	☐	☐	☐
想积极参加就能积极参加	☐	☐	☐	☐	☐

14. 联合体成员通过何种方式彼此联结_____ ［多选］

☐订立章程　　　　　　　　☐签订合同、订单等

☐要素入股　　　　　　　　☐二次分红

☐其他：_____

15. 如果签订契约，签订双方及协议类型是_____ ［多选］

☐龙头企业与合作社的收购协议

☐合作社与农户的收购合同

☐龙头企业与上下游企业的农资供应协议

☐上下游企业与合作社的农资供应协议

☐农机合作社与种养合作社间的服务协议

☐农机合作社与家庭农场的服务协议

☐龙头企业与家庭农场的收购协议

☐上下游企业与家庭农场的农资供应协议

☐其他：_____

16. 联合体成员入股的具体方式是_____ ［多选］

☐龙头企业以资金入股合作社

☐农户以土地入股龙头企业

☐农户以劳动入股龙头企业

☐其他：_____

17. 联合体内是否实现了成员间的品牌共享_____ ［单选］

☐是　　　　　☐否　　　　　☐部分（比例）：_____

18. 成立联合体前后是否出现过违约情况？若有，是什么_____ ［单选］

□成立前无 □成立前有，_____

□成立后无 □成立后有，_____

19. 联合体以何种方式进行利益分配_____［多选］

□按契约保底收购 □按入股比例二次分红

□设置奖励金 □其他方式：_____

20. 联合体的惩罚措施是怎样的_____

□按章程 □按合同、协议

□与信任挂钩 □除名或取消资格

□处罚机制 □无

21. 联合体组织农民培训的承担主体是_____［单选］

□联合体大会 □龙头企业提供

□合作社与龙头企业共同承担 □合作社联系

□农户自己 □无培训

22. 联合体每个月组织农民培训多少次_____［单选］

□1 次及以下 □2~4 次 □超过 4 次

23. 您对以下观点的态度是_____

	非常不同意	不太同意	一般	比较同意	非常同意
龙头企业能够积极带动其他成员主体	□	□	□	□	□
合作社能够积极提供有效的服务支持	□	□	□	□	□
家庭农场能够按照约定积极参与生产	□	□	□	□	□
组建联合体后经济效益有明显增加	□	□	□	□	□
组建联合体能够有效带动农户增收	□	□	□	□	□
组建联合体后生态化建设有明显加强	□	□	□	□	□
组建联合体后各主体都享受到品牌的好处	□	□	□	□	□
组建联合体是有效的	□	□	□	□	□
组建联合体后抵御风险的能力得到提升	□	□	□	□	□
面对本次新冠疫情的冲击不大	□	□	□	□	□
成员对联合体成效是满意的	□	□	□	□	□

24. 您认为现阶段联合体仍存在的问题是什么？

_____

25. 您认为该联合体未来的发展方向大体上是怎样的？

_____

我们的问卷调查到此结束。感谢您的参与配合！

附录 B

河北省农业产业化联合体调查问卷数据表（部分）

序号	编码	年份	核心企业级别	类型	形成方式	参与决策成员与理事会成员是否相符	采用的治理结构	平均多久针对具体事务讨论一次	是否建立了具有保障性质的风险基金	建立风险基金的出资方及比例
1	BD1	2015	2	5	2	3	1	1	0	0
2	BD2	2019	2	5	2	3	1	2	1	3
3	BD3	2019	2	1	2	3	1	3	0	0
4	BD4	2016	2	5	2	1	1	1	0	0
5	BD5	2018	1	5	2	1	3	2	0	0
6	BD6	2016	2	2	1	2	1	1	0	0
7	BD7	2017	3	4	2	3	1	2	1	4
8	BD8	2019	2	5	4	0	1	2	1	4
9	BD9	2016	2	2	2	0	1	2	1	4
10	BD10	2019	2	5	4	1	2	4	0	0
11	BD11	2016	2	1	2	3	1	2	0	0
12	BD12	2018	2	5	1	3	1	3	0	0
13	CZ1	2020	2	5	1	3	1	1	0	0
14	CZ2	2016	2	4	2	3	1	1	0	0
15	CZ3	2019	2	2	2	0	1	1	0	0
16	CZ4	2018	2	1	2	3	1	2	0	0
17	CZ5	2015	3	1	1	3	2	1	0	0
18	CZ6	2019	2	5	2	3	3	2	0	0
19	CZ7	2018	2	5	1	3	1	2	0	0
20	CZ8	2008	2	2	1	1	2	2	0	0

附录 C

河北省农业产业化联合体发展情况统计数据表（部分）

序号	所在县区	类型	核心企业	上下游企业	国家重点龙头企业	省级重点龙头企业	市级重点龙头企业	合作社	国家级示范合作社	省级示范合作社	市级示范合作社	家庭农场	省级以上示范家庭农场
1	MC 区	加工类	1	29	0	1	0	12	0	0	12	9	0
2	WD 县	加工类	1	38	—	1	1	9	—	—	—	2	—
3	MC 区	种植类	1	12	0	1	2	5	1	1	1	5	1
4	XS 区	加工类	1	2	—	1	—	5	1	1	—	4	2
5	L 县	加工类	1	14	—	2	—	6	—	—	—	9	—
6	DX 县	加工类	1	—	—	1	—	13	—	—	—	3	—
7	GBD 市	流通类	1	18	1	2	1	8	0	0	0	2	0
8	WD 县	加工类	1	14	—	1	—	5	—	—	—	9	—

续表

序号	所在县区	类型	核心企业	上下游企业	国家重点龙头企业	省级重点龙头企业	市级重点龙头企业	合作社	国家级示范合作社	省级示范合作社	市级示范合作社	家庭农场	省级以上示范家庭农场
9	LY县	种养混合类	1	5	0	1	0	10	0	0	0	0	0
10	QY县	加工类	1	16	—	1	2	7	—	3	2	2	—
11	WD县	加工类	2	66	0	1	2	8	0	0	0	2	0
12	FP县	加工类	1	14	0	1	2	5	0	0	0	2	0
13	YS县	加工类	1	4	0	1	3	4	0	0	0	5	0
14	HX县	加工类	1	11	0	1	0	7	0	0	0	4	0
15	SN县	种植类	1	11	0	1	1	3	0	0	0	3	1
16	HJ市	种植类	1	2	1	1	1	10	5	3	2	1	1
17	HH市	加工类	1	3	—	1	—	4	—	—	—	11	—
18	HH市	加工类	1	1	0	1	1	3	1	1	1	7	0
19	MC县	加工类	1	1	—	1	3	3	1	1	1	78	—

后 记

经过硕博七年的学习与探索，《主体行为、利益联结对农业产业化联合体绩效的影响研究——基于河北省建设实践》书稿即将付梓，内心感慨万千。

我的整个研究生学习可谓与农业产业化联合体同步共进。2016年入学正值河北省农业产业化联合体发展的起步期，协助导师编写联合体章程和建设导则、制定省级农业产业化联合体评选标准并参与评选等省农业产业化办委托的工作，主持并参与了多项农业产业化联合体相关的课题研究。本书正是一项理论紧密结合实际的最新研究成果。如今，农业产业化联合体这一创新组织形式已步入成熟发展阶段。随着新质生产力逐渐展示出对农业高质量发展的强劲推动作用，农业产业化联合体也将从全环节科技支撑、全链条提效增值、全产业多业态融合等多个方面发挥其组织优势，赋能乡村产业振兴。

本书写作历时三年之久，其间有幸获得许多老师的指导和帮助。首先我要向我的博士生导师张润清教授表示感谢，张教授对农业农村问题的洞见使我受益匪浅。同时，感谢河北农业大学的赵邦宏教授、宗义湘教授和经济管理学院的老师们。还要感谢河北省农业农村厅市场与信息化处张卫彪主任的指点与相助，感谢何秀荣教授、穆月英教授、李谷成教授、于爱芝教授等专家学者提出的宝贵意见。

本人学识尚浅，书中难免会有疏漏与不足之处，恳请广大读者给予批评指正，共同交流。

李含悦

2024年7月于保定